위대한 심리학자

앨버트 엘리스의

인생 수업

수백만 사람들의 마음의 상처를 치유한 REBT의 모든 것

위대한 심리학자

HOW TO STUBBORNLY REFUSE

앨버트 엘리스의

TO MAKE YOURSELF MISERABLE

인생 수업

앨버트 엘리스 지음   정유선 옮김

초록북스

초록북스 우리는 책이 독자를 위한 것임을 잊지 않는다.
우리는 독자의 꿈을 사랑하고,
그 꿈이 실현될 수 있는 도구를 세상에 내놓는다.

위대한 심리학자 앨버트 엘리스의 인생 수업

초판 1쇄 발행 2024년 7월 18일 | **지은이** 앨버트 엘리스 | **옮긴이** 정유선
펴낸곳 (주)원앤원콘텐츠그룹 | **펴낸이** 강현규·정영훈
편집 안정연·신주식 | **디자인** 최선희
마케팅 김형진·이선미·정채훈 | **경영지원** 최향숙
등록번호 제301-2006-001호 | **등록일자** 2013년 5월 24일
주소 04607 서울시 중구 다산로 139 랜더스빌딩 5층 | **전화** (02)2234-7117
팩스 (02)2234-1086 | **홈페이지** matebooks.co.kr | **이메일** khg0109@hanmail.net
값 19,800원 | **ISBN** 979-11-6002-436-4 03180

감정을 일으키는 것은
사건과 감정 사이에 있는 신념이다.
인간은 비합리적 신념을 통해
자신의 불안정한 생각과 감정을 스스로 만들어낸다.

• 앨버트 엘리스 •

상담과 심리치료의 한 이론이며 인지행동치료의 원조 이론인 REBT
(Rational Emotive Behavior Therapy)를 창시한 앨버트 엘리스 박사는 2007
년 7월 24일 이 세상과 영원히 작별하고 다시는 돌아올 수 없는 곳으로
영혼의 여행을 떠났다. 그가 떠난 지 벌써 20여 년의 시간이 흘렀지만 그
의 이론은 사후에도 소멸하지 않고 더욱 빛을 발하고 있다. 노병은 결코
죽지 않고 다만 사라진다고 했던가!

그는 어린 시절 매우 병약했다. 부모님이 계셨지만 사랑과 돌봄이 없었
고, 그 빈 자리를 깊고 방대한 독서로 채우면서 지적 배고픔과 외로움의
허기를 달랬다. 그의 이론은 바로 이러한 단단한 인문학적 반석 위에 세
워졌다고 할 수 있다. 생을 마감하는 순간까지 손에 피를 묻혀가며 내담
자를 조력하는 과정에서 다듬어진 그의 상담 기법과 개념은 강한 생명력
이 되어 내담자들의 삶을 바꾸는 데 기여하고 있다.

엘리스의 독서 분야는 그야말로 전방위적이었다. 그는 특히 불교사상
과 에픽테토스로 대표되는 스토아 철학 등에 매료되었다. 세상사는 마음
먹기에 달렸고, 결국 사고하는 능력을 지닌 인간은 만물의 영장이 될 수
밖에 없다는 특성이 그의 이론의 근간이 된다. 여기에 현장에서 다양한
내담자를 만난 그의 경험이 녹아들어 REBT라는 유용한 이론이 만들어
졌다.

엘리스는 생전에 자신의 치료법은 궁극적으로 자기 조력(self-help)과 자
가 치료(self-therapy)가 되어야 함을 강조했다. 이 책은 그의 REBT 이론
을 일반인 스스로가 자신의 문제에 적용해 문제의 근원인 생각의 종류,
그리고 그것이 어떻게 정서와 연결되어 있는지, 그 정서를 해결하기 위해
선행되는 생각의 변화를 어떻게 유도해 문제를 스스로 해결해가는지 등

수많은 '어떻게'에 대한 과정을 담고 있다. 이 책을 통해 많은 독자들이 굳이 상담실에 가지 않고도 자신의 문제를 스스로 해결하는 체험을 하게 되리라 기대해도 좋다.

— 박경애(한국REBT인지행동상담학회장, 광운대학교 교육대학원 교수)

연구자들은 우리 인간이 하루에 최소한 4만에서 8만 가지 생각을 한다고 말한다. 이런 생각들이 우리를 행복으로 이끄는 바탕이 되면 좋으련만, 대개는 우리 생각 중 대부분이 우리 마음을 휘젓는 악동 역할을 한다. 앨버트 엘리스는 심리치료 역사의 한 획을 긋는 학자로, 마음속 악동 역을 자처하는 생각들을 실제적으로 대응하는 접근을 제시한 임상가다. 심리 상담실을 찾는 내담자 모두 수없이 많은 생각들에 시달리면서도 그 생각이 곧 자기 자신이라는 착각 속에 빠져 있다. 하지만 엘리스가 주장하는 비합리적인 신념은 단순히 잘못된 생각 정도로만 여기면 오산이다. 우리에게 지속적으로 부정적인 평가를 던져대는 신념에 찬 목소리는 실은 오래된 정신역동의 산물이기 때문이다. 예외가 없다.

하버드대학교에서 실시한 한 연구 결과를 보면, 18세 청소년이 그때까지 들은 부정적 암시가 평균 18만 종이라고 한다. 성인이면 누구나 18만 종 이상의 부정적인 생각의 소프트웨어가 마음속 하드에 이미 깔려 있는 셈이다. 엘리스의 고전인 이 책은 이런 마음속 악동과 상대해 우리 마음의 평정심과 회복력을 재건하는 구체적인 해법을 제시하고 있다. 심리상담 수련생은 물론이고 마음속 평화를 갈구하는 모든 이들에게 일독을 권한다.

— 권수영(연세대학교 상담코칭학 교수, 『나쁜 감정에 흔들릴 때 읽는 책』 저자)

"내 행복은 내 마음에 달려 있다." 많이 들어본 말이다. 그러나 온갖 의문이 떠오르는 주장이기도 하다. 객관적인 조건을 바꾸지 않고 마음만 바꾸어 행복해진다면, 그건 그저 자기기만에 불과하지 않은가? 객관적인 삶의 조건을 개선하려는 노력은 헛수고인가? 건강하고 안전한 삶을 위한 최소한의 조건도 충족하지 못한 환경에서 사는 사람들에게는 이런 의문이 모두 타당하다. 그러나 실제로 우리 주변의 많은 이들이 스스로 만든 생각의 지옥에서 고통받는다. 이 책에 담긴 합리적 정서행동치료(REBT)는 이 마음의 문제를 정통으로 다루는 심리이론이다. REBT는 생각이 우리의 감정과 행동을 결정할 수 있다는 원칙에서 출발한다. 생각은 감정을 결정하고, 감정은 행동을 결정하기 때문이다. 요컨대 엘리스가 이야기하는 건 자기기만이 아니다. '생각'이라는 지렛대를 이용해서 삶의 방향을 바꿔보려는 현실적인 노력이다. 우선 이 책의 목차를 차근차근 읽어보시길 바란다. 목차의 문장들을 진정 자신의 것으로 만들 수 있다면, 당신의 삶은 완전히 달라질 것이다.

— 장근영(심리학 박사, 『게으른 십대를 위한 작은 습관의 힘』 저자)

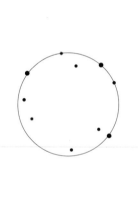

독자 서평

자신을 지배하는 감정들에 대해 이보다 더 나은 관점을 얻을 수 있는 명쾌한 접근법은 없다. 이 책을 읽고 대처하기 어려운 불안을 극복하고 마음의 평화를 얻을 수 있었다. 열린 마음을 가지고 감정의 균형을 찾고 싶다면 이 책이 큰 도움이 될 것이다. 나에게는 퍽 놀라운 경험이었다.

— amazon 리뷰

논리와 합리성을 자기계발에 이용할 수 있다. 불행을 자초하며 살아온 나는 자아에 대한 엘리스의 접근 방식에 정말 감사했고, 그를 좀 더 일찍 알았더라면 좋았을 것이라고 생각했다. 나는 합리적 정서행동치료가 다른 모든 인지행동치료보다 훨씬 뛰어난 치료법이라고 생각한다. 두 치료법은 전혀 같지 않다.

— amazon 리뷰

이 책은 타인, 사랑하는 사람, 세상, 나의 문제와 신념을 마주한 내가 재빨리 평온함을 되찾고 이를 유지하는 데 도움을 준다. 이 책을 읽으면 분명 앨버트 엘리스의 모든 책을 계속 찾게 될 것이다. 그야말로 독보적인 책이다! 나는 인생에서 지옥을 겪었고 아직도 겪고 있지만 이 책 덕분에 평온함을 유지하고 있다. 매일 한두 챕터씩 반복해서 읽고 있다.

— amazon 리뷰

강박장애에 대한 추천 도서 목록에서 이 책을 보고 구입했다. 이 경이로운 책은 치료에서 얻지 못한 것, 즉 불안장애를 딛고 일어서는 데 필요한 실질적인 도구와 통찰력을 제공한다. 엘리스가 제시하는 방법을 계속 연습하면서, 빠른 결과를 기대하지 않아야 한다. 하지만 나의 경우는 작은 불안정이 무척 빨리 안정되는 것을 느꼈다. 엘리스는 신념에 의문을 제기하고 도전하도록 유도하며, 신념이 바뀔 때까지 멈추지 않도록 독려한다. 자신의 일부 신념을 확인하고 나면 그 신념이 얼마나 어리석어 보이는지 깨닫고 충격을 받을 수도 있다. 엘리스는 확고한 어조와 다양한 풍자를 통해 간단명료한 접근법을 펼쳐 보인다. 단기간 기분이 좋아지게 하는 기분 전환용 자기계발서를 찾고 있다면 이 책은 적합하지 않다. 자신의 행복을 책임지고, 고통을 유발하는 신념을 바꿀 준비가 되어 있다면, 이 책이 그 목표를 이루는 데 도움이 되는 도구를 제공할 것이다. 실천할 준비를 하자.

— amazon 리뷰

생각이 많은 사람이라면 누구에게나 도움이 되는 책이다. 이 책은 삶의 일반적인 상황에서 내 마음이 어떻게 그 모든 나쁜 감정을 애써 만들어내는지 이해하는 데 도움을 준다.

— amazon 리뷰

이 책은 내가 찾던 것과 정확히 일치하는 굉장한 책이다. 이 책이 존재한다는 사실을 알고 있었지만 안타깝게도 찾는 데 오랜 시간이 걸렸고 그 사이 불행한 날도 많았다. 처음 몇 챕터를 읽고 나자 다른 사람의 인정은 필요하지 않다는 생각이 들며 내 자신에 대해 더 나은 기분이 들기 시작했고, 내가 무엇을 하든 나를 좋아하지 않는 사람들이 있을 것이라는 사실(그것은 나의 문제가 아니라 그들의 문제다)을 받아들였다. 이런 마음가짐 덕분에 사람들과의 관계를 새로운 시각으로 바라볼 수 있게 되었다. 여전히 다른 사람들에게 친절하고 예의바르게 대하려고 노력하지만 그들이 알아주지 않더라도 더 이상 문제가 되지는 않는다.

— amazon 리뷰

차례

CHAPTER 1
이 책은 다른 심리·철학 책과 어떻게 다른가?

단순하고 대중적인 REBT 책 · 29 | 이 책의 진정한 목표 · 30 | 귀 기울여 듣고 행동하면 답을 얻을 수 있다 · 34

CHAPTER 2
정말 어떤 상황에서도 불행을 거부할 수 있을까?

인간에게는 진정한 자의식이 있다 · 39 | 이로운 부정적 감정을 선택하기 · 42 | 걱정과 극심한 혼란의 차이점 · 45 | 과학적 사고로 독단적 신념을 뿌리 뽑기 · 47 | ✳ REBT 연습 1 · 49

C H A P T E R 7
REBT 통찰 2: 감정의 방향을 통제하기

C H A P T E R 8
REBT 통찰 3: 당위적 사고의 횡포를 따르지 않기

C H A P T E R 9
REBT 통찰 4: 불쾌한 과거는 잊기

C H A P T E R 10
REBT 통찰 5: 비합리적 신념을 적극적으로 반박하기

CHAPTER 19
REBT 통찰 14: 어떤 상황에서도
심각한 불안이나 우울을 단호히 거부할 수 있다

부록

REBT, 세상과 인간을 획기적으로 바꾸다

이 책을 충실히 읽어가다 보면 앨버트 엘리스의 조언이 얼마나 우리 인생에 깊은 변화를 일으킬 것인지 잘 알게 될 것이다. 엘리스는 모든 정서적·행동적 문제의 근원이 '강박적인 당위적 사고(musturbation)'라고 밝힌다. 그러면서 자신과 타인, 삶의 환경에 스스로 부과한 '당위적 사고'를 찾아내 살펴보라고 조언한다. 이것이 불안, 우울, 분노, 죄책감, 수치심 같은 해로운 '부정적인 감정'과 미루는 습관, 공격성, 중독 같은 '자기 패배적인 행동'의 근원이기 때문이다.

엘리스는 1950년대에 합리적 정서행동치료(Rational Emotive Behavior Therapy, REBT)를 개발하기 시작하면서, 많은 사람들이 겪는 '이차적 정서 장애' 또는 '메타 장애'라는 매우 중요한 개념을 설명했다. 간단히 말해 인간은 대개 자신의 감정 또는 행동에 대한 또 다른 감정을 지니고 있다는 것이다. 불안을 안고 사는 사람들이 불안에 대한 불안을 느끼는 것은 드문 일이 아니며, 우울 때문에 스스로에게 화를 내는 사람도 많다. 이 책은 '이차적 정서 장애'라는 개념을 적용해 불안, 죄책감, 분노, 우울 같은 일차적 정서 장애에 대해 스스로를 괴롭히기보다는, 그런 감정이 마음에 들지 않더라도 자신을 받아들이는 것이 중요하다는 사실을 보여준다.

인간은 강박적인 당위적 사고 말고도 '과장적 사고' '좌절 불포용(낮은 좌절인내력)' '자신의 가치에 대한 타인의 평가' 중시 등 자신에게 해가 되는 다른 요소도 가지고 있다. 불안이나 우울을 느끼는 사람들 가운데 얼마나 많은 사람이, 일어날지 모르는 일 때문에 스스로를 파국으로 몰아넣고 있는가? 자신을 '실패자' '쓸모없는 사람' '못난 사람'으로 낙인찍고 있지는 않은가? 앨버트 엘리스는 '좌절인내력'이 낮은 사람들이 어떻게 '눈앞의 이득'에 굴복하고 그로 인해 '미래에 오래 지속되는 고통'을 불러오는지 이 책에서 잘 보여준다.

이 책에서 엘리스는 감정 문제와 현실 문제를 구분했다. 우리 모두가 삶에서 실직이나 실연 같은 현실 문제에 맞닥뜨린다는 점을 명확히 지적한다. 하지만 인간은 현실 문제에 대해 감정적으로 화를 내는 경향이 있어서 문제를 더 가중시킨다. 엘리스는 대다수의 경우 현실 문제를 다루기 전에 그 문제에 대해 우리가 겪고 있는 감정 문제를 먼저 해결하는 것이 중요하다고 주장한다.

왜 그럴까? 삶에서 이미 일어났거나 앞으로 일어날 수 있는 일로 인해 분노나 불안, 우울 등의 감정이 매우 격해졌던 때를 떠올려보

자. 감정적으로 아주 불안정한 상태에서 현실 문제의 해법을 얼마나 성공적으로 찾아냈는가?

이 책은 모두가 읽어야 하는 책이다. 각 장의 내용이 술술 읽히고, 독자들이 저마다의 환경에 적용할 수 있도록 다양한 연습 방법을 담고 있어서 각자 필요에 따라 활용할 수 있다. 엘리스는 요점을 생생하게 전달하기 위해 수많은 환자들과 함께한 폭넓은 경험을 공유했다.

또 엘리스 본인이 사회적 불안과 심각한 대중 연설 불안을 극복하기 위해 자신의 삶에 합리적 정서행동치료를 적용한 과정도 보여준다. 이 개정판에서는 엘리스가 본문에서 언급한 두 개의 소책자 〈합리적 정서행동치료 효과를 유지하고 강화하는 방법〉과 〈비합리적 신념 반박하기(DBIS)〉를 처음으로 부록에 담았다.

엘리스의 크나큰 소망이자 소명은 되도록 많은 사람들이 합리적 정서행동치료를 배우고 활용하도록 하는 것이었다. 엘리스는 나의 멘토였고, 나는 오랫동안 그와 긴밀히 협력하는 영광을 누렸다. 이 책의 개정판이 출간되었고 전자책도 출간되었다는 사실에 그가 기뻐할 것이라고 확신한다. 그는 이 책의 원고를 대부분 타자기로 작성했다. 독자들이 종이책뿐만 아니라 전자책으로도 자신의 많은 작품을 접할 수 있다는 소식을 들으면 분명 무척 놀라면서도 흡족해할 것이다.

크리스틴 A. 도일Kristene A. Doyle 박사

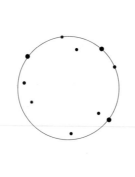

앨버트 엘리스의 합리적 정서행동치료, 인간의 삶을 치유하다

이 책의 초판이 나온 1987년은 합리적 정서행동치료가 40년 넘게 심리치료법으로 성행하던 때였다. 당시 거의 모든 사람이 책 제목이 너무 길어서 판매에 걸림돌이 될 것이라고 생각했다. 하지만 그들의 예상은 빗나갔다. 이 책은 『긍정의 심리학』과 더불어 내가 쓴 책 가운데 가장 큰 인기를 얻었다.

하지만 초판이 나온 1987년 이후 많은 발전이 이루어졌고, 지난 18년간 합리적 정서행동치료도 꽤 많이 바뀌었다. 우선 1993년부터 합리적 정서치료(RET)가 아니라 합리적 정서행동치료(REBT)로 명칭이 바뀌었다. 이제는 그 어느 때보다 다차원적이기도 하다. 다양한 사고, 감정, 행동 치료 방법뿐만 아니라 이들의 통합과 상호 연관성을 강조한다. 따라서 인지-정서-행동을 어느 때보다 통합적으로 다룬다.

게다가 이전보다 더욱 철학적이거나 철학을 강조하고 있다. 대다수의 다른 인지행동치료(CBT)와 달리 이 치료법은 내가 최근에 펴낸 몇몇 책 가운데 특히 『더 나은 기분으로 더 나은 삶을 살아가기(Feeling Better, Getting Better, Staying Better)』『독이 되는 신념, 감정, 행동을 극복하는 방법(Overcoming Destructive Beliefs, Feelings, and Behaviors)』『합리적 정서행동치료(Rational Emotive Behavioral Therapy—It Works for Me, It Can Work for You)』『관용에 이르는 길(The Road to Tolerance: The Philosophy of Rational Emotive Behavior Therapy)』에서 강력하게 지지한 세 가지 기본 철학을 강조한다. 역기능적인 해로운 신념을 인식하고, 인지적·정서적·행동적으로 이의를 제기하며, 효과적인 새로운 철학이나 합리적인 대응 철학에 도달함으로써 이런 철학을 찾을 수 있다.

합리적 정서행동치료가 강조하는 기본적인 합리적 대응 철학 세 가지는 다음과 같다.

첫째는 조건적 자기존중(CSE)이 아닌 무조건적 자기수용(USA)이다. 우리는 생각, 감정, 행동을 생존 및 합리적 행복 유지라는 주요 목표와 관련해 평가하고 이러한 목표에 보탬이 되는지 여부를 확인한다. 목표에 보탬이 되면 '좋다' 또는 '효과적이다'라고 평가하고 방해가 되면 '나쁘다' 또는 '비효과적이다'라고 평가한다. 하지만 우리가 역할을 다하든 못하든, 다른 이들이 우리와 우리의 행위를 인정하든 인정하지 않든 언제나 자신과 자신의 인격, 존재를 받아들이고 존중한다.

둘째는 무조건적 타인 수용(UOA)이다. 자신의 기준과 일반적인 사회 기준에 따라 다른 사람의 생각, 감정, 행동을 '좋다' 또는 '나쁘다'로 평가한다. 하지만 그 사람 자체와 그 사람의 인격, 존재는 평가하지 않는다. 그들도 우리와 마찬가지로 살아 있는 인간이기 때문에 그들을 받아들이고 존중하지만 그들의 일부 특성과 행동은 예외다. 우리에게는 모든 인간, 어쩌면 모든 지각 있는 생명체에 대한 연민이 있다.

셋째는 무조건적 인생 수용(ULA)이다. 우리는 자신과 자신이 속한 공동체의 도덕적 목표에 따라 자기 삶의 조건과 공동체를 '좋다' '나쁘다'로 평가한다. 하지만 삶이나 조건 자체를 '좋다' '나쁘다'로 평가하지는 않는다. 문명비평가 라인홀트 니부어(Reinhold Niebuhr)가 말했듯이 우리는 조건이 마음에 들지 않을 때 바꿀 수 있다면 바꾸려 노력하고, 바꿀 수 없다면 받아들여서 평온함을 얻으며, 그 차이를 구별할 줄 아는 지혜가 필요하다.

합리적 정서행동치료는 이 세 가지 주요 철학을 받아들이면 놀랍도록 행복해질 것이라고 말하지는 않는다. 그런 일은 일어나지 않을 것이다. 자기 자신과 자신이 속한 사회 집단에는 여전히 한계가 있을 것이다. 우리는 건전한 소망을 해로운 요구로 만들어 쓸데없이 자신을 화나게 하는 능력(재주!)을 발휘할 것이다. 홍수, 허리케인, 질병처럼 우리를 괴롭히는 물리적 문제도 여전히 존재할 것이다. 하지만 정서적-사고적-행동적 문제들은 대부분 줄어들 것이며 생각과 감정, 행동에 대한 불안감도 잦아들 것이다.

자신과 타인, 세상의 문제에 대처하려면 어떻게 해야 할까? 욕구와 소망뿐만 아니라 절대적인 당위적 사고로 자신을 괴롭히는 불필요한 특성을 제대로 인식해야 한다. 자신과 타인의 비합리성을 되도록 명확히 파악해야 한다. 현실적이고 논리적이며 실용적으로 비합리성을 반박해야 한다. 이 책에서 제시하듯 생각, 감정, 행동의 측면에서 이의를 제기해야 하며, 앞서 언급한 기본적인 합리적 대응 철학에 도달해야 한다. 끊임없이 앞으로 나아가보자!

2006년, 앨버트 엘리스

이 개정판을 내는 데 큰 힘이 되어준 데비 조페 엘리스Debbie Joffe에게 이 책을 바친다.

이 책에 익명으로 언급된 많은 환자들과 워크숍 참가자들의 협력에 감사를 전한다. 또한 이 책의 원고를 읽고 의견을 전해준 에밋 벨텐Emmett Velten, 숀 블라우Shawn Blau, 케빈 에버렛 피츠모리스Kevin Everett FitzMaurice의 가치 있는 비평에도 깊이 감사드린다. 그들은 이 책의 내용에 아무런 책임이 없음을 밝히며 대단히 고맙다는 뜻을 전한다!

마지막으로 워드 작업을 훌륭하게 마무리해준 팀 루니언Tim Runion에게도 고마움을 전한다.

1955년 고안된 합리적 정서행동치료는 오늘날 심리학계에서 중요한 위치를 차지한다. 하지만 어설프고 우유부단한 방식으로 이용될 때가 많고 이에 관해 냉철하고 확실한 정보를 제공하는 책은 아직까지 없었다. 이 책은 합리적 정서행동치료의 정보를 쉽게 이해할 수 있도록 구성되어 있다.

CHAPTER 1

이 책은
다른 심리·철학 책과
어떻게 다른가?

"가난, 테러, 질병, 전쟁처럼 정말 끔찍한 상황에 직면했을 때도
불행을 단호히 거부할 수 있으며, 마음만 먹으면
자신에게 닥친 최악의 상황을 보다 효과적으로 바꿀 수 있다."

- 앨버트 엘리스 -

단순하고 대중적인 REBT 책

해마다 수많은 심리·철학 관련 책이 출간되고 있으며 그중 다수는 많은 독자들에게 실제로 도움이 되고 있다. 그렇다면 굳이 또 다른 책을 쓰는 이유가 무엇일까? 왜 나는 이미 200만 부가 넘게 팔린 로버트 A. 하퍼와 나의 공동저서 『긍정의 심리학』을 뛰어넘으려 하고, 수백만 독자를 거느린 『행복한 이기주의자』와 같은 책을 더 보대려 할까?

여기엔 몇 가지 중요한 이유가 있다. 1955년 내가 고안한 합리적 정서행동치료는 오늘날 심리학계에서 중요한 위치를 차지하고 있으며, 대다수의 현대 심리치료사들(정신분석가도 포함)의 치료 계획에서 큰 비중을 차지하고 있다. 하지만 아쉽게도 어설프고 우유부단한 방식으로 이용될 때가 많다.

내가 전문적으로 쓴 글 말고는 합리적 정서행동치료에 관해 냉철하고 확실한 정보를 제공하는 책이 아직까지 없다. 드물게 그런 시도를 한 몇몇 책들도 단순하고 대중적인 형식을 갖추지 못했다. 이 책은 그런 아쉬움을 보완하는 것을 목표로 한다.

이 책의 진정한 목표

───────

보다 구체적으로 말하면, 이 책은 정신건강과 행복을 얻는 것에 관해 다른 어떤 책에서도 보여주지 않은 다음과 같은 목표를 제시하고 있다.

- 이 책은 삶에서 문제가 생겼을 때 감정을 강하게 느끼고 표현하라고 조언한다. 하지만 자신에게 도움이 되는 걱정, 안타까움, 슬픔, 불만, 짜증 같은 감정과 해가 되는 극도의 혼란, 우울, 분노, 자기연민 같은 감정을 명확히 구분한다.
- 삶에서 힘든 상황에 처했을 때 어떻게 대처해야 할지, 어떻게 하면 기분이 나아지는지 보여준다. 이보다 더 중요한 것은 쓸데없이 '전전긍긍'하며 자신을 괴롭히는 상황에서 기분을 나아지게 하는 방법뿐만 아니라 상황을 바꿀 수 있는 방법을 보여준다는 것이다.

- 인간이기에 감수할 수밖에 없는 '감정의 방향'을 통제하고, 어떤 상황에서도 스스로 불행해지는 것을 단호히 거부할 수 있는 방법과, 자기통제 능력을 발휘하는 방법을 구체적으로 설명한다.

- 과학적 사고, 이성, 현실을 철저히 고수하고 지지하며, 오늘날 많은 자기계발서가 부주의하게 조언하는 다양한 신비주의와 이상주의를 엄격하게 거부한다.

- 어려움에 처했을 때 일시적으로만 도움이 되고 장기적으로는 종종 우리를 좌절시킬 수 있는 '긍정적 사고'의 낙관주의적 태도 대신, 삶에 크나큰 철학적 변화를 일으켜서 근본적으로 새로운 인생관을 갖도록 한다.

- 단순히 일화나 사례 기록의 '근거'로만 뒷받침되는 게 아니라 대조군과 함께 진행된 많은 객관적, 과학적 실험으로 효과가 입증된 다양한 성격 변화 기법을 제시한다.

- 현재의 감정, 행동 문제를 어떻게 꾸준히 만들어내고 있는지 보여주며, 지나간 일을 이해하고 해명하느라 어리석게 시간과 에너지를 끊임없이 낭비하지 말라고 조언한다. 또한 어떻게 자신을 쓸데없이 화나게 하는지, 그런 행동을 멈추려면 지금 무엇을 해야 하는지 보여준다.

- 부모나 사회적 조건을 탓하면서도 그들의 어리석은 가르침을 따르며 책임을 회피하는 대신 '속상함'과, 그 속상함을 줄이는 일은 전적으로 자기 책임이라는 것을 보여준다.

- 합리적 정서행동치료와 다른 형태의 인지 및 인지행동치료의 ABC 모델을 간단하고 이해하기 쉽게 제시하고, 삶에서 자극이나 선행사건(A)이 주로 또는 직접적으로 감정적 결과(C)를 일으키지 않는다는 것을 보여준다. 그보다 신념 체계(B)가 대개 우리를 화나게 하므로 우리는 문제 있는 비합리적 신념(iB)을 반박(D)하고 바꿀 수도 있다. 이 책은 특히 비합리적 신념을 반박하고 버림으로써 효과적이고 새로운 삶의 철학(E)에 도달할 수 있도록 다양한 사고, 감정, 행동 방법을 보여준다.
- 현재의 소망과 바람, 선호, 목표, 가치관을 지키는 방법뿐만 아니라 과시적이고 절대적인 요구와 명령, 즉 쓸데없이 자신을 괴롭히는 절대적이고 독단적인 당위적 사고를 포기하는 방법도 보여준다.
- 쉽게 속고 남의 영향을 잘 받으며 남의 사고방식에 휘둘리기보다 독립적으로 자기 기준을 따르고 스스로 생각하는 법을 알려준다.
- 실용적이고 행동 지향적인 다양한 연습 방법을 제시한다. 이를 통해 합리적 정서행동치료 방식으로 삶의 방식을 돌아보고 고치도록 노력할 수 있다.
- 매우 비합리적인 세상에서 합리적으로 살 수 있는 방법, 즉 가장 힘든 속수무책의 상황에서도 어떻게 하면 최대한 행복해질 수 있는지 보여준다. 이 책은 가난, 테러, 질병, 전쟁처럼 정말 끔찍한 상황에 직면했을 때도 불행을 단호히 거부할 수 있다

고 말하며, 마음만 먹으면 자신에게 닥친 최악의 상황을 보다 효과적으로 바꿀 수 있다고 주장한다.

- 편견, 옹졸함, 핍박, 횡포 같은 감정 문제의 주요 뿌리를 이해하고, 자신과 타인이 겪는 신경증의 원인과 이를 없애는 방법을 알려준다.

- 심각한 불안, 우울, 적대감, 자책감, 자기연민의 감정을 다루는 합리적 정서행동치료 방식을 다양하게 보여준다. 합리적 정서행동치료는 아놀드 라자러스(Arnold Lazarus)의 '다중양식 치료(환자들은 보통 여러 가지 특수한 문제들로 고통받으므로 그 문제들을 다룰 때 여러 가지 특수한 치료법을 절충적으로 동원해야 한다는 입장의 심리치료법 – 옮긴이)'를 제외한 대다수의 주요 치료법보다 절충적이고 다차원적이다. 또한 해롭고 선택적이며 비효율적인 심리치료 방법을 몰아내는 데 최선을 다한다.

- 합리적 정서행동치료는 매우 행동 지향적이다. 인간 문제의 핵심에 빠르고 효과적으로 도달하고 짧은 시간 안에 효과를 얻을 수 있는 치유의 과정을 제시한다.

- 솔직한 쾌락주의자·개인주의자가 되는 방법을 보여주고, 자신에게 충실하면서도 사회집단 안에서 행복하고 성공적으로 관계를 맺고 사는 법도 알려준다. 이를 통해 자신만의 특별한 가치, 목표, 이상을 유지하고 키워나가면서 자신이 선택한 공동체의 책임감 있는 시민이 될 수 있다.

- 내용이 단순하고 명료하지만 지나치게 단순화하지는 않았다.

많은 철학자와 심리학자로부터 얻은 지혜는 실용적이고 현실적이면서도 깊이를 더해준다.

- 오늘날 급성장하는 치료 유형인 합리적 정서행동치료와 인지행동치료에서 파생된 규칙과 방법을 제시한다. 이 치료법들은 최근 몇 년간 성장을 거듭하며 수많은 치료사와 환자를 도왔다. 이 책은 이러한 치료법을 구성하고 있는 자기계발 기법의 장점을 뽑아 일반 독자들이 활용할 수 있도록 바꾸었다.

귀 기울여 듣고 행동하면 답을 얻을 수 있다

———

이 책은 정말 어떤 상황에서도 불행을 단호히 거부할 수 있는 비법을 알려줄까? 터무니없지는 않을까? 독자들이 진지하게 듣고 메시지를 받아들여서 활용하려 노력한다면 실제로 해답을 얻을 수 있을 것이다.

귀 기울여 듣고 노력할 준비가 되었는가? 생각하고 느끼고 행동할 것인가? 그러면 분명히 답을 얻을 수 있다. 모두 그러길 바란다!

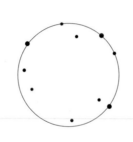

인간은 다른 생물들에서 찾아볼 수 없는 특성인 자신의 생각을 지각할 수 있는
능력을 타고났으며 이 능력을 키울 수도 있다. 우리에게는 확고한 생각과 감정,
행동을 바꿀 수 있는 능력이 있다. 살아가는 환경이 아무리 열악해도 우리는 부
정적인 감정을 줄일 수 있을 뿐만 아니라 실제로 소멸시키고 없앨 수도 있다.

C H A P T E R   2

정말 어떤 상황에서도 불행을 거부할 수 있을까?

"우리는 거의 항상 불안, 절망, 적개심 같은
강력한 감정을 바꿀 수 있는 힘과 능력이 있다.
그런 감정을 줄일 수 있을 뿐만 아니라
실제로 소멸시키고 없앨 수도 있다."

- 앨버트 엘리스 -

인간에게는 진정한 자의식이 있다

───────

이 책은 '인간의 거의 모든 고통과 심각한 정서적 불안정은 불필요할 뿐만 아니라 이치에 어긋난다'는 특이한 메시지를 담고 있다. 이치에 어긋난다고? 심한 불안이나 우울에 빠질 때 우리는 분명 자신에게 불리하게 행동하고, 자신을 부당하고 불공정하게 대한다.

불안은 자신이 속한 사회 집단에도 큰 타격을 준다. 가족과 친구 그리고 전체 공동체에도 나쁜 영향을 줄 수 있다. 스스로 당혹감과 분노, 자기 연민에 빠짐으로써 치러야 하는 대가는 엄청나다. 시간과 금전적 손실은 물론이고 불필요한 노력이 소모되며, 공연한 정신적 고통이 따른다. 다른 사람의 행복을 훼방 놓기도 한다. 한 번뿐인 삶에서 누릴 수 있는 기쁨을 어리석게도 헛되이 날려 보낸다. 이 얼마나 불필요한 낭비인가!

하지만 정서적 고통은 인간의 삶에서 기본적인 것이며, 먼 옛날부터 우리 곁에 있어왔다. 그렇다면 감정을 느낄 수 있는 인간인 이상 그런 고통은 피할 수 없는 건 아닐까? 그렇지 않다!

고통스러운 감정과 정서 장애를 혼동하지 말자. 인간은 뚜렷이 감정을 느끼는 존재다. 다른 동물도 감정을 느끼지만 인간만큼 섬세하지는 않다. 예를 들어 개는 사랑, 슬픔, 두려움, 즐거움 같은 감정을 느끼는 것처럼 보인다. 사람과 똑같지는 않지만 개들에게도 분명 감정이 있다.

하지만 경외심은 어떨까? 낭만적인 사랑, 시적 열의, 창의적 열정, 과학적 호기심 같은 감정이 개와 침팬지에게도 있을까?

아마 그렇지 않을 것이다. 인간의 미묘하고 낭만적이며 창의적인 감정은 복잡한 사고와 철학에서 비롯된다. 고대 스토아학파 철학자인 에픽테토스와 마르쿠스 아우렐리우스가 지적했듯이 인간은 주로 자신이 생각하는 대로 느낀다. 오롯이 그렇지는 않더라도 대체로 그렇다.

내가 고대와 후대 사상가들, 특히 바뤼흐 스피노자, 임마누엘 칸트, 존 듀이, 버트런드 러셀로부터 합리적 정서행동치료의 몇 가지 원리를 받아들여 지난 50여 년간 전달해온 중요한 메시지가 바로 이것이다. 우리는 대부분 감정을 만들어낸다. 부모와 다른 이들로부터 배우고, 자신의 머릿속에서 분별 있는 또는 어리석은 생각을 만들어내는 것이다.

감정을 만든다고? 그렇다. 우리는 의식적으로, 또 무의식적으로 자신에게 득이 되고 해가 되기도 하는 방식으로 생각하고, 느끼고, 행동하는 쪽을 선택한다.

전부 다 그렇다는 뜻은 아니다. 유전과 환경 요인이 큰 역할을 하기 때문이다.

인간은 특정한 생각, 감정, 행동을 타고나지 않는다. 행동이나 감정을 만드는 데 직접적으로 환경의 영향을 받지도 않는다. 하지만 유전자와 사회적 양육 환경은 우리가 지금처럼 행동하고 즐기려 하는 강력한 특성을 갖게 한다. 우리는 대체로 이러한 특성을 따르거나 탐닉하지만 꼭 그럴 필요는 없다.

우리에게 무한한 선택의 기회나 자유의지가 있다는 뜻이 아니다. 그럴 리는 없다. 우리가 아무리 열심히 팔을 펄럭여도 하늘을 날 수는 없다. 담배, 음식, 술 같은 물질이나, 미루기 습관 같은 다양한 중독을 쉽게 끊지 못한다. 무엇이든 몸에 밴 습관을 고치려면 진땀깨나 흘리기 마련이다.

하지만 자신을 확 바꾸는 쪽을 선택할 수도 있다. 우리에게는 확고한 생각과 감정, 행동을 바꿀 수 있는 능력이 있다. 개, 원숭이, 바퀴벌레와 달리 우리는 인간이기 때문이다. 인간은 다른 생물들에게서 좀처럼 찾아볼 수 없는 특성, 즉 자신의 생각을 지각할 수 있는 능력을 타고났으며, 이 능력을 키울 수도 있다. 우리는 타고난 철학자일 뿐만 아니라 철학에 대해 철학할 수 있고, 추론에 대해 추론할 수 있는 존재다. 퍽 다행스러운 일이다. 그러한 능력은 우리에게 자기결정권이나 자유의지를 어느 정도 부여한다.

만일 우리가 일차원적인 사고 수준에 머물러서 자신의 생각을 들여다볼 수 없고 감정을 가늠하지 못하는 데다 행동을 돌아볼 수 없다면 어떤 삶을 살고 있을까? 아마 변화 없는 삶을 살고 있을 것이다.

사실 스스로 선택하지 않는 이상 제자리에 머물거나 습관에 얽매이는 일은 일어나지 않는다. 우리는 주변 환경과 자기 자신을 인식할 수 있기 때문이다. 인간은 자신의 행동을 관찰하고 그것에 대해 생각할 수 있는 드문 잠재력을 지니고 태어났다. 영장류 등 다른 동물에게 자의식이 없다는 뜻은 아니다. 동물에게도 일종의 자의식이 있지만 그리 대단치는 않다.

인간에게는 진정한 자의식이 있다. 굳이 그럴 필요는 없지만 자신의 목표와 소망, 목적을 관찰하고 판단할 수 있다. 우리는 그것들을 살펴보고 검토한 뒤 고칠 수도 있다. 또한 고친 생각과 감정, 행동을 살펴보고 반성할 수 있고, 그것을 다시 고칠 수도 있다. 그렇게 몇 번이고 고칠 수 있다!

이로운 부정적 감정을 선택하기

———

'자기 변화' 이야기는 이 정도면 되었다. 물론 우리에게 그런 능력이 있고 당연히 그 능력을 사용할 수도 있지만 한계가 있고 완벽하지 않기 때문이다. 우리는 주로 생물학적 특성과 어린 시절의 교육을 통해 초기 목표와 소망을 갖게 된다.

인간은 아기 때 모유(또는 분유)를 좋아하고 부모 품에 안기고 싶어 한다. 모유와 부모의 품을 좋아하도록 태어났고 길들여졌으며 익숙해졌기 때문이다. 따라서 우리가 바라고 좋아하는 것들은 완전히 자유롭게 선택된 것이 아니다. 많은 부분이 유전과 길들이기로 우리 안에 주입된다.

자기 인식을 활용하고 목표와 소망에 대해 더 많이 생각할수록 더 많은 자유의지나 자기결정권이 생겨난다. 이로운 감정과 해로운 감정도 마찬가지다. 예를 들어 상실의 고통을 겪을 때 느끼는 좌절감과 실망감을 생각해볼 수 있다. 또 다른 예로 일자리를 주거나 돈을 빌려주기로 약속한 사람이 약속을 저버리는 경우도 있다. 당연히 우리는 불쾌감과 슬픔을 느낀다. 그렇게 느끼는 것은 '좋은 것'이다. 그런 부정적인 감정 덕분에 자신이 원하는 것을 얻지 못했음을 인정하고, 다른 일자리나 돈 빌릴 곳을 찾아야겠다고 마음먹게 되기 때문이다.

불쾌감과 슬픔은 처음에는 불편하고 '나쁜 것'일 수 있다. 하지만 길게 보면 그런 감정들은 자신이 원하는 것은 더욱 많이 얻고, 원하지 않는 것은 줄이는 데 도움이 된다.

삶에서 문제가 생겼을 때 이처럼 이로운 부정적 감정을 선택할 수 있을까? 물론이다. 매우 또는 조금 불쾌감을 느끼는 쪽을 선택할 수도 있다. 또는 약속된 일자리를 놓쳤을 때의 장점(더 나은 일자리를 찾을 수 있는 기회 등)에 초점을 맞추고 불쾌감을 전혀 느끼지 않는 쪽을 선택할 수도 있다. 또는 거짓으로 일자리를 약속한 사람을 헐뜯으며 그 '비열한 놈'보다 '더 나은 사람'이 된 것에 대해 행복감을 느끼는 쪽을 선택할 수도 있다.

또는 약속된 일자리를 얻었을 때의 단점(출퇴근의 번거로움 등)을 강조하며 일자리를 놓친 것에 대해 꽤 기뻐하는 쪽을 선택할 수도 있다. 일자리를 놓친 것에 슬픔과 불쾌감을 느끼지 않도록 노력해야 할지도 모르지만 분명 그런 감정을 느끼는 쪽을 선택할 수도 있다.

일자리(또는 돈을 빌리는 것 등 그 밖의 모든 기회)를 놓친 것에 대해 자연스럽거나 일반적인 반응을 선택할 수도 있다. 대개 우리는 군이 이 선택권을 행사하지 않고도 일반적이고 이로운 불쾌감과 실망감을 받아들이고 앞날에 유용하게 활용할 것이다. 그런 감정들을 지니고 살아가며 그로부터 이익을 얻을 것이다.

이제 우리가 일자리나 대출 기회를 부당하게 잃고 심한 불안, 우울, 자책감, 분노를 느낀다고 가정해보자. 부당하게 대우받고 있다고 생각하고 분통을 터뜨릴 것이다.

그렇게 강력하고 즉흥적인 감정을 느끼거나 느끼지 않는 쪽을 선택할 수 있을까? 물론 가능하다. 분명 선택할 수 있다. 이것이 이 책의 핵심 주제다.

내가 아무리 나쁜 행동을 해도, 내가 남들에게 아무리 부당한 대우를 받아도, 내가 살아가는 환경이 아무리 열악해도 우리는 거의 항상 불안, 절망, 적개심 같은 강력한 감정을 바꿀 수 있는 힘과 능력이 있다. 그런 부정적인 감정을 줄일 수 있을 뿐만 아니라 실제로 소멸시키고 없앨 수도 있다. 다음 장들에 소개하는 방법들이 크게 도움이 될 것이다.

걱정과 극심한 혼란의 차이점

상실의 고통을 겪을 때 느끼는 극심한 혼란, 우울, 분노는 비정상적인 감정일까? 그렇지 않다. 그런 감정은 매우 정상적이고 인간생활의 기본 요소이며, 아주 일반적이고 보편적이다. 거의 모든 사람이 그런 감정을 자주 느낀다. 그런 감정을 자주 느끼지 않는다면 오히려 그것이 이상한 일일 것이다.

하지만 일반적이거나 흔하다고 해서 그것이 좋은 것이라는 뜻은 아니다. 예를 들어 감기는 매우 흔한 질병이고, 멍이 들거나 뼈가 부러지고 염증이 생기는 것도 마찬가지다. 하지만 그것들은 건강에 보탬이 되거나 이롭지는 않다!

불안도 마찬가지다. 걱정, 조심성, 경계심 등 '가벼운 불안'은 정상적이고 이로운 감정이다. 불안감이 전혀 없다면 자신이 어디로 가는지, 어떻게 행동하는지 제대로 살피지 못할 것이며 큰 곤경에 빠질 수도 있다.

하지만 심각한 불안, 조바심, 공포, 극심한 혼란은 우리에게 이롭지는 않다. 심각한 불안은 지나친 걱정, 두려움, 공포로 이어진다. 불안에 사로잡히면 꼼짝달싹 못하게 되어 무능해지고, 반사회적으로 행동할 수 있다. 그러므로 걱정과 경계심은 유지하되, 지나친 걱정, '상황을 끔찍하게 보는 태도(awfulizing)', 극심한 혼란, 두려움은 떨쳐내야 한다.

그러기 위해서는 두 감정이 매우 다름을 인식하고 불안이 이로운 감정이라고 변명하거나 합리화하지 않아야 한다. 불안은 피할 수 없는 감정이며, 살아 있는 한 받아들여야 한다고 우기지 않아야 한다. 걱정이나 경계심은 거의 피할 수 없으며 이로운 감정이지만, 극심한 혼란과 공포는 그렇지 않다.

걱정과 극심한 혼란의 차이점은 무엇일까? 그 차이는 원하는 것을 절대적인 필수품으로 보는 데서 비롯된다. 『긍정의 심리학』에서 지적했듯이 우리는 무언가 하고 싶다는 의향에서 강박적인 당위적 사고로 넘어갈 때 심한 불안을 느낀다.

일을 잘하고 싶고 다른 사람들에게 인정받기를 '바라는' 사람은 실패하고 거부당할까봐 걱정하게 된다. 이로운 걱정은 자신감을 가지고 멋지게 행동하도록 독려한다. 하지만 어떤 상황에서도 반드시 잘해야 하고 다른 사람에게 인정받아야 한다고 굳게 믿는다면 기대만큼 성과를 내지 못했을 때 극심한 혼란에 빠질 것이다.

에픽테토스, 카렌 호나이(Karen Horney, '당위성의 횡포'를 처음 언급함), 알프레드 코르치프스키(Alfred Korzybski, 일반의미론의 창시자)와 합리적 정서행동치료의 관점이 맞는다면 대개 우리는 비뚤어진 사고, 즉 '강박적인 당위적 사고' 중 하나를 채택함으로써 감정 문제를 일으키는 셈이다. 그러므로 비합리적인 당위적 사고, 요구, 명령에 빠져들어 무의식적으로 그것들을 생각에 끼워넣으면서 자신을 얼마나 화나게 하는지 이해한다면 언제 어떤 일에 관해서든 불안을 자초하는 것을 멈출 수 있을 것이다.

항상 그렇지는 않더라도 대체로 그럴 것이다. 나중에 설명하겠지만 '강박적인 당위적 사고'의 규칙에 몇 가지 예외가 있기 때문이다. 하지만 불안을 느끼는 상황의 십중팔구는 강박적인 생각, 감정, 행동과 관련이 있다. 이것을 바꿔야 한다. '보통' 스스로를 화나게 하는 성가신 일들 때문에 불행해지는 것을 거부할 수 있다.

과학적 사고로 독단적 신념을 뿌리 뽑기

———

나는 합리적 정서행동치료의 주장을 입증할 수 있을까? 그럴 수 있을 것이다.

현대 심리학은 극심한 혼란이나 우울에 빠진 사람들이 관점을 바꾸면 불안정한 감정을 이겨내고 훨씬 더 행복하게 살 수 있다고 보여주는 많은 실험을 진행해왔다. 최근 많은 연구자들이 합리적 정서행동치료, 인지치료 및 기타 인지행동치료에 관해 과학적인 대조군 연구를 200건 넘게 진행했다. 그 연구들은 사람들에게 부정적인 생각을 바꾸는 방법을 알려주면 그들의 기분과 행동이 나아질 수 있음을 보여주었다. 수백 건의 다른 연구에서도 합리적 정서행동치료에서 사용되는 주요 기법이 효과적으로 작동한다고 밝혀졌다.

이 글을 쓰는 시점을 기준으로 250건이 넘는 또 다른 과학적 연구에서 사람들의 주된 비합리적 신념과 실제 그들의 정서적 불안정 수준이 서로 관련되어 있는지 테스트했다. 이 연구들의 약 95퍼센트는 심각한 감정 문제가 있는 사람들이 문제가 적은 사람들보다 더 많은 비합리적인 신념을 지녔음을 인정하는 것을 보여준다.

이 모든 과학적 근거들은 스스로를 불행하게 만드는 무조건적인 엄격한 의무, 당위, 명령, 요구를 쉽게 찾아낼 수 있고 당장 그것들을 버릴 수 있음을 입증하고 있는가? 우리는 곧바로 분별력 있게 생각하고 근심 걱정 없이 살 수 있을까?

꼭 그렇지는 않다! 앞으로 설명하겠지만 그렇게 살려면 그 이상의 노력이 필요하다. 하지만 해답을 찾을 수 있다. 자신을 화나게 하는 비합리적인 생각을 깨닫고 반박하고 떨쳐낼 수 있다. 과학적 사고로 자기에게 해가 되는 독단적 신념을 뿌리 뽑을 수 있다.

다음 장을 읽으면 그 해답을 찾을 수 있을 것이다. 하지만 먼저 연습이 필요하다.

처음에는 이 연습이 매우 쉬워 보일 수 있지만 그렇게 만만하지 않다. 이 연습은 삶에서 무언가를 '불행한' 것으로 보거나 '나쁜' 사건이 일어날까 봐 걱정할 때 '이로운 부정적 감정'과 '해로운 부정적 감정'을 구별하는 데 도움이 된다.

좋은 직장을 잃거나 사고로 다치거나 사랑하는 사람을 잃는 등 자신에게 곧 일어날 수 있는 불행한 일을 상상해본다. 이런 일이 쉽게 일어날 수 있다고 생각하며 생생하게 떠올려보자. 어떤 감정이 느껴지는가? 자신에게 무슨 말을 했기에 그런 감정을 느끼고 있는가?

이로운 걱정이나 경계심을 느낀다면 자신에게 이렇게 말하고 있는 것이다.

"이런 불행한 일이 일어나지 않으면 정말 좋겠지만 일어나더라도 감당할 수 있어."

"내 배우자가 심각하게 아프거나 죽는다면 무척 슬프겠지만 나는 여전히 살아갈 수 있고, 때로는 행복을 느낄 수도 있어."

"시력을 잃는다면 굉장히 힘들어지겠지만 여전히 많은 즐거움을 누릴 수 있어."

이 생각들은 특정 사건이 일어났을 때 우리가 얼마나 큰 박탈감과 안타까움을 느끼는지 보여주지만, 모두 '하지만(but)'을 덧붙이고 있다. 여전히 삶을 즐기며 살아갈 수 있다는 여지를 남기고 있음을 주목하자.

만일 해로운 불안, 조바심, 극심한 혼란을 느낀다면 다음과 같은 당위적 사고, 상황이 끔찍하다는 믿음, 자기비하, 지나친 일반화가 있는지 살펴보자.

"절대 그래서는 안 되는데 직장을 잃었어. 다시는 좋은 직장을 구하지 못할 테고 내가 얼마나 무능한 사람인지 알려질 거야!"

"내 배우자가 절대 세상을 떠나면 안 돼. 그 사람이 죽으면 나는 외로움을 견디지 못하고 늘 불행할 거야."

"시력을 잃으면 절대 안 돼. 만일 시력을 잃는다면 내 인생은 끔찍해질 테고 다시는 아무것도 즐길 수 없을 테니까!"

이런 생각은 무조건적이고 완전한 고통을 예측하고 있으며, 끊임없는 고통에서 빠져나올 수 있는 여지를 남겨두지 않음을 기억해야 한다.

이번에는 자신에게 불행한 일이 실제로 벌어졌다고 상상해보자. 이를테면 전 재산을 날리거나 직장 상사에게 걸핏하면 비난당하거나 절친한 친구나 배우자에게 부당한 대우를 받는 것 등이다. 이런 상상을 할 때 안타깝고 슬프고 후회스럽기만 한가? 아니면 해로운 우울감이나 분노가 밀려오는가?

우울감을 느낀다면 다음과 같은 '당위적 사고'가 있는지 찾아보자.

"돈을 좀 더 신중하게 관리했어야 해! 그토록 조심성이 없다니 정말 한심해!"

"내 상사는 나를 그렇게 비난하면 안 돼! 끊임없는 비난은 참을 수가 없어!"

크게 화가 났다면 다음과 같은 당위적 사고가 담긴 자기암시가 있는지 찾아보자.

"가장 친한 친구가 나를 그렇게 부당하게 대하면 안 되지! 정말 못된 녀석이야!"

"내 형편이 지금보다 나아져야 해! 이렇게 사는 것은 너무 부당하고 끔찍해!"

자신에게 실제로 불행한 일이 일어나고 있거나 일어날 수 있다고 상상하고, 강한 부정적 감정을 느낄 때마다 이 감정이 보다 좋은 일이 일어나기를 바라는 이로운 바람과 소망에서 비롯되었는지 살펴보자. 또는 자신의 바람을 뛰어넘어 강력한 의무와 당위적 사고, 명령을 스스로 지어내서 그런 감정들을 만들고 있는지 살펴보자. 만약 후자에 속한다면 걱정과 경계심을 지나친 걱정과 심각한 불안, 극심한 혼란으로 바꾸고 있는 것이다. 자신의 감정에서 실제 차이를 관찰해보자!

비과학적이고 비논리적 사고가 감정 문제의 주된 원인이다. 과학적인 방법은 이론을 끊임없이 수정하고 바꾸면서 보다 타당한 아이디어와 보다 유용한 추론으로 대체하는 방법이다. 합리적 정서행동치료는 과학적 방법을 써서 분별력 있게 생각할 수 있다는 사실을 보여준다. 과학적으로 사고하는 것이 바로 정서적인 건강이다.

CHAPTER 3

과학적으로 생각하면
불행한 감정을
없앨 수 있을까?

"합리적으로 생각하고, 현실을 외면하지 않으며,
자신과 타인, 세상에 대한 가설의 진위를 확인해야 한다.
지나친 낙관주의에서 벗어나고 허황된 기대는 버려야 한다."

- 앨버트 엘리스 -

독단적이고 무조건적인 당위적 사고

———

논리적으로 생각하면 우리가 욕구와 소망만 생각하고 그 욕구를 꼭 성취해야 한다는 비현실적인 요구로 바뀌지 않는 이상, 어떤 상황에서도 자신을 괴롭히지 않을 수 있음을 이해할 수 있다.

'소망'은 "성공이나 인정, 안락함을 간절히 원해"로 시작해서 "하지만 꼭 필요하다는 것은 아니야. 그게 없다고 죽지는 않아. 그런 게 없어도 (정도는 다르지만) 행복할 수 있어"라는 결론으로 이어지기 때문이다.

이렇게 시작되는 바람도 있다. '실패나 거절, 고통은 분명 싫고 혐오스럽지만 견딜 수 있어. 삶이 무너지지는 않을 거야. 이런 불행을 겪더라도 꽤 행복할 수 있어.'

하지만 무언가를 늘 가지거나 해야 한다고 집착할 때는 흔히 이렇게 생각한다. '나는 성공이나 타인의 인정, 즐거움을 무척 바라니까 어떤 상황에서도 그것을 가져야 해. 그렇지 못한다면 끔찍하고 견딜 수 없을 거야. 그런 것을 얻지 못한 나는 못난 사람이고 꼭 가져야 할 것을 주지 않는 세상은 끔찍한 곳이야! 그것을 갖지 못할 게 분명하니 전혀 행복할 수 없어!'

이렇게 경직되고 강박적인 사고를 할 때 불안, 우울, 자기혐오, 적대감, 자기연민을 자주 느끼게 될 것이다. 내면의 경직된 '당위적 사고'를 제대로 들여다보면 자신이 느끼는 감정의 원인을 알 수 있을 것이다!

그런데 독단적이고 무조건적인 당위적 사고가 정서 장애의 유일한 원인일까? 꼭 그렇지는 않다. 정신병과 뇌전증 같은 일부 장애는 당위적 사고와 거의 관련이 없을 것이다. 심한 우울증과 알코올의존증 같은 문제는 당위적 사고와 다른 형태의 뒤틀린 사고가 함께 만들어낸 정신장애이며, 그런 사고를 만드는 신체 질환과 관련이 있을 수 있다.

하지만 일반적인 유형의 정서 장애나 대다수의 불안감과 분노 같은 신경증은 주로 과장적인 사고에서 비롯된다. 큰 열등감을 느낄 때도 마찬가지다. 역설적이게도 열등감은 절대적인 요구가 만들어 낸 결과다.

스스로에게 많은 당위적 사고를 부과한다면?

스티비의 예를 살펴보자. 법학을 전공한 뒤 공인회계사가 되는 길을 순탄하게 걷고 있던 23세의 스티비는 누구나 원하는 것들을 전부 다 가진 사람처럼 보였다. 건장한 체구, 거의 흠잡을 데 없는 외모, 그를 애지중지하는 부유한 부모까지 갖추었지만 정작 그는 사회 부적응자였다. 친구도 연인도 없었으며, 법률과 비즈니스 말고는 무엇에 관해서도 이야기를 나누지 못했다. 게다가 자신을 철저히 미워했다. 그는 왜 그렇게 되었을까?

그에게 사교성이 훨씬 뛰어난 형이 있었을까? 어머니에게 성적 욕망을 품은 것에 대해 무의식적으로 가책을 느꼈을까? 야구 경기를 하다가 만루 상황에 삼진아웃 당하고 반 친구들에게 놀림을 당했을까? 자위행위를 들킨 그에게 아버지가 성기를 자르겠다고 소리 지르며 위협했을까?

이느 것도 해당되지 않는다. 스디비는 이런 시절의 드라우마가 없었고, 하는 일마다 성공을 거두었다. 그런데 무엇이 문제였을까?

사춘기에 들어선 스티비는 부모님의 사랑과 인정에도 불구하고, 또 공부와 운동에 뛰어났음에도 불구하고 자신을 미워했다. 왜 그랬을까?

그는 대화에 서툴렀다. 목소리 톤이 높았고, 살짝 혀 짧은 소리를 냈다. 그런데 완벽주의 성향이 있어서 유창하게 이야기하라고 자신을 채근했다. 하지만 '말을 잘해야 한다'는 생각에 집착할수록 더욱 심하게 말을 더듬었다. 그래서 아예 입을 다물었고 움츠러들었다.

23세 무렵의 스티비는 누구에게나 유독 숫기 없고 내성적인 청년으로 비춰졌다. 누가 봐도 자신을 혐오하고 있었다. 하지만 그의 근본적인 과시의식(grandiosity)을 깨달은 사람은 거의 없었다. 그는 모든 면에서 절대적으로 완벽하고 이상적이기를 원했고, 어떤 유형의 평범함도 철저히 거부했다.

나는 몇 개월간 합리적 정서행동치료를 진행한 뒤에야 스티비가 스스로에게 많은 '당위적 사고'를 부과했음을 짚어줄 수 있었다. 그는 이렇게 생각했다. '중요한 일을 다 잘해내야 해. 절대 그러면 안 되는데 바보처럼 머뭇머뭇 말하는 나는 완전히 쓸모없는 사람이야. 유창하게 말할 수 없는데 도대체 무엇 때문에 입을 열겠어?'

처음에 스티비는 자신의 완벽주의를 인정하지 못했다. 하지만 결국에는 스스로에게 부과한 절대적인 당위적 사고를 깨달았다. 일단 이런 요구를 인식하고 합리적 정서행동치료로 그 사고들을 반박하기 시작하자 스티비는 반드시 유창하게 말하지 않아도 된다고 느끼기 시작하면서 자신이 부족하다는 느낌을 떨쳐냈다. 비록 여전히 혀 짧은 소리로 말하고 고음의 목소리를 내기는 했지만 더 이상 움츠러들지 않았고 계속 이야기하려고 애썼다. 그러고는 마침내 달변가가 되었다.

모든 정서 장애가 오만한 생각에서 비롯되지는 않지만 대부분 그렇게 만들어진다. 절대 결점이 없어야 한다고 스스로에게 요구한다면, 신경증에 걸리지 않아야 한다고도 요구할 수 있을 것이다. 예를 들어 스티비는 자신에게 신경증이 있다는 사실을 분명히 알면서도 불안정한 모습을 자책했고, 그런 이유로 신경증을 더욱 악화시켰다.

그는 자신에게 이렇게 말해왔다. "나만큼 숫기 없는 사람은 또 없어. 대부분 사람들은 이런 문제가 없는데 나만 이렇게 숫기가 없어. 얼마나 바보 같은지! 이러면 안 되는데!" "이렇게 불안해하다니 정말 바보 같아!" 그러니까 그는 신경증에 대한 신경증이라는 이차적 문제를 스스로 만든 셈이다.

인간은 과학적 사고를 할 수 있다

비논리적이고 비현실적인 생각으로 스스로 신경증을 만드는 경우를 많이 봤다. 인간은 자신에게 해로운 생각을 받아들이고 만들어내는 새주를 타고났으며 또 환경의 영향을 꽤 많이 받는다. 환경은 우리에게 가난, 질병, 불공평 등 현실적 문제를 안겨주고, 종종 '너는 음악에 재능이 있으니 반드시 뛰어난 음악가가 돼야 해'라는 식의 경직된 생각을 불어넣기도 한다.

하지만 신경증은 주로 본인에게서 비롯된다. 우리는 의식적으로 또는 무의식적으로 자신을 신경증에 희생시키는 쪽을 선택한다. 또는 터무니없는 생각을 멈추고 거의 모든 경우에 신경증적으로 행동하는 것을 단호하게 거부하는 쪽을 선택하기도 한다.

정말 그럴 수 있을까? 물론이다. 그것이 이 책의 요점이다. 인간은 과학적 사고를 할 수 있다. 1955년 뛰어난 심리학자 조지 켈리(George Kelly)가 지적했듯이 우리는 타고난 과학자다. 돈을 모아 좋은 자동차를 사기로 결정한다면 그 뒤 어떤 일이 일어날지 예측한다. 일단 결정한 뒤에는 결정의 결과를 관찰하고, 자신의 예측이 옳았는지 확인하기 위해 그 결과를 점검한다. '정말 돈을 충분히 모을 수 있을까? 돈을 충분히 모으지 못해도 좋은 차를 살 수 있을까?' 이렇게 확인하고 점검한다.

이것이 과학의 본질이다. 그럴 듯한 가설이나 가정을 세운 다음 실험과 점검을 통해 이를 지지하거나 반증한다. 가설은 '사실'이 아니라 추측, 가정일 뿐이다. 우리는 점검을 통해 가설이 옳은지 판단한다. 거짓으로 판명된 가설은 버리고 새로운 가설을 시험한다. 만약 옳은 가설처럼 보이면 그것을 잠정적으로 유지하지만 나중에 반대되는 근거가 나타나면 언제든지 바꿀 준비가 되어 있다.

이것이 과학적인 방법이다. 절대적으로 확실하지는 않으며 종종 불확실한 결과를 낳기도 한다. 하지만 '진리'를 발견하고 '현실'을 이해하는 데 있어 우리가 가진 최고의 방법일 것이다.

많은 신비주의자와 광신자들은 과학이 우리에게 현실에 대한 제한된 관점만을 제공하며, 절대적인 진리와 보편적인 이해는 우주의 중심 에너지에 대한 순수한 직관이나 직접적인 경험을 통해 도달할 수 있다고 주장해왔다. 나름 흥미로운 이론 혹은 가설이다! 하지만 아직 증명된 바는 없다. 증명하거나 반증할 수 없을 것이므로 이는 과학이 아니다.

　과학은 그저 논리와 사실을 활용해 한 이론의 타당성을 입증하거나 반증하려는 것이 아니다. 더욱 중요한 것은 이론을 끊임없이 수정하고 바꾸면서 보다 타당한 아이디어와 보다 유용한 추론으로 대체하려고 노력한다는 것이다. 경직되기보다는 유연하며, 독단적이기보다는 포용적이다. 보다 큰 진리를 추구하지만 절대적이고 완벽한 진리를 추구하지는 않는다.

비과학적인 사고가 감정 문제의 원인

비과학적이고 비논리적 사고가 감정 문제의 주된 원인이다. 합리적 정서행동치료를 통해 효율적인 과학자가 되면 거의 모든 상황에서 불행을 사초하는 것을 단호히 거부하는 방법을 알게 될 것이다.

　욕구와 소망, 가치관에 대해 한결같이 과학적으로 유연하게 대처한다면 그것들이 자기 파괴적 독단으로 악화되지 않을 것이다. 그러면 '좋은 직장을 얻고 사랑하는 사람과 함께 있는 게 훨씬 더 좋아'라고 생각하게 될 것이다. 그리고 광적으로 (또 비과학적으로) 다음과 같이 덧붙이지는 않을 것이다.

　(a) "꼭 좋은 직장을 구해야 해!" (b) "사랑하는 사람과 함께해야만

행복할 수 있어!" (c) "훌륭한 경력과 좋은 인간관계를 쌓지 못한다면 정말 형편없는 사람이야!"

합리적 정서행동치료는 우리가 이렇게 엄격한 '당위적 사고'를 굳게 믿음으로써 스스로 불행하게 만드는 것과 마찬가지로 언제든지 과학적 방법을 써서 이의를 제기하고 이를 뿌리 뽑아서 다시 분별력 있게 생각할 수 있다는 사실도 보여준다. 분별력 있게 과학적으로 사고하는 것이 바로 정서적인 건강이다.

합리적 정서행동치료는 모든 독단, 편견, 옹졸함 등을 버리면 자신을 심각하게 신경증적인 상태로 만들고 유지하는 것이 거의 불가능하다고 주장한다. 과학적으로 사고하면 자신이 바꿀 수 없는 성가신 일들을 받아들일 수 있게 되고(좋아하기는 힘들겠지만), 그것을 '무시무시한 공포'로 만드는 것을 멈출 수 있기 때문이다.

물론 항상 그럴 수는 없을 것이다. 완벽한 과학자가 될 확률은 이를테면 완벽한 피아니스트나 작가가 될 확률과 같을 것이다. 인간은 실수하기 마련이어서 완벽에 도달하기란 거의 불가능하다.

원한다면 되도록 잘하기 위해 노력할 수는 있다. 하지만 완벽해지려고 애쓰지 않는 편이 나을 것이다! 완벽을 바라며 이루고 싶어 할 수 있고, 또 기대에 못 미치더라도 속상해하지 않을 수도 있다. 완벽을 '바라는' 것은 헛된 일로 보인다. 더 나아가 완벽을 '요구하는' 것은 거의 완벽하게 미친 짓으로 보인다.

그러므로 이 책을 꼼꼼히 읽고 조언을 따르려고 노력하더라도 완벽한 과학자가 되지는 못할 것이다. 남은 생애 동안 완벽하게 '불행하지 않은' 사람이 되지도 못할 것이다. 그런 이상주의적 결실을 얻고 싶다면 영원한 축복을 약속하는 사이비 종교를 찾는 편이 낫다. 과학은 그런 약속을 하지 않는다. 하지만 보다 현실적인 합리적 정서행동치료 계획이 있다.

불행을 털어내기 위해서는 과학적 방법을 활용하고 진정한 노력을 해야 한다. 합리적으로 생각하고, 현실을 외면하지 않으며, 자신과 타인, 세상에 대한 가설의 진위를 확인해야 한다. 지나친 낙관주의에서 벗어나고 허황된 기대는 버려야 한다. 쉽게 이룰 수 있다는 부질없는 기대를 떨쳐야 한다. 유치한 소망을 가차 없이 버려야 한다.

그렇게 하면 다시는 불행하지 않을까? 그렇지 않을 것이다. 불안, 우울, 분노가 거의 사라질까? 아마 그렇지도 않을 것이다. 하지만 보다 과학적이고 합리적이며 현실적인 사람이 될수록 정서적으로 덜 초초해질 것이라고 약속할 수 있다. 초조함이 완전히 사라진다는 뜻은 아니다. 그것은 냉혹하거나 비인간적인 사람에게나 가능한 일이기 때문이다. 하지만 강도가 훨씬 약해질 것이다. 나이가 들면서 과학적 관점이 너욱 견고해질수록 신경증적 증상은 서서히 줄어들 것이다. 확실하다고 장담할 수는 없지만 아마 내 예측이 맞을 것이다.

REBT
연습
②

최근 불안하게 느꼈던 때를 떠올려보자. 불안하거나 지나치게 걱정스러운 일은 무엇이었는가? 새로운 사람을 만나는 것? 직장에서 일을 잘해야 하는 것? 좋아하는 사람에게 인정받는 것? 시험에 통과하거나 학점을 따는 것? 채용 면접을 잘 치르는 것? 테니스 시합이나 체스 시합에서 이기는 것? 좋은 학교에 들어가는 것? 심각한 병에 걸린 사실을 알게 되는 것? 부당한 대우를 받는 것?

불안이나 지나친 걱정을 일으키는 성공이나 인정 욕구가 있는지 살펴보자. 자신의 당위적 사고는 어떤 것이 있는가? 다음 예처럼 불안을 유발하는 생각을 찾아보자.

"새로 만나는 사람들에게 좋은 인상을 줘야 해."

"직장에서 잘 해내고 싶으니 일을 잘해야만 해!"

"내가 무척 아끼는 이 사람에게 인정받아야 해!"

"매우 중요한 시험(또는 수업)이니 반드시 통과해야 해!"

"좋은 일자리 같으니 기필코 면접관의 마음에 들어야 해."

"이 테니스(또는 체스) 시합에서 이기면 내가 얼마나 뛰어난지 증명될 거야. 그러니 시합에 꼭 이겨서 내가 정말 뛰어나다는 것을 모두에게 보여줘야 해!"

"이번에 지원한 학교는 최고의 학교 중 하나야. 그 학교에 꼭 들어가고 싶어. 그러니 반드시 합격해야 해. 만약 떨어지면 끔찍할 거야."

"내가 심각한 병에 걸렸다면 정말 끔찍하고 견딜 수 없을 거야. 그런 병에 걸리지 않았다는 것을 확실히 알아야 해!"

"이 사람들에게 무척 잘 대해줬으니 그들은 나를 함부로 대해선 안 돼. 만약 그런다면 끔찍할 거야!"

최근 불안이나 지나친 걱정을 초래한 모든 사례에서 자신의 바람(이 직장에 꼭 들어가고 싶어)을 찾은 다음 명령이나 당위적 사고(그러니까 꼭 붙어야 하고 안 그러면 견딜 수 없어)를 찾아보자.

최근 느낀 우울감에 대해서도 똑같은 방법을 적용해보자. 우울했던 이유를 찾은 다음 그 원인이 된 당위적 사고를 찾아본다. 다음 예를 살펴보자.

"내가 원했던 이 직장의 면접을 준비했어야 했는데 제대로 준비하지 못했어. 나는 이런 좋은 직장을 얻을 자격이 없는 바보야!"

"이 테니스 시합에서 이기기 위해 연습을 더 할 수도 있었는데 그만큼 하지 않았어. 내가 테니스나 다른 어떤 것도 잘할 수 없는 게으른 굼벵이라는 증거야!"

최근 누군가에게 매우 화가 났던 일의 원인이 된 '당위적 사고'를 찾아보자. 예를 들면 다음과 같다.

"존에게 애써 돈을 빌려주었는데 그는 당연히 갚아야 할 돈을 갚지 않았어. 정말 무책임한 녀석이야! 나한테 이러면 안 돼!"

"토요일에 바닷가에 갈 수도 있었는데 바보같이 일요일까지 기다리다 비를 만났어. 일요일에도 날씨가 계속 좋았어야지. 비가 와서 기분이 엉망이었어. 바닷가에 가고 싶을 때 비가 오는 것은 참을 수 없어!"

불안하거나 우울하거나 화가 나는 대부분의 순간에는 일이 잘 풀리고 바라는 것을 얻게 되기를 강력히 원하고, 그것이 당연히 이루어져야 한다고 생각한다. 그런 상황을 상상해보고 자신의 당위적 사고를 찾아보자. 찾을 때까지 포기하지 않아야 한다. 찾는 데 어려움이 있다면 친구나 가족의 도움을 구하는 게 좋다. 멈추지 말고 계속 해보자!

자신을 좌절하게 하는 당위적 사고에 집착하고 있으며, 줄곧 그런 사고를 바탕으로 행동한다고 가정해보자. ('테니스 시합에 이길 수 있다는 확신이 없는데 무엇 때문에 해야 해? 차라리 시합을 하지 않는 게 낫겠어.') 이때 우리는 해로운 당위적 사고를 생각만 하는 게 아니라 강하게 의식하고 그것을 토대로 행동하는 셈이다. 강박적인 당위적 사고에 따라 생각하고 느끼고 행동하는 것이다. 하지만 생각, 느낌, 행동은 스스로 깨닫고 바꾸려고 한다면 얼마든지 바꿀 수 있다!

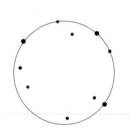

과학이 행복한 삶을 사는 법을 알려줄 수 있다면 감정적 동요와 그것을 만드는 데 주로 이용되는 비합리적 신념을 찾아 과학적 방법으로 없앨 수 있다. 과학에는 절대적인 규칙이 없지만 일단 기준이나 목표를 세우면 환경과 행동 방식을 연구할 수 있다. 정서적 건강과 행복에 관해 목표와 기준을 설정하면 이 목표를 이루는 데 과학이 도움을 줄 수 있다.

C H A P T E R   4

나와 타인,
내 삶의 조건을
과학적으로 생각하는 법

"사람 사이의 관계에서 우리는
완전히 좋은 사람도, 완전히 나쁜 사람도 아니다.
때로는 상대를 귀하게 대하고,
때로는 못되게 대하기도 하는 한 사람이다."

- 앨버트 엘리스 -

과학적 방법의 주요 규칙들

———————

불안을 극복하고 보다 행복한 삶을 살기 위해 과학적 방법을 사용하라고 설득한 뒤에는 무엇을 해야 할까? 자신과 타인, 주변 세상과의 관계에 구체적으로 어떻게 과학을 적용할 수 있을까?

앞장에서 지적했듯이 과학은 유연하고 포용적이다. 언제든 바뀔수 있는 사실과 현실, 논리적 사고(스스로 모순되지 않으며 상반된 두 견해를 동시에 지니지 않는 것)를 고수한다. 또한 경직된 '모 아니면 도' 식 사고와 이분법적 양자택일 사고를 피하고, 현실이 대개 양면적이며 모순적인 사건과 특성을 포함한다고 본다.

그러므로 사람 사이의 관계에서 우리는 완전히 좋은 사람도, 완전히 나쁜 사람도 아니다. 때로는 상대를 귀하게 대하고, 때로는 못되게 대하기도 하는 한 사람이다. 과학은 엄격하고 절대적인 방식으로 세상사를 보지 않으며, 세상사와 인간사가 대개 확률의 법칙을 따른다고 가정한다.

과학적 방법의 주요 규칙은 다음과 같다.

1. 세상에서 일어나는 일이 마음에 들지 않아 바꾸려고 노력할 때조차 그것을 '현실'로 받아들이는 편이 낫다. 우리는 끊임없이 '사실'을 관찰하고 점검해 그것이 여전히 '진리'인지 아니면 바뀌었는지 확인한다. 현실을 관찰하고 점검하는 것을 과학의 경험적 방법이라고 한다.

2. 우리는 과학적 법칙, 이론, 가설을 논리적이고 일관된 방식으로 진술하고, 중요하고 근본적인 모순(틀렸거나 비현실적인 '사실' 포함)을 피한다. 사실이나 논리가 뒷받침되지 않는 이론을 바꿀 수 있다.

3. 과학은 유연하고 융통성이 있다. 어떤 것이 절대적·무조건적으로 또는 확실하게 참이라는 주장, 즉 언제 어디서든 영원한 진실을 담고 있다는 모든 생각에 회의적이다. 새로운 정보가 등장하면 기꺼이 이론을 검토하고 수정한다.

4. 과학은 어떤 식으로든 반증될 수 없는 이론이나 견해(예: 보이지 않는 전능한 악마가 존재하고 세상의 모든 악행을 일으킨다는 생각)를 지지하지 않는다. 초자연적 것이 존재하지 않는다고 단정하지는 않지만, 초인적인 존재가 존재하거나 존재하지 않는다고 입증할 길이 없으므로 과학의 영역에 포함시키지 않는다. 초자연적인

것에 대한 우리의 신념은 중요하고 과학적으로 탐구될 수 있으며, '초자연적' 사건에 대한 자연스러운 설명을 찾을 수 있는 경우도 종종 있다. 하지만 초인적 존재의 '실재'를 입증하거나 반증할 가능성은 희박하다.

5. 과학은 세상에 '자격(deservingness)'이라는 것이 존재해서 한 사람을 '선한' 행동 때문에 존중하거나 '나쁜' 행동 때문에 저주한다는 의견에 회의적이다. 과학에는 선하고 악한 행동에 대한 절대적이고 보편적인 기준이 없다. 어떤 집단이 특정 행위를 '선'으로 간주하면 그런 행위를 하는 이들을 보상하며, '나쁜' 행위를 하는 이들에게 불이익을 줄 것이라고 가정한다.

6. 과학에는 인간사와 인간의 행위에 관해 절대적인 규칙이 없지만, 일단 사람들이 기준이나 목표(사회 집단 안에서 생존하고 행복하게 살아가기 등)를 세우면 인간과 그들이 살아가는 환경, 그들의 일반적인 행동 방식을 연구할 수 있다. 사람들이 목표를 달성하고 있는지, 목표를 수정하거나 다른 접근 방법을 찾는 것이 현명한지 어느 정도 판단될 수 있다. 정시적 긴장과 행복에 관해 사람들이 목표와 기준을 설정하면 이 목표를 이루는 데 과학이 종종 도움이 될 수 있다. 하지만 확실성을 보장하지는 않는다! 과학은 어쩌면(확실하지는 않다) 우리가 어떻게 하면 행복한 삶을 살 수 있는지 알려줄 수 있을 것이다.

이런 것이 과학적 방법의 주요 규칙이라면 우리는 어떻게 이를 따

르고 정서적으로 보다 건강하고 행복해질 수 있을까? 감정적 동요
와 그것을 만드는 데 주로 이용되는 비합리적 신념을 찾아 과학적
방법으로 없앨 수 있다. 과학적으로 생각하고 느끼고 행동하면 가능
한 일이다.

비합리적인 요구에 대한 과학적 접근

실천 방법을 보여주기 위해 일반적인 비합리적 요구 몇 가지를 찾아
과학적으로 살펴보자.

비합리적인 신념 1
"세상은 유능하게 행동하는 것을 훨씬 더 좋아하므로 반드시 그렇
게 행동해야 해."

과학적 분석
이 신념이 현실적이고 사실에 근거하고 있는가? 물론 그렇지 않
다. 나는 어느 정도 선택권을 지닌 인간이므로 꼭 유능하게 행동할
필요도 없고, 서툴게 행동하는 쪽을 선택할 수도 있다. 게다가 인간
은 오류를 범할 수 있는 존재이므로 언제나 유능하게 행동하는 쪽을
선택하더라도 항상 그렇게 할 수 있는 방법은 없다.

이 신념은 논리적인가? 그렇지 않다. 내가 잘못할 가능성과 항상 유능하게 행동해야 한다는 요구가 모순되기 때문이다. 또 유능하게 행동하고 싶다는 강한 바람 때문에 꼭 그렇게 해야 한다는 것도 논리적으로 맞지 않는다.

이 신념은 유연하고 융통성이 있는가? 그렇지 않다. 어떤 상황에서든, 어떤 방식으로든 유능하게 행동해야 한다는 것이므로 융통성 없고 경직된 신념이다.

이 신념은 반증이 가능한가? 어떤 면에서는 가능하다. 내가 항상 유능하게 행동할 필요는 없다는 것을 증명할 수 있기 때문이다. 하지만 유능하게 행동해야 한다는 믿음은 내가 유능함에 대한 욕구를 항상 충족시켜야 하고 그 욕구를 충족시킬 힘을 지닌 초자연적 존재임을 암시한다. 이런 절대적인 명령은 충분히 반증할 방법이 없을 것이다. 때때로 무능하게 행동하더라도 어떤 특별한 이유 때문에 일부러 그랬다고 주장할 수 있고, 마음만 먹으면 언제든 유능하게 행동할 수 있다고 우길 수 있기 때문이다. 또 "신의 뜻이 이루어질 것이나!"라고 말하며, 신의 자녀로서 내가 왜 무능하게 행동했는지 설명할 필요가 없다고 말할 수도 있다.

이 신념은 '자격'이 있음을 입증하는가? 그렇지 않다. 증명이나 반증이 불가능한 생각일 뿐이다. 나는 똑똑하고 열심히 노력하기 때문에 대체로 유능하게 행동할 것이라고 정당하게 주장할 수는 있다. 하지만 지능, 노력, 생존, 성공에 대한 열망 또는 그 밖의 어떤 것 때문에 세상이 나를 확실히 유능하게 만들어줘야 한다고 증명할 수는 없다. 그런 종류의 의무나 자격, 필연은 존재하지 않는다. 그게 아니라면 나는 늘 유능할 것이다.

이 신념을 가지고 있으면 나는 처신을 잘하고, 이롭고 행복한 결과를 얻을 수 있는가? 절대 그렇지 않다. 항상 유능하게 행동하더라도 실제로는 나쁜 결과를 얻을 수도 있다. 많은 사람들이 완벽한 나를 질투하고 미워하며 해를 끼치려고 할 수 있기 때문이다. 그리고 "나는 유능한 사람을 '선호'하므로 반드시 유능하게 행동해야 해"라고 굳게 믿더라도 때때로 그렇게 행동하지 않을 수 있다. 그러면 자신과 세상을 미워하며 불안하고 우울해질 것이다. 그러므로 어떻게든 항상 유능하게 행동하지 않는 이상 이 신념은 통하지 않을 것이다.

비합리적 신념 2
"중요한 사람들에게 인정받아야 해. 그렇지 않으면 끔찍하고 비극적일 거야!"

과학적 분석
이 신념은 현실적이고 사실에 근거하고 있는가? 절대 그렇지 않다. 내가 중요하게 여기는 사람들에게 꼭 인정받아야 한다는 우주의 법칙 따위는 없으며, 내가 인정받고 싶어 하는 많은 사람들이 나를 인정하지 않을 가능성이 높기 때문이다. 인정받지 못한다고 해서 끔찍하거나 비극적인 것은 아니며 단지 불편할 뿐이다. 인정받지 못하면 나에게 불쾌한 일이 일어날 수도 있다. 하지만 어떤 일이 '끔찍하다'는 것은 유난히 나쁘거나, 완전히 나쁘거나, 더할 수 없이 나쁘다는 뜻이다. 중요한 사람에게 인정받지 못하는 것은 유난히 나쁜 일이 아니라 그저 적당히 나쁜 일일 뿐이다. 완전히 나쁜 일이 아니며 언제든 더 나빠질 여지가 있다. 따라서 이 신념은 어떤 식으로도 현실에 부합하지 않는다.

이 신념은 논리적인가? 그렇지 않다. 내가 어떤 사람을 중요하게 여긴다고 해서 그 사람이 나를 인정해야 하는 것은 아니다. 그리고 중요한 사람이 나를 인정하지 않는 것이 매우 불편하게 느껴지더라도 내 삶이 비극이나 파국으로 치닫는 것은 아니다. 내가 좋아하는 사람이 나를 금방 좋아하지 않더라도 사실 얻는 게 있을 것이다. 그 사람이 처음에는 나를 좋아했다가 나중에 실망시키거나 떠날 수도 있기 때문이다.

이 신념은 유연하고 융통성이 있는가? 전혀 그렇지 않다. 언제, 어떤 상황에서든 내가 중요하게 여기는 사람이 반드시 나를 인정해야 한다는 경직된 생각이 담겨 있기 때문이다.

이 신념은 반증될 수 있는가? 그렇다. 중요한 사람에게 인정받지 못하더라도 나는 여전히 삶이 소중하다고 여길 수 있기 때문이다. 하지만 내가 중요하게 여기는 사람들이 어떤 상황에서도 나를 인정해야 한다고 명령하고 있으므로 나의 전지전능함을 암시하고 있기도 하다. 그들이 나를 인정하지 않을 때도 나는 그들이 인정하는 것으로 간주하거나, 사실 인정하지 않을 가능성이 높은 경우에도 그들이 정말로 나를 인정하고 있다고 주장할 수 있다. 나는 언제나 모든 것을 다 알고 있고 사람들의 은밀한 생각과 감정을 알고 있다고 주장하는 셈이다. 이런 신념은 반증 가능하다.

이 신념은 '자격 있음'을 입증하는가? 그렇지 않다. 내가 중요한 사람들에게 호의적으로 행동하더라도 그들이 나를 인정해야 한다는 절대적 규칙이 있다고 입증할 수 없다. 이것은 또 하나의 반증 가능한 신념이다.

이 신념은 내 행동과 그 결과에 이로운가? 오히려 그 반대다. 사람들에게 아무리 인정받으려고 열심히 노력해도 쉽게 실패할 수 있다. 그들이 나를 좋아해야 한다고 믿으면 우울해질 가능성이 크다. 내가 중요하게 여기는 사람이 언제, 어떤 상황에서든 나를 인정해야 한다는 신념을 지님으로써 나는 그들에게 인정받는 데 거의 매번 실패할 것이다. 또 그들이 나를 좋아하지 않는다는 이유로 그들과 나 자신, 세상을 미워할 것이다.

비합리적 신념 3

"사람들은 나를 사려 깊고 공정하게 대해야 해. 그렇지 않으면 그들은 가혹한 저주와 벌을 받아 마땅한 형편없는 사람들이야."

과학적 분석

이 신념은 현실적이고 사실에 근거하고 있는가? 그렇지 않다. 다른 사람이 언제, 어떤 상황에서든 나를 사려 깊고 공정하게 대해야 한다고 요구하는 것이다. 분명 그들은 그렇게 행동하지 않으며 우리가 살아가는 현실도 그렇지 않음을 보여줄 때가 많다. 그들이 형편없는 사람이라는 생각도 사실이 아니다. 형편없는 사람들은 뼛속까지 형편없고 결코 선하거나 중립적으로 행동하지 않으며 한없이 형편없게 행동해야 한다. 그렇게 완전히 형편없는 사람이 존재한다고 단정해서는 안 된다. 이 신념은 또 나를 함부로, 부당하게 대하는 사람들이 가혹한 벌을 받아야 마땅하고, 어떻게든 저주와 벌을 받게 될 것이라고 암시한다. 현실은 그렇지 않다.

이 신념은 논리적인가? 그렇지 않다. 사람들이 때때로 나를 함부로, 부당하게 대하기 때문에 그들은 완전히 형편없는 인간이며 항상 벌을 받아 마땅하다고 암시하기 때문이다. 일반적인 인간 기준에 따라 어떤 사람이 나에게 못되게 대한다고 명백히 입증할 수 있다고 해도 그들이 완전히 형편없고 항상 벌을 받아 마땅하다고 입증할 수는 없다.

이 신념은 유연하고 융통성이 있는가? 그렇지 않다. 나를 함부로, 부당하게 대하는 모든 사람들이 완전히 형편없고, 가혹한 저주와 천벌을 받아 마땅하다고 암시하기 때문이다. 예외를 허용하지 않는다.

이 신념은 반증이 가능한가? 부분적으로 가능하다. 나를 못되고 부당하게 대하는 사람들은 완전히 형편없는 사람이라는 뜻이지만 그들이 때로는 선하고 중립적으로 행동한다는 것을 보여줄 수도 있기 때문이다. 하지만 자격과 저주에 대한 내 신념은 반증될 수 없다. 아무도 나를 지지하지 않고 내 신념이 사실이라고 믿지 않더라도 세상의 다른 모든 사람들이 안타깝게도 잘못 알고 있으며, 천벌과 저주에 대한 내 관점이 틀림없이 옳고, 나를 부당하게 대한 사람들에 대한 (있지도 않은) 천벌이 존재해야 한다고 주장할 수 있기 때문이다. 나를 부당하게 대한 사람들이 실제로 천벌을 받지 않는다면 나는 항상 그들이 지금까지 천벌을 받지 않은 특별한 이유가 있으며, 미래 또는 사후에 틀림없이 벌을 받을 것이라고 주장할 수 있다.

이 신념은 자격 있음을 증명하는가? 그렇지 않다. 사람들이 나를 함부로, 부당하게 대하고 때로는 그런 행동을 한 뒤 벌을 받더라도 나는 다음과 같은 내용을 증명할 수 없다. '(a) 그들은 내게 못되게 굴어서 벌을 받았다 (b) 어떤 절대적인 운명이나 존재가 그들을 벌 받게 만들었다, (c) 앞으로 그와 같은 사람들은 나와 다른 사람들을 부당하게 대했다는 이유로 항상 저주받고 파멸할 것이다.' 그리고 나에 대한 그들의 행위가 명백히 나빴다는 것을 증명하는 데에도 어려움이 따를 것이다. 어떤 면에서는 그들이 '선한' 사람일 수 있고, 일부 다른 사람들은 그들을 '악한' 사람으로 보지 않을 수도 있기 때문이다. 인간의 '죄'에 대한 '자격 있음' 개념은 어떤 행위가 모든 상황에서 의심할 여지없이 '죄'임을 의미한다. 그런데 이것은 증명이 불가능하다.

이 신념은 나의 행동과 그 결과에 도움이 되는가? 전혀 그렇지 않다! 사람들은 나를 사려 깊고 공정하게 대해야 하며, 그렇지 않으면 형편없는 사람들이므로, 가혹한 저주와 천벌을 받아 마땅하다고 굳게 믿는다면 다음과 같은 불행한 결과를 불러올 가능성이 매우 높다.

1. 나는 매우 화가 나서 앙심을 품을 것이며 그로 인해 신경계와 몸을 자극해 내게 해로운 결과를 초래할 것이다.
2. 내게 상처 주었다고 생각되는 사람들에게 집착하고 그들을 생각하는 데 엄청난 시간과 에너지를 소비할 것이다.
3. 사람들의 부당한 행동에 대해 무언가 하려고 애쓸 때 나는 너무 화가 나서 그들과 격렬하게 싸우게 되고, 종종 그들을 설득하거나 막는 데 실패할 것이다. 결국 그들은 나를 지나치게 격분한 사람, 즉 불공정한 사람으로 간주하고 고의적으로 자신의 잘못을 인정하지 않을 가능성이 높다.
4. 사람들이 나를 '부당하게' 대하는 이유를 이해하지 못하고 그들이 저지르지도 않은 잘못을 부당하게 또는 편집증적으로 비난할 수 있으며, 이는 그들과 우호적이고 객관적으로 논의해 적절한 타협안을 마련하는 데 종종 걸림돌이 될 것이다.

위의 예에서 보여주듯이 자신의 비합리적 신념에 대해 과학적으로 묻고 이의를 제기한다면 그 신념이 비현실적이고 명백히 비논리적이라는 것을 알게 될 것이다. 또한 융통성이 없고 경직되어 있으며 반증이 불가능하고 보편적인 '자격 있음'이라는 잘못된 개념에 기초하고 있음을 알게 될 것이다. 이렇게 비현실적이고 비논리적인 신념을 계속 유지하면 자주 손해를 볼 수 있다.

비합리적 신념에 대한 이 같은 분석과 반박이 합리적 정서행동치료의 주요 방식이다. 이 방법을 계속 사용한다면 인간의 불행에 대한 가장 강력한 해독제인 과학적 사고를 활용할 수 있을 것이다. 그러나 과학은 우리가 어떤 상황에서도 불행을 단호히 거부할 수 있다고 절대적으로 보장하지는 않는다. 하지만 크나큰 도움이 될 것이다!

심각한 분노(또는 불안, 우울, 격분, 자기혐오, 자기연민)를 느끼거나, 자신의 기본적인 이익에 반하는 행동(해야 하는 일을 회피하거나 하지 않아야 할 행동에 중독됨)을 할 때마다 자신이 비과학적으로 생각하고 있다고 가정해보자. 일반적으로 과학의 법칙을 부정하는 다음과 같은 예를 살펴보자.

삶의 현실을 부정하는 비현실적 사고의 예

"내가 친절하게 대하면 사람들은 분명 나를 좋아하고 잘 대해줄 거야."

"이 시험을 통과하지 못하면 나는 학교에 들어가지 못하고 결국 부랑자가 될 거야."

비논리적이고 모순적인 신념의 예

"내가 간절히 바라니까 너는 나를 사랑해야 해."

"면접에 떨어지면 나는 구제불능이고 결코 좋은 직장에 들어가지 못할 거야."

"내가 심술궂고 부당하게 대하더라도 사람들은 나를 공정하게 대해야만 해."

증명과 반증이 불가능한 신념의 예

"남에게 피해를 주었으니 난 지옥에서 불타고 영원히 고통받을 거야."

"나는 특별한 사람이어서 무엇을 하든 항상 이기기만 할 거야."

"나는 마법 같은 능력이 있어서 사람들이 항상 내가 원하는 대로 행동하게 만들 수 있어."

"네가 나를 미워하는 느낌이 강하게 드는 것을 보니, 실제로도 그런 것이 확실해."

자격 있음에 대한 신념의 예

"나는 착한 사람이므로 인생에서 마땅히 성공해야 하고, 운명은 확실히 내게 좋은 일이 일어나게 해줄 거야."

"나는 최선을 다하지 않았으므로 고통받아 마땅하고 인생에서 아무것도 얻지 못할 거야."

강한 신념(과 그에 따른 감정)이 좋은 결과를 불러오고
안락함과 행복으로 이끌 것이라는 가정의 예

"그러면 안 되는데 네가 나를 부당하게 대했어. 그러니 내가 너에게 화를 내면 너는 나를 더 잘 대해줄 것이고 나는 더 행복해질 거야."

"어리석게 행동한 나 자신을 호되게 채찍질하면 앞으로 더 현명하게 행동할 수 있을 거야."

감정 문제를 만들고 자신의 이익에 반하는 행동을 하게 만드는 비과학적 신념을 찾았다면 과학적인 방법으로 이의를 제기하고 반박해야 한다. 자신에게 다음과 같이 물어보자.

- 이 신념은 현실적인가? 삶의 현실에 어긋나지 않는가?
- 논리적인가? 그 자체가 모순되거나 나의 다른 신념과 충돌하지 않는가? 증명과 반증이 가능한가?
- '자격'에 대한 절대적 법칙이 있음을 증명하는가? 좋은 행동을 하면 좋은 삶을 살 가치가 있고, 나쁜 행동을 하면 나쁜 존재가 되어야 마땅한가?
- 이 신념을 계속 굳게 믿고 그것이 만들어내는 감정에 따라 행동하면 처신을 잘하고 원하는 결과를 얻으며 행복한 삶을 살 수 있을까? 또는 이 신념을 유지하면 덜 행복할까?

비합리적 신념에 과학적 방법으로 묻고 따져서 잘못된 신념을 물리치고 삶의 효율성을 높이도록 하자.

합리적 정서행동치료에서의 통찰은 먼저 자신이 누구인지 이해하는 것을 의미한다. 자신을 이해하는 데 도움이 될 뿐만 아니라 부정적인 생각, 감정, 행동을 바꾸는 데도 도움이 된다. 또한 우리가 과거에 무엇을 했는지가 아니라 지금 무엇을 하고 있는지에 관한 통찰을 제공한다.

CHAPTER 5

일반적인 통찰로는
감정 문제를
이겨내지 못하는 이유

"우선 자신이 누구인지 이해해야 한다.
자신이 좋아하는 것과 싫어하는 것을 알아가야 하고,
좋아하는 것을 얻고 싫어하는 것을 피하기 위해
무엇을 할 수 있는지 모색해야 한다."

- 앨버트 엘리스 -

관습적이거나 정신분석적인 통찰의 한계

감정 문제에 대한 통찰이 문제를 극복하는 데 도움이 될까? 관습적이거나 정신분석적인 통찰이 아니라면 도움이 될 수 있다.

관습적인 통찰은 거의 도움이 되지 않는다. 불안정의 원인을 정확히 알고 나면 신경증이 줄어들 것이라고 주장하기 때문이다. 이런 터무니없는 소리는 내게 우리를 더 어리석게 만들 것이다.

예를 들어 부모가 당신에게 100만 달러를 벌어야 한다고 강요하고, 그러지 못하면 바보 취급을 한다고 가정해보자. 사실 당신은 거의 돈을 벌지 못했고 따라서 스스로 쓸모없다고 느낀다고 상상해보자. 자기혐오의 '근원'에 대한 훌륭한 '통찰'은 부모를 혐오하도록 만들 뿐이다. 또는 부모의 말을 따르는 자신을 더욱 미워하게 할 수도 있다. 아니면 부모가 옳았고 자신은 100만 달러를 벌었어야 하며, 부모의 훌륭한 가르침을 따르지 못했으므로 스스로 하찮은 인간이라고 비하하게 될 것이다.

올바른 통찰이 우리를 저절로 더 나은 사람으로 만들진 않지만 이것을 올바르게 사용하면 도움이 될 수 있다. 부모 때문에 자기혐오의 감정이 생겼더라도 다음과 같은 물음을 던져야 한다. "나는 왜 이런 생각을 받아들였는가? 그것을 실천하기 위해 지금 무엇을 하고 있는가?" 항상 자신을 있는 그대로 받아들이라고 부모에게 배웠더라도 '100만 달러를 벌어야만 가치 있는 사람이 된다'고 우리 스스로 결론짓지 않을 것이라고 어떻게 알 수 있는가?

관습적 '통찰'은 대체로 모호하고, 우리를 불안정하게 한 진짜 요인을 밝혀주지 못한다. 불안정을 극복하기 위해 무엇을 할 수 있는지도 알려주지 못한다.

정신분석적 통찰은 더 심각하다. 다양하고 모순되는 추측을 토대로 하고 있는데 그런 추측들이 모두 진실일 수는 없다. 따라서 지금 당신이 자신을 받아들이기 위해 반드시 100만 달러를 벌어야 한다고 믿는다면, 몇몇 정신분석가들은 그 이유를 다음과 같은 신념 때문이라고 주장할 것이다.

1. 유아기 때 어머니가 기분 좋은 관장을 해준 까닭에 당신은 '항문기에 고착'되어 지금 돈에 집착한다.
2. 돈 꾸러미가 생식기를 상징한다고 무의식적으로 생각하므로 당신의 돈에 대한 집착은 사실 난잡한 성관계를 원하는 것을

의미한다.

3. 과거에 아버지가 당신에게 무자비하게 대했기에 지금 당신은 아버지의 사랑을 얻어야 하고 100만 달러를 벌어야만 그럴 수 있다고 생각한다.

4. 아버지를 미워하므로 아버지보다 돈을 더 많이 벌어서 그에게 창피를 주고 싶어 한다.

5. 작은 성기나 가슴을 보완하기 위해서는 돈을 많이 벌어야 한다고 믿는다.

6. 당신의 무의식은 돈을 권력으로 보고, 돈이 아니라 권력을 얻는 데 집착하고 있다.

7. 당신의 증조부는 빈민이었으므로 이제 당신이 백만장자가 되어 가족의 수치를 없애야 한다.

이런 정신분석적 해석과 수많은 유사 분석이 가능하지만 그중 어느 것도 아주 그럴듯하지는 않다. 게다가 이 '통찰' 가운데 하나가 사실일지라도 그것을 아는 것이 돈에 대한 집착을 바꾸는 데 어떤 도움이 된단 말인가?

예를 들면 당신이 정말 100만 달러를 벌어야만 아버지의 사랑을 얻을 수 있다고 생각하고 있더라도 그것에 대한 지각이 아버지에게 인정받고자 하는 절실한 요구를 어떻게 포기시킬까? 바꾸기 위해서는 그 생각에 이의를 제기하고 행동으로 맞서야 한다. 정신분석은 도움이 되지 않으며 환자와 분석가가 더 훌륭한 '진짜' 해석을 찾도록 끝없이 부추긴다.

그러므로 관습적이고 정신분석적인 '통찰'은 충분하지 않거나 지나치다고 볼 수 있다. 과학적 사고를 차단하고 적극적 변화를 막는 경우가 많다.

합리적 정서행동치료의 비관습적 통찰

그렇다면 합리적 정서행동치료는 통찰을 무시할까? 전혀 그렇지 않다! 합리적 정서행동치료는 감정 문제와, 이를 없애기 위해 우리가 구체적으로 무엇을 할 수 있는지 이해하는 데 도움이 되는 다양한 비관습적 통찰을 활용하고 가르친다.

합리적 정서행동치료에서의 통찰은 먼저 자신이 누구인지 이해하는 것을 의미한다. 사실 사람은 다양한 호불호가 있으며, 좋아하는 것을 더 얻고 싫어하는 것을 덜 얻으려고 행동하기 마련이다. 그러므로 합리적 정서행동치료는 자신이 좋아하는 것과 싫어하는 것을 알아가게 하고, 좋아하는 것을 얻고 싫어하는 것을 피하기 위해 무엇을 할 수 있는지 모색하게 한다.

따라서 합리적 정서행동치료는 자신이 '누구인지' 이해하는 데 도움이 될 뿐만 아니라 해로운 생각, 감정, 행동을 '바꾸는' 데도 도움이 된다. 욕망, 소망, 선호, 목표, 가치를 받아들이고 이를 달성할 수 있도록 돕는다. 하지만 '선호'와 '고집'을 분리해 자신의 목표를 방해하지 않게 한다. 우리(그리고 망할 부모들!)가 과거에 무엇을 했는지가 아니라 지금 무엇을 하고 있는지에 관한 통찰을 제공한다.

상담실로 이끈 불안을 이겨내다

나에게 상담을 받던 애너벨은 완벽주의를 고집했다. 완벽주의 덕분에 자신이 훌륭한 작가이자 좋은 엄마가 되었다고 생각했기 때문이다. 하지만 데이비드 번스의 저서 『필링 굿』에 실린 '완벽주의에 반대하는 몇 가지 가르침' 때문에 힘들어하고 있었다. 번스 박사가 이상적 목표는 모두 포기하고, 현실적이고 평범한 목표에만 충실할 것을 요구한다고 생각했다. 그녀는 실망이나 우울에 빠져 있을 수만은 없었다.

"그렇지만 이상직 목표를 이루기 위해 노력하시 않았다년 제가 성취한 좋은 일의 절반도 이루지 못했을 거예요. 그렇지 않나요?" 그녀가 물었다.

"맞습니다." 내가 대답했다. "당신과 많은 뛰어난 발명가들, 작가들은 이상을 위해 노력해왔고 그 덕분에 놀랄 만한 성과를 거둘 수 있었어요. 그래서 저는 경쟁이나 뛰어난 성과를 위해 사람들이 노력하는 데 반대하지 않습니다. 다만 저는 '자아' 완벽성이 아닌 '업무' 완벽성을 지지합니다."

"그게 무슨 뜻이죠?"

"당신이 모든 프로젝트나 업무에서 되도록 잘하려 하고 심지어 완벽하게 하려고 노력할 수 있다는 뜻이에요. 당신은 그 일들을 이상적으로 해내기 위해 노력할 수 있어요. 하지만 그것이 완벽하다고 해서 당신이 좋은 사람이 되는 것은 아닙니다. 당신은 프로젝트를 완벽하게 완수한 사람일 뿐이지 그것 때문에 좋은 사람이 되지는 않아요."

"그럼 어떻게 하면 제가 무능하거나 나쁜 사람이 되나요?"

"그렇지 않습니다! 무능하거나 악한 행동을 저지를 때 당신은 형편없이 행동한 사람이 될 뿐 결코 나쁜 사람이 되지는 않아요."

"그렇다면 제가 왜 완벽이나 훌륭한 성과를 얻기 위해 노력해야 하나요?"

"아마 그 성과들이 바람직하다고 여기기 때문일 겁니다. 그리고 성과가 뛰어나거나 이상적이면 당신은 그게 더욱 바람직하고 즐겁게 느껴질 거예요. 하지만 성과가 아무리 훌륭해도 그것이 당신을 완전히 좋은 사람으로 만들지는 않습니다."

"하지만 제가 이상적인 것을 얻으려고 하고, 그것을 얻지 못하면 실망한다는 것에 관해서는 번스 박사의 주장이 옳지 않은가요?"

"당연히 실망하죠. 하지만 합리적 정서행동치료를 활용하면 자기혐오에 빠지지는 않아요."

"어떻게 하면 그렇게 되죠?"

"완벽한 모성과 완벽한 글쓰기에 대한 '선호'를 포기하지 않고, 당신의 요구나 당위적 사고를 없애면 가능합니다. '정말 완벽한 소설을 쓰고 싶지만 꼭 그럴 필요는 없다'고 자신에게 말하는 거예요. 일을 완벽하게 하기 위해 노력하되 완벽한 사람이 되기 위해 노력하지는 않는 겁니다."

"그러니까 결정적인 차이점은 '당위적 사고'군요. 반드시 목표를 이뤄야 한다고 생각하고 이루지 못하면 보잘것없는 작가이자 형편없는 인간이 된다고 스스로 생각하지 않는다면 저는 글쓰기에서 완벽주의를 추구할 수 있는 거예요."

"정확해요!"

애너벨은 육아와 글쓰기에 계속 정성을 쏟았다. 하지만 완벽주의적인 '당위적 사고'를 선호로 바꿈으로써 자신을 상담실로 이끌었던 불안을 이겨냈다.

합리적 정서행동치료의 핵심은 '자기 이해'

———

합리적 정서행동치료는 우리의 과거를 들여다보기도 한다. 지금 불안정하다면 현재뿐만 아니라 과거에도 비뚤어진 생각을 지녔을 가능성이 매우 크기 때문이다. 하지만 이런 과정은 대체로 자신이 어린 시절에 무슨 행동과 생각을 했는지에만 집중할 뿐 부모와 다른 이들이 자신에게 어떻게 했는지에 관해서는 거의 관심을 두지 않는다. '현재' 자신이 어떻게 생각하고 느끼고 행동하는지, 그리고 어떻게 하면 약점을 바꿀 수 있는지 알려준다.

그러므로 이런 통찰은 무엇이 자신을 가로막고 있는지, 변화하기 위해 무엇을 할 수 있는지 정확히 파악하는 데 도움이 된다. 다른 형태의 대다수 치료들보다 철학에 더 많이 기대는 합리적 정서행동치료는 다양한 종류의 '자기 이해'를 강조한다. 이어지는 장들에서는 합리적 정서행동치료가 알려주는 많은 통찰을 보여주고, 그 통찰을 활용해 거의 모든 상황에서 스스로 불행에 빠지는 것을 단호히 거부할 수 있는 방법을 서술할 것이다.

어릴 적 일어난 최악의 사건 몇 가지를 떠올려보자. 여러 친구들 앞에서 어머니에게 호되게 혼난 기억이 있는가? 또는 수업시간에 지목되었는데 너무 당황해서 아무 말도 못 하고 반 아이들에게 놀림을 당한 기억, 치마나 바지가 줄줄 흘러내려서 모두가 보는 앞에서 엉덩이 절반이 드러났던 기억, 어떤 아이에게 정말 좋아한다고 말했는데 냉담하거나 부정적인 대답만 들었던 기억이 있는가?

그런 '충격적인' 사건을 기억하는가? 아직도 그 사건이 이후의 삶에 크나큰 영향을 주었다고 생각하는가?

그렇지 않을 것이다. 애써 떠올리려 하지 않는다면 말이다.

먼저 과거 사건을 그토록 '충격적'이고 '씁쓸하게' 만든 자신에게 뭐라고 속삭였는지 생각해보자. 친구들 앞에서 어머니에게 호되게 혼났을 때는 '엄마는 그러면 안 되는 것이었고, 친구들이 나의 부정적인 면을 아는 것을 참을 수 없다'고 스스로에게 말하지 않았을까? 수업시간에 제대로 대답하지 못해서 크게 당황했을 때는 '선생님 질문에 대답을 잘 해야만 해. 내가 형편없이 대답해서 다른 아이들이 비웃으면 정말 끔찍할 거야!'라고 생각하지 않았을까? 치마나 바지를 추켜올리지 않아서 엉덩이가 드러났을 때는 '옷차림에 이렇게 부주의하다니 정말 창피해! 이렇게 바보처럼 행동하지 말아야 해!'라고 생각하지 않았을까?

어릴 때 상처받고 속상하게 만들었던 비합리적 신념을 되짚어보자. 그런 다음 그 이후에도 '충격적' 사건을 계속 떠올리게 만든 해로운 생각도 찾아보자.

예를 들면 다음과 같다.

'엄마는 내가 잘나지 못한 것을 아니까 나를 계속 혼내는 거야. 엄마가 옳아!'

'나는 아직도 사람들 앞에서 말주변이 없어. 정말 최악이야!'

'어렸을 때 내가 옷을 너무 칠칠맞게 입어서 내가 얼마나 엉망인지 모두가 알고 있었어. 게다가 아직도 그 버릇을 고치지 않았어. 나는 남들에게 놀림당해도 싼 멍청이야!'

합리적 정서행동치료에 대한 지식과, 당위적 사고와 명령으로 자신을 속상하게 한 과정에 대한 이해를 바탕으로 어릴 때 어떤 일로 속상했고, 아직도 그 속상함을 간직하고 있는지 정확히 이해하자.

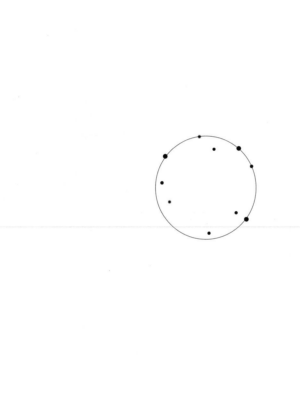

합리적 정서행동치료는 일반적으로 불행한 감정에서 출발한다. 합리적 정서행동치료는 슬픔, 짜증, 걱정 등의 강력한 감정을 이로운 것으로 간주한다. 합리적 정서행동치료는 부정적인 감정과 긍정적인 감정에 다가가는 방법뿐만 아니라 그 감정들이 이로운지 또는 해로운지 인식하고 통찰하는 방법도 알려준다.

CHAPTER 6

REBT 통찰 1

이로운 감정과
해로운 감정을
제대로 인식하기

"자신이 고귀하고 초인적이며 위대한 사람으로 느껴질 때는
해로운 긍정적 감정을 느끼고 있는 것이다.
과시적이고 이기적인 상태이며,
자신을 다른 사람들보다 더 우월하다고 느끼기 때문이다."

- 앨버트 엘리스 -

이로운 감정과 해로운 감정을 구별하기

———

통찰은 인식의 다른 이름이다. 불행에서 벗어나는 첫 번째 단계가 인식이다. 불행을 일으키는 생각, 감정, 행동을 아주 예리하게 인식할수록 그 불행을 없앨 수 있는 가능성이 커진다.

합리적 정서행동치료는 일반적으로 불행한 감정에서 출발한다. 그런데 자신이 어떤 감정을 느끼는지, 그 감정이 얼마나 이로운지 어떻게 알 수 있을까?

이 질문의 앞부분에 대답하기는 꽤 쉽다. 그저 기분이 어떤지 자문함으로써 답을 얻을 수 있다.

물론 때로는 방어적일 수도 있다. 자신의 '잘못된' 감정을 인정하는 것이 부끄러워서 불안하거나 화가 난다는 사실을 부인하는 것이다. 하지만 보통은 그러지 않을 것이다. 심하게 불안하거나 우울할 때 매우 불편한 기분이 들기 때문에 적어도 스스로에게는 이렇게 불행한 감정이 있다는 사실을 솔직히 인정할 것이다. 그런 불행은 쉽사리 느끼고 인식할 수 있다.

그런데 불편한 감정이 얼마나 이로운 감정일까? 이것은 대답하기 훨씬 더 어려운 질문이다. 합리적 정서행동치료는 꽤 유용한 열쇠를 제공한다. 합리적 정서행동치료는 이로운 감정과 해로운 감정을 명확하게 구별하는 심리치료 체계이기 때문이다.

위 질문에 답하기 위해 'REBT 통찰 1'을 살펴보자.

REBT 통찰 1

"우리는 목표와 소망이 좌절되면 이로운 감정과 해로운 감정을 모두 만들어낸다."

우리는 스스로 만든 정서 반응을 명확하게 구분하는 법을 배울 것이다. 조셉 울페(Joseph Wolpe)의 행동치료와 리처드 라자루스(Richard Lazarus), 아론 벡(Aaron Beck), 도날드 마이헨바움(Donald Meichenbaum)의 인지치료 등 대다수의 치료법은 극심한 슬픔과 짜증 같은 강력한 감정을 강조하고 이를 우울, 분노와 같은 범주에 넣는다.

합리적 정서행동치료는 그런 방식을 따르지 않는다! 슬픔, 짜증, 걱정 같은 강력한 감정을 이로운 것으로 간주한다. 그 감정들이 바람직하지 않은 일에 대한 불쾌감을 표현하고 상황을 바꾸는 데 도움이 되기 때문이다. 하지만 우울, 분노, 불안은 거의 항상 해로운 것으로 정의한다. 그 감정들이 '불쾌한 사건은 절대 일어나지 않아야 한다'는 비현실적 명령에서 비롯되었으며, 그런 사건이 일어났을 때 상황을 바꾸는 데 걸림돌이 되기 때문이다.

따라서 대다수의 다른 심리치료와 달리 합리적 정서행동치료는 부정적인 감정과 긍정적인 감정에 다가가는 방법뿐만 아니라 그 감정들이 이로운지 또는 해로운지 인식하고 통찰하는 방법도 알려준다. 또한 자신의 감정을 느끼고 그 감정이 얼마나 바람직한지 가늠하게 한다. 당신이 어떤 감정을 느끼는지, 그 감정이 어떻게 좋거나 나쁜 결과를 안겨주는지 알고 싶은가?

우리에게는 더 나은 선택이 있다

───────

직장을 잃는 것이 걱정이라면 시간을 잘 지키고 열심히 일하며 상사 및 동료들과 협력하려고 노력해야 한다. 하지만 실직을 지나치게 걱정하거나 심각한 걱정에 사로잡히면 집착이 심해져서 시간과 에너지를 허비하고 업무를 제대로 수행할 수 있다는 자신감을 잃게 될 것이다. 그 결과 실제로 직장을 잃거나, 직장을 유지하는 대신 위궤양 같은 병을 얻거나, 일하는 동안 무척 불행할 수도 있다.

연인에게 실연당해서 실망스럽고 섭섭하다면 왜 차였는지 알아내려 하거나, 사랑을 되찾기 위해 노력하거나, 자신과 더 잘 어울리는 상대를 만나려고 시도할 것이다. 하지만 자신을 거부한 상대에게 무턱대고 화를 내면 그 사람에게 반감을 사고 결국 친구가 아닌 적으로 남게 될 가능성이 크다. 또한 실연당했다고 의기소침해지면 홀로 틀어박혀서 스스로 매력 없는 사람으로 여길 것이다.

실망과 후회의 감정은 대개 달갑지 않은 사건을 견뎌내고, 더 행복한 미래를 위해 노력하는 데 도움이 되는 이로운 감정이다. 반면 극심한 혼란, 우울, 분노는 자신의 대응을 방해하고 삶의 향상을 가로막는 해로운 감정이다.

경미하거나 적당한 수준의 불안이나 분노는 어떨까? 이런 감정은 삶의 걸림돌에 맞서는 데 도움이 되지 않을까? 따라서 이롭지 않을까? 꼭 그렇지는 않다. 거의 모든 부정적 감정은 때때로 유용할 수 있다. 극심한 불안은 산불을 피하게 하는 원동력이 될 수 있다. 격렬한 분노는 부당한 관료주의에 맞서 싸우는 데 도움이 될 수도 있다. 하지만 그렇지 않을 수도 있다! 극심한 불안은 '대개' 우리를 혼란스럽고 얼어붙게 만들어서 불길 속에서 효율적으로 탈출할 수 없게 할 것이다. 부당한 일을 당했을 때 격렬한 분노는 행동하는 대신 마음 졸이게 할 것이다. 격분한 상태에서 대응하면 어리석고 형편없이 싸울 때가 많다.

하지만 우리에게는 더 나은 선택이 있다. 불을 피하는 생각에 사로잡혀 극심한 혼란에 빠지기보다 심각하게 걱정하는 쪽을 선택할 수 있고, 부당함에 크게 불쾌감을 느껴 맞서기로 결심할 수 있다. 어쩌면 더 나은 결과를 얻을 수 있고, 지나치게 감정을 소모하는 일도 없을 것이다. 안전에 대한 크나큰 걱정이나 극심한 혼란, 공포 중 하나를 선택할 수도 있다. 또한 부당함에 강력하게 불만을 품고 이를 바꾸기로 마음먹거나 성급하게 화를 내는 쪽을 선택할 수도 있다.

불쾌한 일에 대해 걱정하는 편이 낫다. 걱정, 주의, 관심, 경계심 등의 감정은 안전하고 만족스러운 상태를 유지하는 데 도움이 된다. 반면 지나친 걱정, 불안, 극심한 혼란, 공포 등의 감정은 불안하고 불만족스러운 상태를 유지시킨다. 이와 마찬가지로 부당하거나 불쾌한 대우를 받았을 때 자신에게 이로운 불쾌감, 안타까움, 불만을 느끼고 부당한 상황을 바꾸기로 결심할 수 있다. 또는 해롭게 화를 내고 격분하고 분통을 터뜨리며 징징거리다가 자포자기하는 쪽을 선택할 수도 있다.

해로운 생각은 독단적 생각에서 비롯된다

─────────

이로운 감정과 해로운 감정을 명확히 구별할 수 있을까? 늘 그렇지는 않다. 감정은 복합적이며, 흔히 이로운 요소와 해로운 요소를 모두 포함하기 때문이다. 우리는 불길 속에서 탈출하는 것에 대해 이성적으로 걱정하는 동시에 비이성적으로 지나치게 걱정하거나 극심한 혼란에 빠질 수도 있다.

그렇다면 어디에서 첫 번째 감정이 끝나고, 어디에서 두 번째 감정이 시작될까? 합리적 정서행동치료에 그 답이 있다. 어떤 위험에 대해 이로운 수준의 걱정을 하면 이는 분별력 있게 그 위험을 피하기를 바라거나 선호한다는 것이다. 하지만 같은 위험에 대해 지나치게 걱정하거나 혼란에 빠지거나 두려움에 떨 때는 여전히 그 위험을 피하기를 바라면서도 '반드시' 피해야 한다고 요구하는 것이다. 위험을 피하고 싶어 하는 것은 '정당하고 현명한' 행동이다.

원하는 것을 얻으려 하고 원하지 않는 것을 피하려 하는 게 잘못일까? 그럴 이유는 없다! 하지만 언제나 원하는 것을 다 얻어야 한다는 독단적인 요구는 불합리하고 해로운 생각이다. 우리가 바라는 것을 세상이 다 들어줘야 하는 것은 아니기 때문이다. 또한 원하는 것을 반드시 이뤄야 한다고 맹목적으로 요구하면 자신이 좋아하는 것을 얻는 데 방해만 될 뿐이다.

앞에서 합리적 정서행동치료가 다른 심리치료보다 더 철학적이라고 말한 바 있다. 이제 그 이유를 알 수 있을 것이다. 'REBT 통찰 1'은 우리가 불안정할 때 이로운 감정과 해로운 감정을 모두 지닌다는 것이다. 대개(늘 그렇지는 않다!) 이 두 가지를 구별하는 방법은 감정에 수반되는 인지, 즉 생각과 느낌을 살펴보는 것이다.

이로운 감정은 '선호'를 나타내는 생각에서 비롯된다. 이를테면 다음과 같은 것이다.

"이 불길을 피하고 싶지만 불길을 피하고 영원히 행복하게 살아야 하는 것은 아니야."

"부당함을 혐오하고 거기에 맞서 싸우기로 했어."

이와 달리 해로운 감정은 다음과 같은 요구, 독단적 생각에서 비롯된다. 이를테면 다음과 같은 것이다.

"행복하게 살아야 한다고 우주가 정해주었으니 나는 반드시 이 불길을 피해야 해!"

"나는 부당하게 행동하는 모든 사람이 싫어! 그들은 절대 그런 식으로 행동하면 안 돼! 무슨 수를 써서라도 그들을 막고 항상 나를 공정하게 대해야 한다고 일깨워줘야 해!"

그러므로 'REBT 통찰 1'을 다시 정리하면 다음과 같다.

REBT 통찰 1
"목표와 욕구가 좌절되었을 때 이로운 감정과 해로운 감정이 모두 생긴다. 스스로 만들어낸 이 두 가지 감정 반응을 명확히 구별하는 방법을 배우고 터득해야 한다."

다음 장에서 합리적 정서행동치료의 ABC 모델을 이용해 이를 실천하는 방법을 알아갈 수 있다.

REBT
연습
5

2장 끝부분으로 다시 돌아가서 REBT 연습을 통해 이로운 부정적 감정과 해로운 부정적 감정을 구별하는 훈련을 다시 해보자. 그리고 이로운 긍정적 감정과 해로운 긍정적 감정의 차이를 제대로 이해하려고 노력해보자.

예를 들어 테니스나 연기, 글쓰기, 그림 그리기, 사업 운영 등 어떤 일을 썩 잘 해내고 있다고 상상해보자. 이런 성취에 대해 행복감을 느껴보도록 하자.

이제 그 행복한 느낌을 구체적으로 살펴보자. 성과에 대해 오롯이 행복하고 즐겁기만 한 느낌인가? 아니면 (솔직하게) 자기 자신, 존재 전체에 대한 희열인가? 혹은 자신이 고귀하고 거의 초인적인 위대한 존재로 느껴지는가?

합리적 정서행동치료에 따르면 자신이 고귀하고 초인적이며 위대한 사람으로 느껴질 때는 해로운 긍정적 감정을 느끼고 있는 것이다. 과시적이고 이기적인 상태이며, 자신을 다른 사람들보다 더 우월하다고 느끼기 때문이다. 따라서 "내 행동이 훌륭하다"라는 생각에서 "나는 탁월하고 위대한 사람이다"라는 생각으로 넘어간 것이다.

이런 생각은 위험하다. 다음번에 뛰어나게 잘하지 못하면 다시 하찮은 사람으로 전락할 테니 말이다! 또한 비록 잘했더라도 다음번에 잘하지 못할까봐 불안할 것이다. 그러므로 훌륭한 성과는 좋아하되 그 성과로 자신을 신격화하지 않는 것이 좋다.

자신이 신처럼 고귀하게 느껴질 때는 '당위적 사고'를 찾아보자. 예를 들면 다음과 같다.

"해야 할 일을 방금 잘 끝냈어. 잘했어. 성공해야만 훌륭하고 가치 있는 사람이 될 수 있어."

"이 일을 아주 잘 해냈으니 사람들이 나를 아주 훌륭한 사람으로 볼 거야. 나 자신을 받아들이고 삶에 만족하기 위해서는 그들이 나를 우러러봐줘야 해."

해로운 불쾌감이나 만족감을 느낄 때는 그런 감정의 문제점을 목록으로 만들어보자. 우울감이나 죄책감, 자기혐오 같은 부정적 감정의 단점 목록은 쉽게 만들 수 있을 것이다. 하지만 해로운 긍정적 감정에도 뚜렷한 단점이 있다. 스스로 대단하고 우월한 사람으로 느낄 때 그 감정이 불러올 수 있는 문제점을 나열하면 다음과 같다.

- 자신이 늘 좋은 성과만 낼 것이라고 비현실적으로 추측한다.
- 남들에게 이기적이고 오만하고 불쾌한 태도로 대한다.
- 자신이 매우 대단해서 앞으로 일을 잘하기 위해 노력할 필요가 없다고 생각한다.
- 나중에 실패해서 자신을 존중하는 사람들을 크게 실망시킬까봐 걱정한다.
- "일을 잘해야 하고 그러지 못하면 끔찍하다"는 신념을 유지하고 더 키운다.
- 자신이 잘하는 일을 떠벌리고, 삶의 다른 측면을 소홀히 한다.

- 자아에 너무 몰두한 나머지 다른 사람에 대한 공감 능력을 상실하고 그들을 오해해서 인간관계를 망친다.
- 계속 좋은 성과를 내기 위해 너무 열심히 노력해서 스스로 엄청난 스트레스를 주고 심신의 건강을 해친다.

해로운 긍정적(또는 부정적) 감정을 느낌으로써 이런(또는 다른) 문제들을 자초하고 있지는 않은지 자문해보자. 만약 그렇다면 해로운 감정을 만들어내는 요구와 명령이 무엇인지 다시 한번 살펴보고 반박해서 떨쳐버릴 수 있도록 노력해야 한다.

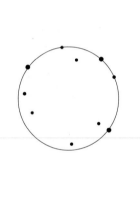

합리적 정서행동치료는 각자가 감정의 방향을 어느 정도 통제할 수 있다고 말한다. 불안정한 생각과 감정을 대부분 스스로 만들어내므로 이 감정을 통제하고 바꿀 수 있는 능력을 지니고 있다고 말한다. 부정적인 감정을 느낄 때마다 합리적 신념과 비합리적 신념을 찾아내는 연습을 해야 한다.

C H A P T E R   7

REBT 통찰 2

감정의 방향을
통제하기

"비합리적 신념에 빠져 있을 때
의식적 또는 무의식적으로 절대적인 '당위적 사고'를 선택하므로
우리는 그 생각을 의식적으로 살펴보고 바꿀 수 있는 능력이 있다."

- 앨버트 엘리스 -

우리는 감정을 통제하고 바꿀 수 있다

———————

현대의 많은 심리치료 가운데 특히 정신분석치료는 자신의 신경증에 대한 책임을 회피하게 한다. 하지만 합리적 정서행동치료는 그렇지 않다. 그런 의미에서 20여 년 전 심리학 전문지 〈사이콜로지 투데이(Psychology Today)〉는 합리적 정서행동치료를 '회피하지 않는 치료'라고 불렀고, 그 명칭은 매우 적절했다.

합리적 정서행동치료는 (일부 광적인 종교집단처럼) 불안정이 전적으로 자신의 책임이라고 말하지는 않는다. 앞서 언급했듯이 우리는 유전과 학습의 영향을 받으며, 이 요인들은 불안정에도 영향을 미친다. 그럼에도 불구하고 감정의 방향을 어느 정도 통제할 수는 있다. 얼마나 자주, 얼마나 심하게 자신의 감정을 망칠지 스스로 선택할 수 있다는 것이다.

우리는 부모와 교사의 말에 귀를 기울이며 그들의 터무니없는 가르침을 따른다. 우리는 극심한 혼란과 절망을 물리치는 법을 알고 있을 때조차 그런 감정에 빠지는 쪽을 선택한다. 바로 우리가 그렇다는 이야기다.

이는 어쩌면 아주 다행스러운 일이다. 감정 문제가 그저 우리를 압도했다면, 또한 외부 조건이 실제로 우리를 지금처럼 신경증적으로 만들었다면 불안정한 상태에서 벗어나기 위해 무엇을 할 수 있겠는가? 할 수 있는 것이 거의 없을 것이다!

하지만 다름 아닌 자신이 불안정한 운명을 만든 장본인이라면 분명 이 운명을 바꿀 수 있다. 무엇을 하기로 선택하든 그것을 하지 않겠다고 거부할 수도 있다. 또한 무엇을 생각하고 느끼기로 선택하든 이것 역시 생각하고 느끼기를 거부할 수 있다. 바로 이것이 'REBT 통찰 2'다.

REBT 통찰 2

"우리는 불안정한 생각과 감정을 대부분 스스로 만들어내므로 이 감정을 통제하고 바꿀 수 있는 능력도 지니고 있다. 이 통찰을 받아들이고 열심히 활용한다면!"

합리적 정서행동치료의 ABC 모델

합리적 정서행동치료의 ABC 모델을 간단히 살펴보자. 가장 먼저 A 부터 살펴보도록 하자.

ABC 모델에서의 A는 일반적으로 중요한 목표나 욕구, 선호를 방해하거나 좌절시키는 선행사건을 뜻한다. 당신이 직장을 구하려 하지만 면접에 떨어지고 퇴짜를 맞는 경우를 상상해보자. 이 실패와 거절이 바로 A다.

합리적 정서행동치료에서 감정 문제의 ABC 모델은 목표, 욕구, 가치에서 출발한다는 것을 기억하자! 이 ABC에 (의식적, 무의식적) 목표(G)를 입력한다.

때때로 당신을 불행하게 하는 주된 목표는 무엇인가? 첫째는 살아남는 것이고, 둘째는 충족감이나 행복감을 느끼는 것이다. 인간은 일단 태어나면 생존을 원하고, 충족감을 얻기 위해 노력하려는 생물학적 성향이 강하다. 생존 욕구가 없다면 생존할 가능성이 매우 낮을 것이다. 행복해지고 싶다는 욕구(목표)가 없다면 아마 계속 살고 싶은 마음도 없을 것이다. 그러므로 살아 있는 동안 생존과 행복을 누리고자 하는 목표는 인간으로서 타고난 특성이며, 나와 내 종족을 유지시키는 역할을 하는 셈이다.

다음과 같은 상황에서 당신은 어떻게 행복감이나 충족감을 얻고 싶은가?

- 아무도 없이 혼자일 때
- 다른 사람들과 함께 있을 때
- 몇몇 특별한 사람들과 친밀한 관계를 맺고 있을 때
- 사업을 잘 이끌거나 직장에 잘 다니며 생계를 꾸리고 있을 때
- 예술, 과학, 스포츠 등 여가 활동과 창작 활동에 참여할 때

살아남고 행복해지고 싶다는 욕구가 생기면 이 목표를 인간 삶의 ABC 모델에 대입할 수 있다. 목표가 성취되기를 바라며 A(선행사건)로 진입한다. A와 B(신념)의 결과인 C지점에서 불행하게 느끼고 어리석게 행동한다면 대개 A에서 목표가 좌절된 것이다.

이를 정리하면 다음과 같다.

- G: 원하는 것을 얻고자 하는 목표(성공과 인정)
- A: 목표를 가로막는 선행사건(실패와 거절)
- C: 목표와 선행사건의 결과(불안, 우울 등의 감정과 금단, 중독 등의 자기 패배적 행동)

불행한 선행사건으로 목표가 좌절될 때마다, 그리고 결과로 불안감을 느낄 때마다 우리는 그 결과를 선행사건 탓으로 돌리는 잘못을 저지르는 경향이 있다. 따라서 "A에서 실패하고 거절당했고 C에서 우울한 기분이 들었기 때문에 A가 C를 일으킨 거야. 실패와 거절이 나를 우울하게 해!"라고 생각한다.

이는 잘못된 생각이다. A(목표를 가로막는 실패나 거절)는 C에 기여하긴 했지만 결코 C의 원인은 아니다.

왜 그럴까? 동일한 목표(예컨대 직업을 얻고자 하는 소망)를 가진 사람들 100명이 모두 A에서 좌절당했다면(거절당함), 하나같이 C에서 우울감을 느낄까? 분명 그렇지 않다.

누군가는 매우 우울해하고 죽고 싶어 할 수 있다. 다른 누군가는 실망하고 안타까워할 수 있지만 크게 우울해하지는 않을 것이다. 또 누군가는 느긋하게 생각하거나 관심을 쏟지 않을 것이다. 일부는 행복하다고 느낄 수도 있는데, 이 소수의 사람들은 자신이 원했던 직업이 퍽 재미없는 일이라고 결론지을 것이기 때문이다. 또는 일을 하느니 차라리 실직 상태에 있는 것이 낫겠다고 생각할 수도 있다. 즉 선행사건이 불안정한 감정에 기여할 수는 있지만 그 결과를 직접적으로 일으키지 않는다.

합리적 정서행동치료가 이런 사실을 처음 발견한 것은 아니다. 약 2500년 전 많은 철학자들, 특히 그리스와 로마의 스토아학파 철학자들이 이 점을 인급했다. 뛰어난 사상가 에픽테토스가 시기 1세기에 이렇게 말했다. "사람들을 불안하게 하는 것은 대상이 아니라 그것을 받아들이는 관점이다." 셰익스피어는 『햄릿』에서 이런 생각을 다시 언급했다. "좋고 나쁜 것은 다 생각하기 나름이다."

그러므로 감정 문제의 ABC 모델에 대한 합리적 정서행동치료의 관점은 매우 기나긴 역사를 이어온 셈이다. 나중에 살펴보겠지만 합리적 정서행동치료가 순전히 스토아 철학만 따른다는 뜻은 아니다.

하지만 에픽테토스의 견해에 동의한다. 우리는 대부분 스스로 불행을 자초한다. 그 반대도 가능하다.

자신을 불행하게 하는 비합리적 신념

어떻게 하면 속상함을 막고 원래 상태로 돌아갈 수 있을까? 해답은 합리적 정서행동치료 ABC 모델에서 B에 대한 통찰을 얻는 것이다.

이 B는 무엇일까? 합리적 정서행동치료의 B(신념)는 생각-감정-행동을 의미한다. 신념에 이 세 가지 과정이 모두 포함되기 때문이다. 하지만 이 책에서는 주로 '신념'이라는 용어를 사용하겠다.

신념은 인식하거나 인식하지 못하거나, 또는 의식적이거나 무의식적으로 가질 수 있다. 그리고 신념은 말, 이미지, 상상, 상징 등 다양한 방식으로 표현될 수 있다. 신념을 명확히 이해하고 자신을 바꾸는 데 사용하려면 의식적으로 그리고 말로 표현하는 것이 좋다. 자신을 불행하게 만드는 생각을 스스로 되돌릴 수 있다. 합리적 정서행동치료의 장점 중 하나는 신념을 바꾸는 다양한 방법을 보여준다는 것이다.

우리는 크게 다음과 같은 두 가지 신념으로 쓸데없이 자신을 불행하게 한다.

1. 합리적 신념

합리적 신념은 이로운 감정을 느끼고 효율적으로 행동하도록 하는 생각(과 감정과 행동)으로, 자신이 원하는 것을 더 얻고 원하지 않는 것을 덜 얻는 데 도움이 된다. 이 생각에는 삶에서 벌어지는 일에 대한 '차가운' 생각이나 차분한 묘사가 포함된다. 예컨대 "이 면접관은 나에게 인상을 쓰고 있어. 이 일에 나를 뽑지 않을 것 같아"라는 생각이다. 이것은 '차가운' 생각이다. 면접관의 행동을 보여주지만 그 행동에 대한 자신의 평가는 드러나지 않기 때문이다.

합리적 신념에 포함되는 '따뜻한' 생각을 찾으면 자신의 감정을 더 잘 이해할 수 있다. "이 일자리를 꼭 얻고 싶기 때문에 면접관이 나에게 인상 쓰는 게 싫어. 나에게 인상 쓰는 것을 멈추고 환하게 웃어주면 좋겠어." 이런 '따뜻한' 생각으로 자신의 욕구, 소망, 선호, 반감을 표현한다. 여기에는 기본 목표에 대한 평가가 들어 있다.

'따뜻한' 합리적 신념은 포용적이며, 확실성 대신 확률에 기반을 두고 있다. "여기에 취직하면 이 일을 좋아할 가능성이 높지만 취직하지 못할 수도 있어. 취직한다면 정말 좋긴 하겠지만 내가 이 일을 무척 원한다고 해서 꼭 여기에 취직하거나 계속 다닐 필요는 없어!"

2. 비합리적 신념

비합리적 신념은 해로운 감정을 느끼고 비효율적으로 행동하게 하는 생각(과 감정과 행동)으로, 원하는 것을 더 많이 얻으려 하고 원하지 않는 것을 덜 얻으려 하는 데 방해가 된다. 이 생각은 '차가운' 생각("면접관이 나를 싫어하는 것 같아")과 '따뜻한' 생각("면접관이 나를 좋아하면 좋겠고, 맘에 들지 않는다고 탈락시키지 않았으면 해")으로 시작된다. 여기에는 현재 상황을 적극적으로 평가하는 '뜨거운' 생각도 포함되며, 이는 절대적이고 독단적이며 명령적이다. 예를 들면 다음과 같다. "무슨 일이 있어도 면접관이 나를 좋아하고 합격시키도록 해야 해! 그렇지 않으면 최악이고 참을 수 없을 거야! 이 직장을 놓치면 무능하고 쓸모없는 사람이라고 증명하는 셈이야. 좋은 직장에 들어가거나 계속 다니지 못할 거야!"

합리적 정서행동치료는 모든 정서 장애가 비합리적 신념에서 비롯된다고 주장하지는 않는다! 다른 중요한 원인이 있을 수도 있기 때문이다. 모든 비합리적 신념이 정서 장애로 이어진다고 주장하지도 않는다. 철학자 존 듀이(John Dewey)가 말했듯이 비합리적 신념 중 상당수는 그렇지 않기 때문이다. 예컨대 모든 여성은 미쳤다고 믿거나, 거북이를 먹으면 사마귀가 낫는다거나, 2 더하기 2는 5라고 비합리적으로 믿더라도 불행하다고 느끼지 않을 것이다. 이런 믿음을 비롯한 수많은 비합리적 신념을 지닌 사람은 아마 비효율적으로 행동하게 될 것이다. 하지만 그런 신념을 붙잡고 자신을 괴롭힐 수도 있고, 그러지 않을 수도 있다.

합리적 정서행동치료는 단지 특정한 비합리적 신념("내가 잘해야 한다" "다른 사람에게 인정받아야 한다" "사람들이 나를 공정하게 대해야 한다" "항상 안락하고 즐거운 환경에서 살아야 한다" 등)을 단단히 붙잡고 있을 때 쓸데없이 자신을 불행하게 만들고 가장 소중한 목표를 좌절시킬 수 있다고 주장할 뿐이다.

더 나아가 합리적 정서행동치료는 비합리적 신념에 빠져있을 때 의식적 또는 무의식적으로 절대적인 '당위적 사고'를 선택하므로 우리는 그 생각을 의식적으로 살펴보고 바꿀 수 있는 능력이 있다고 주장한다.

그러므로 'REBT 통찰 2'를 다시 정리하면 다음과 같다.

REBT 통찰 2

"우리는 불안정한 생각과 감정을 대부분 스스로 만들고 통제한다. 따라서 이 통찰을 받아들이고 활용하면 그것들을 바꿀 수 있다."

더 구체적으로 말하면 비합리적 신념을 찾아내서 떨쳐내면 불행을 되돌릴 수 있다는 뜻이다.

욕망이 아니라 명령인 비합리적 신념

내가 비합리적 신념을 다룬다는 이야기를 듣고 조지라는 환자가 나를 찾아왔다. 25세의 이 남성은 이제껏 만났던 거의 모든 40세 이하의 여성에게 '비합리적으로' 성적 욕망을 느꼈다고 했다.

나는 조지가 대체로 많은 여성과 성관계 맺는 것을 몹시 '선호'하지만 그것이 '선호'에 지나지 않는 이상 비합리적이라고 보기 힘들다고 알려주었다. "나는 성관계를 무척 좋아하고 만나는 여성들과 관계 맺을 수 있으면 좋겠어"라는 믿음은 합리적이었다.

그가 가진 진짜 비합리적 신념은 다음과 같았다. "나는 그렇게 강력한 성적 욕망을 갖지 않아야 해! 늘 더 적절한 대상에게 성적 욕망을 품고, 정말 좋아하는 여성하고만 밤을 보내야 해."

"이 신념이 왜 비합리적인가요?" 조지는 그런 신념이 있다고 인정하며 내게 물었다.

"그것은 욕망이 아니라 명령이기 때문이에요." 내가 대답했다. "당신은 욕망을 덜 갖거나 전혀 갖지 않는 쪽을 이성적으로 선호할 수 있어요. 하지만 자꾸 '욕망을 없애야 해! 욕망을 없애야 해!'라고 말하면 그 욕망에 더욱 사로잡힐 것이고, 어쩌면 더욱 강력하게 욕망을 느낄 거예요. 그래서 욕망을 줄이는 방법을 모색하고 계획할 수 없을 겁니다. 따라서 성욕을 줄이고자 하는 당신의 결심은 문제를 안겨줄 거예요. 당신을 불안하게 하고 죄책감을 느끼게 할 겁니다."

"맞아요!" 조지가 외쳤다.

"그래서 진짜 비합리적 신념이 무엇인지 알아야 합니다." 내가 지적했다.

"그러니까 제가 강력한 성적 욕망이라는 합리적 신념에 대한 비합리적 신념을 지녔다는 뜻이군요." 조지가 말했다.

"아주 정확해요! 합리적 정서행동치료의 용어로 설명하면, 당신은 합리적 신념에 대한 비합리적 신념을 지니고 있습니다. 성욕을 품지 말아야 한다는 비합리적 신념을 없애도록 우리가 돕는다면 당신은 성생활이 즐거울 수 있고, 어쩌면 더 많은 성관계를 즐길 수 있으며, 그것을 맘껏 즐겨도 된다는 합리적 신념을 가질 겁니다."

"알겠어요!" 조지가 대답했다.

조지는 치료를 받으며 합리적 신념과 비합리적 신념의 차이를 쉽게 깨닫긴 했지만 처음에 비합리적 신념을 없애는 데 어려움을 겪었다. 그는 비합리적 신념 반박하기(D) 단계에서 "왜 많은 여성에게 성적 욕망을 품으면 안 되지? 그게 왜 잘못이지?"라고 자신에게 물었다. 그리고 "강한 성충동을 느껴도 괜찮아. 그러니까 나는 문제없는 사람이야"라고 대답했다.

하지만 이것은 잘못된 대답이었다. 그가 곧바로 이전 생각으로 돌아갔기 때문이다. "하지만 내가 성충동에 너무 연연하는 것은 잘못 아닐까? 다른 남자들은 나만큼 성에 집착하지 않아. 그러니까 나는 그런 면에서 비정상일 수 있어. 만약 그렇다면 나는 아주 형편없는 놈이야!" 조지가 이렇게 대답하며 여전히 불안과 죄책감을 느꼈을 때, 나는 죄책감 문제에 대한 그의 해법이 아주 우유부단하다고 알려주었다. 그리고 더 명쾌한 해법은 먼저 "많은 여성과 성관계를 맺고 싶어"라는 선호가 합리적이라고 스스로 증명하는 것이라고 알려주었다.

그런 다음 그는 혹여 자신의 성욕이 일반적이지 않고 그것에 지나치게 빠진 것이 비합리적이었더라도 그것은 자신이 '비정상적인 욕망'을 지닌 사람이라는 뜻이지 '비정상적이거나 형편없는 사람'이라는 뜻이 아님을 이해해야 했다. 합리적 정서행동치료는 자신의 행동이 어리석고 잘못되고 부도덕할 때조차 스스로 비하하는 것을 멈추고 자신을 완전히 받아들이는 법을 알려준다.

어쨌든 조지는 합리적 신념과 비합리적 신념의 차이점을 깨닫고, 비합리적 신념을 없애기 위해 꾸준히 노력하면서 마침내 강한 성충동에 대해 불안감과 죄책감을 느끼지 않게 되었다. 그리고 한번은 몇 주 동안 사업을 소홀히 하면서 어리석게 여러 여성과 강박적인 성관계를 즐긴 뒤, 자신의 행동이 어리석고 자기 파괴적이었지만 자신이 어리석고 형편없는 사람은 아니라는 결론에 도달할 수 있었다. 그 뒤로는 문란한 욕구를 더욱 합리적으로 조절할 수 있었다.

조지는 'REBT 통찰 2'를 이해하고 실천함으로써 감정의 방향을 통제할 수 있게 된 것이다. 때로는 자신의 강박적 성생활을 안타깝게 여겼지만 그것 때문에 우울해하지는 않게 되었다.

시험이나 중요한 시합을 치르거나 직장에서 승진이나 급여인상을 요청하는 일처럼 최근 불안감이나 극심한 혼란을 느꼈던 때를 떠올려보자. 합리적 신념이나 선호, 비합리적 신념이나 강력한 요구를 생각하면서 스스로 이 불안감을 만들었다고 가정하자.

- 합리적 신념이나 선호의 예: "이 시험에 꼭 합격하고 싶지만 합격하지 못하더라도 나중에 다시 도전할 수 있어. 그리고 합격하지 못하더라도 여전히 행복하게 살 수 있어."
- 비합리적 신념이나 요구의 예: "이 시험에 꼭 합격해야 해. 만약 떨어지면 내가 진정으로 원하는 것을 절대 얻지 못하는 한심한 사람이 될 거야."

이제 최근에 실패나 거절 때문에 우울한 기분이 들었던 때를 생각해보자. 이번에도 합리적 신념과 비합리적 신념을 찾으면서 스스로 이 우울한 감정을 만들었다고 가정하자. 먼저 그 신념을 찾아내야 한다!

- 합리적 신념이나 선호의 예: "시합에서 간절히 이기고 싶었지만 지는 것도 받아들일 수 있고, 이번 일을 교훈 삼아 다음에 더 잘할 수

있을 거야. 또 시합에서 여러 번 지더라도 시합을 즐길 수 있어."

- 비합리적 신념이나 요구의 예: "시합에서 기필코 이겼어야 했는데 졌으니 나는 완전히 형편없는 선수이고 무능한 사람이야."

화가 치밀거나 격분했을 때를 생각해보자. 합리적 신념이나 선호, 그리고 비합리적 신념이나 절대적인 요구를 지니고서 스스로 화나게 했다고 가정하자.

- 합리적 신념이나 선호의 예: "내가 급여를 올려 받을 자격이 있다고 상사가 인정해줬으면 정말 좋을 뻔했어. 안타깝게도 그가 내 성과를 인정해주지 않아서 너무 유감이지만 그렇다고 세상이 끝난 것은 아니야."
- 비합리적 신념이나 절대적인 요구의 예: "나는 유능한 인재니까 상사는 당연히 나를 인정하고 급여도 많이 올려줬어야 해. 그러지 않았으니 그는 나쁜 놈이고 그 사업도 망해야 해!"

불안, 우울, 분노, 자기비하, 자기연민을 느낄 때마다 합리적 신념과 비합리적 신념을 찾아내야 한다. 합리적 신념은 대체로 자신이 원하는 것과 원하지 않는 것을 표현하고, 비합리적 신념은 무조건적인 당위적 사고(자신과 타인, 세상에 대한 절대적인 요구와 명령)를 표현한다는 사실을 이해하자. 쉽게 무의식적으로 명확히 알 수 있을 때까지 이 차이점을 구별하는 연습을 하자. 자신의 목표와 소망이 아무리 타당하고 적절하더라도 그것은 독단적이고 불필요한 요구와 같을 수 없다는 현실을 완전히 받아들이도록 연습하기 바란다.

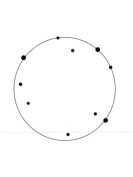

사람들은 대개 절대적인 비합리적 신념, 특히 무조건적인 당위적 사고를 굳게 믿음으로써 불필요하게 신경증적인 불행에 빠진다. 자신을 불안정하게 하는 비합리적 신념을 밝혀내고 싶다면 독단적인 당위적 사고를 찾아보는 연습을 해야 한다. 합리적 정서행동치료에서는 신념이 감정과 행동을 포함하고 영향을 미치며 통합적으로 관련되어 있다고 말한다.

CHAPTER 8

REBT 통찰 3

당위적 사고의
횡포를
따르지 않기

"우리의 생각은 올바르기도 하고 뒤틀리기도 했다.
사실 삶을 행복하게 유지할 만큼 제정신이지만,
또 비합리적이고 비논리적이며,
일관성이 없게 행동할 만큼 제정신이 아닐 때도 있다."

- 앨버트 엘리스 -

우리는 어리석은 생각을 너무 쉽게 한다

———

자신을 화나게 하는 주요 비합리적 신념은 무엇인가? 이 책에서 계속 밝히겠지만 우리는 많은 비합리적 신념을 받아들이고 또한 만들어낼 것이다.

가장 중요한 비합리적 경로는 카렌 호나이가 언급한 '당위적 사고의 횡포'를 충실히 따르는 것이다. 호나이를 따라가면 나음과 같은 'REBT 통찰 3'에 도달한다.

**REBT
통찰 3**

"우리는 대개 절대적인 비합리적 신념, 특히 무조건적인 당위적 사고를 굳게 믿음으로써 불필요하게 신경증적인 불행에 빠진다."

우리는 해로운 당위적 사고를 어떻게 습득하거나 만들어낼까? 그리 어렵지 않다. 인간은 우선 부모와 문화의 영향을 쉽게 받고, 또한 쉽게 속는 존재로 태어난다. 더 나쁜 것은 자신(과 다른 사람들)이 따라야 한다고 굳게 믿는 규칙과 규정을 발명하는 데 천재적인 재능이 있다는 것이다.

누구나 그렇듯 우리는 타고난 추론가이자 문제 해결사다. 하지만 합리화와 자기기만, 편견의 달인이기도 하다. 우리의 생각은 올바르기도 하고 뒤틀리기도 했다. 사실 삶을 행복하게 유지할 만큼 제정신이지만, 또 비합리적이고 비논리적이며, 일관성이 없게 행동할 만큼 제정신이 아닐 때도 있다. 인류의 오랜 역사가 이 사실을 명확히 보여준다!

우리는 어리석은 생각을 너무 쉽게 하기 때문에 그 생각이 종종 문제를 일으킨다. 1956년 시카고에서 열린 '미국 심리학회' 연례 학술대회에서 나는 '합리적 정서행동치료'에 관한 내 첫 논문을 발표하며 12가지 주된 비합리적 신념을 설명했다. 심리학자들은 곧 이런 비합리적 신념에 열광하며 비합리성에 대해 여러 가지 테스트를 고안했고, 이 테스트들을 이용해 이제까지 수백 건의 연구를 발표했다. 이 연구의 90퍼센트 이상이 '정서적으로 불안정한 사람이 덜 불안정한 사람보다 비합리적인 생각을 더 많이 한다'는 합리적 정서행동치료 이론을 뒷받침했다.

그 뒤 많은 치료사들이 '벡 우울 척도(Beck Depression Inventory)' 검사 같은 불안정한 사고 검사법을 만들어 다수의 연구에 활용했다.

그 결과 불안정한 사람일수록 비현실적이고 독단적인 생각을 더 많이 하는 것으로 나타났다.

비합리적 생각에 대한 폭넓은 관심은 좋은 결과뿐만 아니라 나쁜 결과도 불러왔다. 인간은 많은 유형의 비합리적인 생각을 만들어내며, 이런 생각은 감정에 영향을 주고 비효율적으로 행동하게 하는 경향이 있기 때문이다. 하지만 이 모든 비합리성이 반드시 신경증으로 이어지는 것은 아니다.

실제로는 그렇지 않은데도 자신이 포커를 정말 잘 친다고 믿는다면 어리석게도 잘 치는 사람과 게임을 할 위험이 크고, 종종 돈을 잃을 것이다. 하지만 자신이 포커를 매우 잘 쳐야 하고 얼마나 잘 치는지 줄곧 다른 사람들에게 보여줘야 한다고 비합리적으로 믿는다면 강박적으로 도박을 하게 되고, 계속 돈을 잃더라도 도박을 그만두지 못할 것이다.

감정 문제를 일으키는 주요 당위직 사고

나는 1956년 '합리적 정서행동치료의 12가지 기본 비합리적 신념'을 처음 정리한 뒤, 환자들의 비합리성을 꾸준히 탐구했다. 최초 목록을 다음과 같은 세 가지 주요 비합리적 신념으로 압축할 수 있었고, 이 세 가지 모두 '선호'가 아닌 '당위적 사고'에서 나온다는 사실을 발견했다. 감정 문제를 일으키는 세 가지 기본 당위적 사고는 다음과 같다.

1. "나는 반드시 좋은 성과를 내고 중요한 사람들에게 인정받아야 해. 그렇지 않으면 못난 사람이야!"
2. "너는 나를 공정하고 사려 깊게 대해야 하고 부당하게 좌절시키지 않아야 해. 그렇지 않으면 나쁜 사람이야."
3. "내 삶의 조건은 내가 원하는 것을 들어줘야 하고 유해한 것으로부터 나를 지켜야 해. 그렇지 않은 삶은 견딜 수 없고 나는 조금도 행복할 수 없어."

나는 이전에 발견한 비합리적 신념들을 이 세 가지 주요 당위적 사고로 요약하면서 환자들의 다른 불안정한 신념도 독립적인 것이 아니라 의식적 또는 무의식적으로 당위적 사고에서 비롯되었다는 사실도 발견했다.

가장 일반적인 비합리적 신념은 상황을 '끔찍하게 보는 것'이다. "중요한 일에 실패하면 끔찍할 테고, 실패했다고 사람들에게 거부당하면 최악일 거야."

이것은 말도 안 되는 생각이다. 중요한 일에 실패하면 무척 불행할 수 있고 거절당하면 꽤 곤란할 수 있지만 실패와 거절을 끔찍하고 최악이라고 한다면 그것이 나쁜 것 이상이거나 101퍼센트 곤란한 것이라는 뜻이다. 물론 그럴 리는 없다. 보통은 '더 나빠질' 가능성이 있기 때문에 100퍼센트 나쁘다고 할 수 없다. 이런 식으로 현실을 지나치게 일반화하고 과장하면 실패하고 거절당할 때 적절한 안타까움과 불만을 느끼는 대신 극심한 혼란과 우울한 기분을 느낄 것이다.

그렇다면 당신처럼 똑똑한 사람이 왜 이렇게 어리석고 비현실적으로 '끔찍하다'고 생각하는 것일까? 주로 의식적 또는 무의식적인 당위적 사고에서 시작해서 그로부터 쉽게 그리고 '논리적으로' 끔찍하다는 생각을 이끌어내기 때문이다. 우리는 "이 일을 반드시 잘 수행해야 해!"로 시작한다. 그러고는 "내가 꼭 잘해야 했는데 그러지 못해서 끔찍해. 이보다 더 나쁠 순 없어. 난 끝이야!"라고 나름 '합리적으로' 결론짓는다.

잘하고 싶은 마음만 지니고 있고 '절대적인 당위적 사고'로 확대하지 않았더라도 초라한 성과를 끔찍하게 여겼을까? 아마 그렇지 않을 것이며 다음과 같이 바랄 것이다. "이 일을 잘 해내고 싶지만 꼭 그럴 필요는 없어. 그러니 실패하면 너무 안타깝겠지만 최악은 아니야!"

또 다른 비합리적 신념을 살펴보자. '자기화(personalizing)'와 '도 아니면 모'식 사고다. "진심으로 사랑하는 사람에게 거절당했으니 내가 아주 나쁘게 행동한 게 분명해. 그러니 나는 좋아하는 사람에게 항상 거절당하고 사랑도 받지 못하는 못난 사람이야."

이런 생각은 비합리적이고, 또한 자기 패배적이다. 그 이유는 다음과 같다.

1. 전혀 나쁘게 행동하지 않아도 상대방에게 거절당할 수 있다. 사랑하는 사람에게 독특한 취향이나 편견이 있을 수 있기 때문이다. 어쩌면 당신이 처신을 매우 잘해서 상대가 부담스럽게 여기고 나중에 거절당할까봐 먼저 거절하는 게 낫다고 결론 내렸을 수도 있다.

2. 사랑하는 사람에게 못되게 굴어서 거절당하더라도 당신은 부족한 사람이 아니다. 이번에 부적절하게 행동했을 뿐이고, 이번 일을 교훈 삼아 앞으로 더 잘할 수 있는 사람이다.

3. 지금 거절당했다고 해서 좋아하는 모든 사람에게 거절당하고 절대 인정받지 못할 것이라는 뜻은 아니다. 계속 노력하면 그런 일은 일어나지 않을 것이다. 당신의 결론은 어리석은 과잉 일반화다.

그렇다면 당신처럼 합리적인 사람이 왜 이토록 터무니없는 결론을 내릴까? 단지 상대방에게 인정받고 싶어서는 아니다. 상대방의 인정을 바란다면 거절당하는 것이 바람직하지 않다고 판단하고 앞으로 인정받기 위해 노력할 것이기 때문이다. 사랑하는 사람에게 거절당했을 때 자신의 노력을 비판할 수도 있지만 자신을 비난하지는 않을 것이다.

하지만 "내가 진정으로 사랑하는 모든 사람에게 사랑받아야 하고 절대 거절당하지 않아야 해!" 같은 강력하고 절대적인 '당위적 사고'를 가지고 비합리적으로 시작한다고 가정해보자. 그러면 "퇴짜 맞으면 절대 안 되는데 이렇게 되었으니 내가 못나게 행동한 게 분명해. 나는 결코 사랑받지 못하는 못난 사람이야"라고 쉽고 자연스럽게 결론 내릴 것이다.

합리적 정서행동치료는 절대적인 당위적 사고로 어떻게 자신을 속상하게 하는지 보여준다. 그리고 우리가 조건적이고 논리적인 당위적 사고를 할 수 있다고 주장한다. 이를테면 다음과 같은 경우다. "이 책을 읽고 싶다면 구입하거나 빌려야 해." "대학에서 학위를 받으려면 필수과목에서 합격점을 받아야 해." 이런 관습적인 당위적 사고는 '내가 원하는 것이 있다면 그것을 얻기 위해 적절하게 행동해야 한다'는 의미일 뿐이다. 이런 종류의 당위적 사고는 대체로 현실적이며 분별 있게 행동하는 데 도움이 된다.

합리적 정서행동치료는 현실적인 당위적 사고는 받아들이면서 무조건적이고 비논리적인 당위적 사고를 찾는 법을 알려준다. 예컨대 "이 책을 구할 수 없더라도 반드시 읽어야 해." "대학에 합격하지 못했지만 내가 강력히 원하니까 대학은 내게 학위를 줘야 해!" 같은 것이다.

그러므로 'REBT 통찰 3'에 이 규칙이 포함된다.

REBT 통찰 3
"자신을 불안정하게 하는 비합리적 신념을 밝혀내고 싶다면 독단적인 당위적 사고를 찾아보자!"

합리적 정서행동치료를 통해 이런 당위적 사고를 찾을 수 있고, 이런 사고를 고수함으로써 공연히 자신을 얼마나 화나게 하는지도 확인할 수 있다. 알려고 노력한다면 말이다!

당위적 사고로 인한 '끔찍하게 보기'

처음에 산드라는 연인에게 거절당하는 것이 끔찍하며 최악이라고 느꼈고, 그렇게 느낀 뒤에는 절대 거절당하면 안 된다고 생각했다고 말했다. 처음에는 사랑받고 싶다는 강한 욕구만 있었으며 요구는 없었다고 주장했다.

나는 그녀의 말에 꽤 회의적이었다. "당신이 연인을 간절히 원했을 뿐이고 그를 잃지 않아야 한다고 주장하지 않았다고 가정해봅시다. 연인을 얻는 것과 잃는 것에 대한 당신의 신념은 무엇일까요?" 내가 물었다.

"그가 저를 사랑해주기를 간절히 바라는 것 같아요. 저를 사랑하지 않는다면 정말 끔찍한 일이고 견딜 수 없을 거예요."

"그가 당신을 사랑하기를 조금만 원하면 그가 사랑하지 않더라도 (조금 곤란할 수는 있지만) 끔찍하지는 않으리라는 뜻이군요. 그렇죠?"

"네, 그에 대한 강렬한 욕망이 좌절될 수 있다는 것을 알았을 때만 끔찍하게 느낄 겁니다."

"하지만 '내 연인이 나를 사랑해주기를 간절히 바라지만 그가 정말로 그럴 필요는 없어. 그가 나를 사랑해주기를 진심으로 바라더라도 그가 나를 사랑할 필요는 없어'라고 믿는다고 상상해보세요. 그러면 그를 잃었을 때 어떤 기분이 들까요?"

"만약 그가 나를 사랑할 필요는 없고 내가 그의 사랑을 필요로 하지 않는다고 정말 믿는다면 그가 없어도 계속 잘 살 수 있고, 그렇게 끔찍하지는 않을 것 같아요. 하지만 전 꽤나 실망스럽고 불쾌할 거예요."

"맞아요! 그의 사랑을 필수적인 것이 아니라 '강렬한 욕망' 정도로만 느낀다면 당신은 퍽 실망스럽고 불쾌한 감정을 느낄 거예요. 그의 사랑에 대한 욕망이 강할수록 당신은 더 불쾌해지겠죠. 하지만 심한 불쾌감을 '지독한 공포'로 바꾸고 끔찍하게 만들면서 당신은 두 번째 생각을 추가하는 겁니다. '연인을 잃는 것은 아주 기분 나쁜 일이니까 그렇게 불쾌한 일은 일어나지 않아야 해. 그리고 좌절하면 안 되는데 만약 그렇게 된다면 끔찍할 거야!'라고 말이에요."

"그러니까 제가 연인을 잃는 것을 너 끔찍하게 여기는 이유가 그런 큰 상실에 대한 강박적 사고 때문이라는 건가요?"

"안 그런가요? 그저 바라는 정도라면 '연인을 잃는 게 끔찍하게 싫지만 그와 헤어지면 안 될 이유는 없어'라고 생각하지 않을까요?"

"네, 그럴 것 같아요."

"그러면 '그를 잃으면 안 되는 이유는 없으니 (만약 잃는다면 몹시 기분 나쁘긴 하겠지만) 세상이 끝나지도 않을 것이고 끔찍하지도 않을 거야. 나는 여전히 행복한 (덜 행복하기는 하겠지만) 사람이 될 수 있어'라고 결론 내리지 않을까요?"

"네, 그럴 것 같아요."

"내 생각도 같아요. 상황을 끔찍하게 받아들이는 것은 근본적으로 그런 일이 일어나지 않아야 한다는 명령, 즉 당위적 사고에서 생겨납니다."

"제가 스스로에게 '그를 잃는 것은 끔찍한 일이야!'라고 말한다면 그런 결별이 있어선 안 된다고 말하는 건가요?"

"늘 그렇지는 않습니다. 당신이 '그를 잃는 것은 아주 나쁜 일이야'라는 뜻으로 끔찍하다는 표현을 쓸 수 있는데, 그것은 이 실연을 그저 건강하게 슬퍼하고 불만을 느끼게 만들 거예요. 하지만 '그를 잃은 것은 끔찍한 일이야'라고 생각할 때는 '이것은 그냥 나쁜 정도가 아니야. 이렇게 나쁘면 안 되는 거야. 이 정도의 불쾌감은 참을 수 없어!'라는 의미도 포함할 수 있습니다. 이때 당위적 사고가 매우 중요합니다. 사랑받고 싶은 강렬한 소망을 이루지 못하는 것이 사실 매우 불쾌한 일이고 꽤 슬픔을 안겨줄 수 있기 때문이죠. 하지만 이 정도의 불쾌함은 절대 존재해서는 안 되는 것이므로 '나쁜 것 이상'이라고 스스로에게 말한다면 자신을 현실 밖으로 내몰아 심한 불안과 우울을 느끼게 됩니다. 그 차이를 아시겠어요?"

"네, 알 것 같아요. 하지만 두 가지를 계속 명확히 구분하기란 쉽지 않군요."

"맞아요! 게다가 '절대로 연인을 잃지 않아야 하고 만약 잃으면 끔찍할 거야'라고 생각하면 '이런 실연은 너무 끔찍할 테니 절대 일어나지 않아야 해. 절대 존재하지 않아야 해!'라고 순환적으로 덧붙이는 경향이 있습니다. 그러고는 '끔찍하게 보기'에서 당위적 사고가 나온다고 생각하죠."

"두 번째 당위적 사고가 그렇다는 뜻인가요?"

"네. 당신은 연인을 잃을 수 있는 상황에 '당위적 사고'를 적용하죠. 따라서 이 실연을 끔찍한 것으로 정의합니다. 그러고는 '끔찍한 일은 절대 존재해선 안 돼!'라는 요구를 '끔찍하게 보기'에 적용합니다. 그러므로 당신은 바람직하지 않은 상황을 불러오는 1단계와 2단계의 당위적 사고를 지니고 있는 셈입니다. 그래서 자주 1차적·2차적 불안정을 겪는 거죠."

"그 두 가지 다 제가 만든 셈이군요. 불쾌하고 '끔찍한' 일은 절대로 일어나선 안 된다고 스스로에게 말해서요."

"네, 좋은 지적입니다. 당신은 조금 나쁘거나 아주 나쁜, 이른바 끔찍한 일이 일어나면 안 된다고 생각할 수 있어요. 그리고 이 모든 경우에 약간 나쁜 일이 생기더라도 쓸데없이 자신을 괴롭힐 겁니다. 고통스런 죽음처럼 인생에서 최악의 사건이 때로는 존재해야 한다고 스스로 납득한다면, 그런 일이 실제로 일어나더라도 슬픔과 불만은 느끼지만 심하게 불안하거나 우울해지지는 않을 겁니다."

"당위적 사고가 제 장애의 원인이라는 것을 이제야 알겠어요." 산드라가 말했다.

"좋아요. 내가 잔소리하지 않게 스스로 잘 찾아보세요. 정말 불행하다고 느낄 때마다, 특히 극심한 혼란이나 우울, 분노를 느낄 때마다 당위적 사고를 찾아보세요. 그것을 떨쳐내도 여전히 불만과 슬픔을 느낄 수 있지만 정도를 벗어나지는 않을 겁니다!"

"알겠어요. 정말 계속 찾아볼게요."

산드라는 당위적 사고와 그로부터 비롯된 '끔찍하게 보기'를 계속해서 찾아나갔다. 소중한 연인에게 거절당했을 때 꽤 슬퍼하기는 했지만 난생처음으로 의기소침해지지 않을 수 있었다. 이따금 우울에 빠져들 때는 다시 강박적 요구에 빠졌음을 깨닫고는 그것을 없애려고 노력했다. 그러자 외로움과 슬픔은 느꼈지만 자괴감이나 우울은 느끼지 않았다.

신념 체계의 혼란스러운 측면

─────────

이제 신념 체계의 혼란스러운 측면을 제대로 설명할 때가 되었다. 신념 체계는 합리적 신념과 선호(역시 합리적인)를 포함하고, 또 비합리적 신념과 절대적인 당위적 사고(역시 비합리적인)도 포함한다.

나는 1956년 시카고에서 열린 '미국 심리학회' 학술대회에서 합리적 정서행동치료에 관한 첫 논문을 발표하며 신념에는 생각, 감정, 행동, 이 세 과정이 모두 포함된다는 진보적 의견을 내놓았다. 감정에는 생각과 행동이 포함되고, 행동에는 생각과 감정이 포함된다.

신념이 감정과 행동을 포함하고 이것들에 영향을 미치며 통합적으로 관련되어 있다는 것을 명확하게 이해한다면 합리적 정서행동치료에 대한 원래의 ABC 모델은 여전히 옳다. 어떤 것에 대해 생각할 때 우리는 실제로 그것에 대해 생각하고 느끼고 행동한다. 어떤 것에 대해 행동을 할 때는 실제로 그것에 관한 행동을 하고 생각하고 느낀다. 이것은 타고난 본성이자 습득한 본성이며, 뇌를 다치거나 다른 결함이 없는 한 우리는 생각하고 느끼고 행동한다. 그러므로 이 책에서 사용한 신념과 신념체계라는 표현이 어렵게 느껴질 수도 있지만 '생각하고-느끼고-행동한다'는 뜻으로 썼음을 이해하기 바란다.

　그렇기 때문에 합리적 정서행동치료에는 문제 있는 생각-감정-행동을 바꾸는 데 도움이 되는 인지적 방법 말고도 다양한 정서적·행동적 방법이 있다. 이에 대해서는 11장의 'REBT 연습 10' 부분에서 다시 살펴보기로 하자.

REBT 연습 7

정말로 끔찍하거나 최악이라고 믿는 대상을 떠올려보자. 그 대상이나 행동을 끔찍하다고 정의하는 이면에 숨어 있는 '당위적 사고'를 찾아보자.

> 예시 "내가 진정 사랑하는 사람에게 거절당하는 것은 끔찍한 일일 거야."

숨은 당위적 사고

"진정 사랑하는 사람에게 거절당하면 절대 안 돼."

"나는 진정 사랑하는 사람의 호감을 얻을 만큼 충분히 멋져."

"내가 사랑하는 사람과의 교제가 끝나면 안 돼."

"나는 사랑받을 수 있는 멋진 사람이니 세상은 내가 마땅히 받아야 할 사랑을 받을 수 있는 상황을 만들어줘야 해!"

참을 수 없다고 생각하는 대상을 떠올려보고 그렇게 느끼도록 만드는 당위적 사고를 찾아내보자.

> 예시 "근무 환경이 너무 체계가 없고 부당해서 그곳에서 일하는 것을 견딜 수 없어."

숨은 당위적 사고

"너무 체계가 없고 부당한 근무 환경은 없어져야 해. 나는 그렇게 나쁜 환경을 견딜 수 없어."

"직장에는 즐거움과 휴식이 있어야 하는데, 근무 환경이 너무 체계가 없고 부당해서 그런 혜택을 누릴 수 없어. 따라서 이런 환경은 너무 나쁘고 견딜 수가 없어."

"직장에서 어느 정도 행복감을 느껴야 하는데 체계가 없고 부당한 근무 환경에서는 전혀 행복할 수 없어. 그래서 그곳에서 일하는 것은 견딜 수 없는 일이야."

"직장은 내가 원하는 환경이어야 하는데 체계가 없고 부당한 근무 환경은 그런 것과 완전히 거리가 멀어. 그래서 그곳에서 일하는 것은 생각도 하기 싫어."

스스로 부족하거나 쓸모없다고 느끼거나 좋은 것을 누릴 자격이 없는 사람이라고 느낀 적이 있는지 생각해보자. 그런 느낌이 들게 한 숨은 당위적 사고를 찾아보자.

예시 "정말 좋아한 사람과 오래 교제하는 데 여러 번 실패했어. 그런 걸 보면 나는 정말 못나고 매력 없는 사람이야."

숨은 당위적 사고

"단 한 번이라도 오래 사귀는 데 성공해야 해. 그렇지 않으면 나는 정말 못나고 매력 없는 사람이야."

"내가 아끼는 사람들과의 관계에서 자꾸 실패하지 않아야 해. 계속 실패한다면 나는 분명 쓸모없는 사람이야."

"좋은 관계를 맺는 게 가장 중요하니까 나는 빨리 누군가를 만나야 해. 그러면 안 되는데 만약 누군가를 만나는 데 실패하면 나는 확실히 못나고 자격 없는 사람이야."

"가끔 오랜 교제에 실패하는 것은 괜찮지만 나는 너무나 많이 실패했어! 그렇게 많이 실패했다는 것은 내가 못나고 매력 없는 사람이라는 뜻이야!"

절망감을 느끼고, 인생에서 절대 성공할 수 없을 것 같고, 가장 원하는 것을 박탈당할 것 같았던 때를 떠올려보자. 절망감에 빠지게 한 숨은 당위적 사고를 찾아보자.

> 예시 "좋은 직장을 여러 번 잃었으니 나는 결코 좋은 직장을 얻거나 유지할 수 없을 거야. 그래서 늘 형편없는 직장만 전전하게 될 거야."

숨은 당위적 사고

"좋은 직장을 자꾸 잃으면 안 되는데, 만약 그렇게 된다면 좋은 직장을 얻거나 유지하지 못할 게 분명해."

"좋은 직장에 적당히 오래 머물러야 해. 그렇지 않으면 다시는 좋은 직장을 구할 수 없고 항상 시시한 일만 하게 될 거야."

"내가 얼마나 가치 있는 직원이자 사람인지 증명해야 하는데 자꾸 좋은 직장을 잃으면 절대 가치 있는 사람이 될 수 없어. 쓸모없는 존재가 되면 좋은 직장을 얻거나 유지하지 못할 거야!"

"가끔 좋은 직장을 잃는 것은 괜찮지만 자꾸 그러면 안 돼. 계속 좋은 직장을 잃으면 그런 직장을 유지하기가 힘들고 늘 시시한 일만 하게 될 거야."

어떤 일로 화가 날 때마다 명백하거나 숨겨져 있는 독단적인 당위적 사고가 있는지 찾아보자. 실제로 그런 사고를 하고 있다고 가정하고 찾을 수 없을 때는 친구나 가족, 치료사에게 도움을 구하는 게 좋다. 구하라, 그러면 얻을 것이다!

사람들은 대부분 과거에 신경증의 토대를 만들어놓고 오늘도 그 위에 안주하겠다고 고집한다. 합리적 정서행동치료를 통해 과거를 이해하면 자신의 역할과, 현재 자신의 속상한 생각·감정·행동을 지속시키는 방식에 집중할 수 있다. 과거의 감정 문제를 일으킨 합리적 신념과 비합리적인 신념을 찾아내고 없애는 연습을 해야 한다.

CHAPTER 9

REBT 통찰 4

불쾌한 과거는 잊기

"그의 어릴 적 생각과 감정이
현재의 그를 불안하게 만들지 않았다.
오히려 현재에도 계속되고 있는 독단과 비합리적 신념이
현재의 신경증을 일으킨 더 직접적인 원인이다."

- 앨버트 엘리스 -

선행사건이 아닌 신념 체계가 원인이다

나는 오랫동안 성공적인 정신분석가로서 환자들의 어린 시절을 세세하게 탐색하고 그 경험들이 어떻게 그들을 불안정하게 만들었는지 보여주었다. 그리고 그들이 이런 초기 영향을 이해하지도 없애지도 못하고 있음을 깨닫게 함으로써 큰 도움을 주고 있다고 생각했다. 당시엔 정말 잘못 생각하고 있었다.

정신분석적 '치료법'이 내가 바라는 만큼 효과적이지 않았다는 것을 솔직히 인정한 뒤, 나는 사람들의 과거를 이해하도록 돕는 것이 그들에게 별 도움이 되지 않을뿐더러 기존 문제를 다루는 데 걸림돌이 되고 있다는 사실을 깨닫기 시작했다. 그래서 합리적 정서행동치료법을 개발하고, 환자들이 현재 시점에서 현재 문제를 해결하도록 돕기 시작했다. '신경증적인' 상태로 빠지지 않는 법을 환자들에게 가르치면서 곧 더 나은 결과를 얻었다.

하지만 많은 환자들이 여전히 자신의 과거에 대해 이야기하고 싶어 했다. 이전에 오랫동안 정신분석 치료를 받았고, 그렇게 하도록 길들여졌기 때문이다. 나는 그들에게 어린 시절에 그들의 어머니나 형제가 그들을 심하게 비난했음(선행사건, A)을 보여주었다. 물론 그들은 어김없이 우울과 자괴감을 느꼈다(결과, C). 하지만 선행사건이 (어느 정도 기여했을 수 있지만) 결과를 일으키거나 만들어내지는 않았다.

신념 체계(B)가 결과(C)의 주요 원인이었다. 신념 체계에는 다음과 같은 합리적 신념이 포함되어 있다. "나는 비난받는 게 싫어. 내가 무언가 잘못하고 있다고 보여주는 것 같잖아. 혹시 그렇다면 그것을 바로잡는 게 나아." 그리고 "나는 엄마의 사랑이 필요하고, 절대로 나쁜 행동을 해서 엄마에게 비난받지 않아야 해. 내게 필요한 엄마가 나를 싫어한다면 나는 남에게 호감을 주지 못하는 형편없는 사람인 게 분명해!"와 같은 비합리적 신념과 문제 있는 감정도 포함된다.

그래서 나는 초기 합리적 정서행동치료 환자들에게 그들의 어린 시절 상황에서 비롯된 비합리적 신념과 문제가 되는 감정들을 보여주었다. 그리고 어렸을 때 그들이 기본적으로 스스로를 화나게 했다는 것을 증명했다.

더욱 중요한 것은 그들의 현재 삶을 살펴보면서 그들이 아직도 어릴 때와 동일한 비합리적 신념을 내세워 자신을 채찍질하기 때문에 지금 불안정하다고 보여준 것이다. 어린 시절에 속상한 일을 겪었지만 오래전에 생각을 바꾸고 자괴감과 부모에 대한 원망을 극복한 다른 많은 사람들과 달리, 이런 환자들은 여전히 원래의 당위적 사고에 집착했고 포기하지 않으려 했다.

거듭 말하건대, 그들의 어릴 적 생각과 감정이 현재의 그들을 불안하게 만들지 않았다! 오히려 현재에도 계속되고 있는 독단과 비합리적 신념이 현재의 신경증을 일으킨 더 직접적인 원인이었다. 'REBT 통찰 4'가 바로 이것이다.

REBT 통찰 4
"어릴 시절의 경험과 과거의 환경이 당신을 불안정하게 만들지 않았다. 당신이 그렇게 만들었다."

과거보다는 지금의 나를 더 많이 탐색하자

우리는 불안정한 생각과 감정 때문에 선행사건과 과거의 경험에 과민하게 또는 미온적으로 반응하는 쪽을 선택한다. 사실 우리 자신은 이런 경험에서 빼놓을 수 없는 요소다.

무언가를 할 때(예: 보트 여행) 우리는 그 상황(보트, 보트 위의 사람들, 보트가 떠다니는 수면)에 접근하고 자기 나름의 방식으로 그 상황에 반응한다. 또한 과거 사건에 대한 기억(그 사건에 대한 자신의 반응을 포함)을

새로운 상황에서 다시 떠올려 편향된 방식으로 상황을 '경험'하게
된다. 우리는 대부분 자신의 경험으로 이루어졌고, 적극적으로 경험
을 창조한다.

따라서 어느 정도는 자신의 과거를 직접 '만든' 셈이다. 그리고 '과
거'가 오늘날 자신을 화나게 '만들' 때 우리는 과거가 계속 살아 있게
하는 쪽을 선택한 것이다. 다음 예를 살펴보자.

1. 어릴 시절 자신을 화나게 했던 것과 같은 종류의 비합리적 신
   념을 생각한다. "나는 엄마의 인정을 바라기만 하는 게 아냐. 꼭
   인정받아야 해. 그렇지 않으면 나는 완전히 무능력자야."
2. 어린 시절의 생각과 감정을 지금도 고수한다.
3. 비합리적 신념으로 다시는 자신을 화나게 하지 않을 때까지 그
   신념에 대한 생각을 멈추고 맞서는 것을 거부한다.

우리는 대부분 과거에 신경증의 토대를 만들어놓고 오늘도 그 위
에 안주하겠다고 고집하고 있다. 따라서 합리적 정서행동치료를 통
해 어린 시절을 이해하면 그 시절을 만들어낸 자신의 역할과, 자신
이 현재의 속상한 생각·감정·행동을 지속시키는 방식에 집중할 수
있다.

역설적이게도 과거를 잊었는데도 여전히 자신을 괴롭히고 있다고
가정하고, 지금 자신을 불행하게 만드는 일을 찾다보면 어린 시절에
실제로 어떤 일이 '일어났는지', 그리고 그 일이 일어나는 데 자신은

어떤 역할을 했는지 알게 될 것이다. 과거에 대해 불만이 적을수록 자신이 부분적으로 그렇게 만들었다고 인정하는 경향이 있다. 지금 무엇을 하면서 속상한 감정을 유발하고 있는지 더 많이 탐색할수록 더 많은 통찰력을 얻을 것이다.

'충격적인' 과거에 집착하는 사람들

뉴욕 앨버트 엘리스 연구소에서 정기적으로 집단치료에 참여하고 있던 카렌은 어린 시절 내내 어머니가 자신에게 멍청하고 못생겼다고 타박했고, 이 때문에 자신을 미워하게 되었다고 말했다. 같은 집단치료 참여자인 롭은 카렌을 지지하며, 자신 또한 아버지가 자신에게 부유한 사업가가 되라고 강요했기에 자신감을 잃었다고 주장했다. 그의 직업은 급여가 낮은 공무원이었다.

그 치료집단의 다른 참여자들과 나는 부모에게 똑같이 억눌린 그들의 형제자매가 그들과 달리 자신감 넘치고 자아 수용적이라는 사실을 보여주려고 애썼지만 소용없었다. 카렌과 롭은 '충격적인' 과거에 강하게 집착하고 있었으며, 현재의 자신을 바꾸려 하지 않았다.

같은 집단치료에 참여하고 있던 매력적인 치과의사 오드리가 마침내 입을 열었다. 그녀는 이제껏 자신을 혐오했고, 숫기가 없는 데다 내성적이었다. "두 사람이 빌어먹을 부모들을 원망하고, 부모들이 당신 둘을 어떻게 키웠기에 지금처럼 되었는지 투덜대고 징징거리는 데 넌더리가 나요. 제 어머니와 아버지 이야기를 해드리죠. 두 분은 제가 아는 한 가장 선하고 온화한 사람들이었어요. 저를 사랑했고 모든 면에서 지지를 아끼지 않았죠. 늘 제게 똑똑하고 예쁘다고 하셨고, 무엇이든 원하는 일을 다 이룰 수 있을 거라고 하셨어요. 두 분은 제 남동생에게도 똑같이 잘해주셨죠. 제 동생은 예나 지금이나 제게 아주 상냥해요. 그런데 지금의 저를 보세요. 그렇게 훌륭한 양육의 결과로 지금 제가 얼마나 무능력하고 패기 없고 자신을 혐오하는지 말이에요! 그러니 둘 다 어린 시절이 끔찍하다고 툴툴거리는 건 그만두고 현재 삶을 충실하게 사는 게 어때요? 훌륭한 양육 환경에도 불구하고 이 모양 이 꼴로 살고 있는 저도 노력하고 있잖아요!"

그 집단의 다른 세 명도 오드리의 의견을 지지하며, 자신들 역시 훌륭하고 자상한 부모 아래서 자랐지만 스스로를 미워하고 있다고 밝혔다. 그 중 한 명인 호세는 이렇게 말했다. "합리적 정서행동치료를 통해 제가 완벽주의적 자아를 관용적인 어머니와 아버지에게 적용했다는 사실을 깨달았어요. 부모님이 저를 받아들여도 저는 고집스럽게 거부했어요. 아직도 거부하고 있죠. 그래서 제 자신과 제 완벽주의를 바꾸기 위해 계속 노력하고 있습니다. 두 분도 그렇게 하셔야 해요!"

카렌과 롭은 치료집단의 반응에 놀라고 당황했다. 카렌은 더 숙고한 뒤 자신의 실패를 받아들이려고 무던히 노력하고 나서 어머니를 용서하고 좋은 관계를 유지할 수 있었다. 반면 롭은 일시적으로 아버지에 대한 원망을 거뒀지만, 자신의 모든 현재 문제를 다시 아버지 탓으로 돌렸다.

롭은 집단치료를 그만두고 나서 지난 5년 간 정신분석 치료를 받았다. 금요일 밤 워크숍에 정기적으로 참여하는 롭의 친구가 전한 소식에 따르면 롭은 치료받는 내내 화를 내며 여전히 아버지를 저주하고 있었다.

너무 안타까운 일이다. 하지만 합리적 정서행동치료가 모두의 마음을 얻을 수 없는 노릇이고, 물론 그럴 리도 없다.

당신이 어렸을 때 겁에 질리거나 우울, 자기혐오에 빠졌던 일을 떠올려본다. 그런 다음 당시 자신을 정서적으로 혼란스럽게 한 합리적 신념과 비합리적 신념이 있는지 찾아보자. 지금도 그 신념을 붙잡고 있는지 살펴봐야 한다.

- 예시: "부모님이 물려받아서 맞지도 않는 헌옷을 입히는 바람에 너무 창피해서 주로 집에만 있었고, 다른 아이들과 놀기를 마다했다."
- 합리적 신념: "몸에 잘 맞지 않는 옷을 입고 다른 아이들에게 놀림당하는 게 싫다. 하지만 그런 일은 참을 수 있고, 나를 놀릴지도 모르는 아이들과 여전히 잘 지낼 수 있다."
- 어릴 적 비합리적 신념: "이렇게 잘 맞지 않은 옷을 입고 다른 아이들에게 놀림당할 수는 없다. 정말 끔찍하고 창피할 것이다. 애들은 분명 나를 멍청이라고 생각할 것이고 그 아이들 말대로 나는 멍청이다!"
- 현재의 비합리적 신념: "현재 나는 잘 맞지 않는 옷은 입지 않으려고 노력한다. 하지만 누군가가 나를 조롱하고 바보 취급하면 나는 수긍하고 무척 부끄러워할 것이다."

- 예시: "어렸을 때 선생님들은 나를 무신경하고 부당하게 대했다. 그것 때문에 나는 매우 화가 났고 반항심이 생겼다."
- 합리적 신념: "선생님들이 나를 친절하고 공평하게 대했으면 좋았겠지만 그러지 않은 것이 안타깝다. 하지만 이는 그들의 잘못된 행동일 뿐이며, 그렇게 행동했다고 해서 그들이 완전히 나쁜 사람은 아니다."
- 어릴 적 비합리적 신념: "선생님들은 당연히 나를 배려하고 공정하게 대했어야 하는데 그러지 않아서 끔찍하다. 그렇게 못되게 행동했으니 그들은 완전히 나쁜 사람이고, 세상에서 사라져버렸으면 좋겠다!"
- 현재의 비합리적 신념: "지금도 나를 무신경하고 부당하게 대하는 사람들이 있는데 절대 그러지 않아야 한다! 그들은 완전히 형편없는 사람들이고, 나는 그들이 천벌을 받으면 좋겠다!"

어릴 적 경험이 현재의 자신을 불행하게 만들었거나 길들였다고 생각될 때마다 이런 경험을 떠올려보자. 과거의 감정 문제를 일으킨 합리적 신념과 비합리적 신념을 찾아내고, 자신이 지금도 이런 비합리적 신념에 얼마나 집착하고 있는지 살펴보자.

사람들은 비합리적으로 사고할 때 이성(분별력)에 맞서고, 현실(상황)을 받아들이기 거부한다. 비합리적인 당위적 사고로 스스로를 속상하게 한다는 사실을 제대로 인식해야 한다. 당위적 사고를 갖고 있다고 인식하더라도 그 자체가 사라지지는 않을 것이다. 합리적 정서행동치료가 제시하는 다양한 방식으로 적극적으로 이의를 제기하고 반박하는 연습을 하자.

C H A P T E R   10

REBT 통찰 5

비합리적 신념을
적극적으로
반박하기

"합리적 정서행동치료는 논쟁과 설득을 전문으로 다루는
자가 치료 방법이라고 할 수 있다.
비합리적 신념을 거듭 반박하는 것이
감정 문제를 극복하는 가장 중요한 수단이다."

- 앨버트 엘리스 -

자신의 당위적 사고에 이의 제기하기

이제 우리는 비합리적 신념, 특히 독단적 '당위적 사고'에 대한 통찰력을 갖추기 시작했다. 하지만 비합리적 신념을 적극적으로 강력하게 반박하지 않으면 그다지 도움이 되지 않을뿐더러 신경증적 고통도 없애지 못할 것이다.

자동차 운전 방법을 이해하는 것만으로 능숙한 운전사가 되지 못하는 것처럼 비합리적 신념을 이해하는 것만으로는 충분하지 않다. 합리적 정서행동치료의 ABC 모델과 자신의 감정을 망치는 비합리적 신념을 단지 알고 있다고 해서 무엇을 할 수 있겠는가?

내 환자 중에 비합리적 신념을 충분히 인식하고도 이를 반박하기 위해 어떤 노력도 하지 않는 환자가 적지 않다. 아이린은 4개월째 집단치료에 참여하고 있었다. 다른 환자들의 비합리성을 지적하고, 그들에게 반드시 좋은 관계를 유지하거나 결혼해야 할 이유는 없다고 적극적으로 알려주면서 종종 도움을 주었다. 하지만 그녀 자신은 35세가 다 되어가도록 연애관계를 오래 유지한 적이 없으면서도 되도록 빨리 결혼해야 한다고 생각했다.

아이린은 집단치료에서 이렇게 말했다. "결혼하는 게 바람직할 것 같지만 꼭 그럴 필요는 없다고 생각해요." 그러고는 슬쩍 이런 말을 덧붙였다. "그런데 저는 꼭 결혼해야겠죠!" 그리고 자신의 당위적 사고에 좀처럼 이의를 제기하거나 이를 떨쳐내려 하지 않았기에 상당히 불안한 상태를 유지했다.

아이린과 함께 집단치료를 받던 프랭크는 아이린의 당위적 사고를 지적했지만, 어서 결혼해야 한다는 그녀의 강박적 생각에 대해 적당한 남성을 만날 수 있는 좋은 장소를 귀띔하는 등 그저 현실적인 해법만 주려고 애썼다. 자신의 사례를 다룰 때도 마찬가지였다. 프랭크는 "상사가 내게 고약하게 굴면 안 된다"는 자신의 요구를 포기하는 대신 아주 고약한 상사와 말싸움을 '잘할' 수 있는 방법만 찾았다.

그 치료집단의 또 다른 환자인 조시는 아이린이 점점 나이 들어가고 아이들을 무척 귀여워하므로 어서 남편감을 찾아야 한다고 계속 주장했다. 조시 역시 "딸과 남편이 자신에게 배려심 있고 공정하게 대해야 한다"는 자신의 요구를 포기하려 노력하지 않았고, 이는 분명 아이린에게도 도움이 되지 않았다.

따라서 'REBT 통찰 5'는 다음과 같다.

"비합리적인 당위적 사고로 스스로를 속상하게 한다는 사실을 제대로 인식하자. 당위적 사고를 갖고 있다고 인식하더라도 그 자체가 사라지지는 않을 것이다. 합리적 정서행동치료가 제시하는 다양한 방식으로 그것들과 싸우되, 먼저 적극적으로 이의를 제기하고 반박하자."

비합리적 신념에 과학적으로 반박하기

우리는 비합리적으로 사고할 때 이성(분별력)에 맞서고, 현실(상황)을 받아들이기를 거부한다. 과학은 이성, 논리, 사실을 이용해 비합리적 사고를 없애는 법을 알려주고, 다음과 같은 비판적 물음들을 제기한다.

- "내가 반드시 성공해야 한다는 신념의 근거는 무엇인가?"
- "사람들이 나를 공정하게 대해야 하는 이유는 무엇인가?"
- "내 인생에서 성가신 일은 일어나지 않아야 한다고 누가 정했는가?"

과학적으로 묻고 반박하면 다음과 같은 대답을 얻을 것이다.

- "내가 반드시 성공해야 한다는 근거는 없지만 그렇게 되면 더 좋겠어."
- "사람들이 나를 공정하게 대할 필요는 없지만 그렇게 해주면 기분이 좋을 거야."
- "내 인생에서 크게 성가신 일이 절대 없어야 하는 것은 아니고, 그럴 리도 없어. 그래도 나는 즐겁게 살 수 있어! 또 그런 성가신 일을 통해 배우고 이익을 얻을 수도 있어!"

합리적 정서행동치료는 논쟁과 설득을 전문으로 다루는 자가 치료 방법이라고 할 수 있다. 비합리적 신념을 거듭 반박하는 것이 감정 문제를 극복하는 가장 중요한 수단이다.

합리적 정서행동치료의 ABC 모델로 돌아가서 반박하기(D)를 살펴보자. 5장에 제시된 문제들이 실제로 일어난다면 당신은 어떻게 반박하겠는가? 다음을 살펴보자.

- 목표(G): 좋은 직장을 얻고 싶다.
- 선행사건(A): 면접을 보면서 실수를 해서 원하는 직장을 얻지 못했다.
- 합리적 신념(rB): "이 직장을 놓치고 싶지 않았어! 정말 실망스럽고 너무 안타까워! 다음엔 어떻게 해야 더 잘할 수 있을까?"
- 비합리적 신념(iB): "어떻게든 면접관의 마음에 들어서 이 직장에 꼭 들어가야 해! 그렇지 않으면 끔찍하고 견딜 수 없을 거

야. 만약 실패하면 좋은 직장에 들어가기도, 계속 다니기도 힘든 무능한 사람이라고 증명하는 셈이야."

- 비합리적 신념을 유지한 결과(C): 의기소침해지고 스스로 쓸모없는 사람처럼 느낀다. 다른 면접을 회피한다.

좋은 직장을 얻는 것에 관한 합리적 정서행동치료의 ABC 모델을 간략히 살펴보았으니, 이제 반박하기(D)로 넘어가서 자신의 비합리적 신념을 과학적으로 반박해보자.

- 비합리적 신념(iB): "어떻게든 면접관의 마음에 들어서 이 직장에 꼭 들어가야 해."
- 반박하기(D): "왜 면접관의 마음에 들어야 하지? 그가 내게 이 일자리를 줘야 한다는 근거가 어디에 있어?"
- 효과적인 새로운 철학(E): "내가 이 면접관의 마음에 들어야 할 이유는 없지만 그게 더 좋은 이유는 여러 가지가 있어. 그가 내게 이 일자리를 줘야 한다는 근거는 없어. 그가 내게 일자리를 줘야 한다는 법칙이 이 세상에 존재한다면 그는 분명 그래야 할 거야. 하지만 그게 아니니 어쩔 수 없지."

- 비합리적 신념: "이 일자리를 꼭 얻어야 하는데 그러지 못한다면 끔찍한 일이야!"
- 반박하기: "이 직장에 들어가지 못하면 어떤 점이 끔찍하지?"

- 효과적인 새로운 철학: "그럴 일은 없어. 꽤 불쾌할 수는 있어. 하지만 더 나쁠 수도 있으니 100퍼센트 불쾌한 일은 아니야. 만약 끔찍하거나 최악이라면 불쾌한 것 이상(101퍼센트)이라는 뜻인데 물론 그럴 수는 없잖아. 그러니까 그냥 아주 불쾌할 뿐인 거야!"

- 비합리적 신념: "이 일자리를 꼭 얻어야 하는데 그러지 못하면 견딜 수 없을 거야."
- 반박하기: "견딜 수 없다는 것을 증명해봐."
- 효과적인 새로운 철학: "나는 일자리를 구하지 못해도 견딜 수 있으니까 증명은 불가능해. 우선 이 직장을 놓친다고 죽지는 않을 거야. 또한 이 직장을 놓치는 게 정말 참을 수 없다면 이 직장 없이 전혀 행복할 수 없었을 거야. 하지만 이만큼 좋은 직장을 얻지 못하더라도 행복해질 수 있는 길은 많아."

- 비합리적 신념: "이 직장을 놓치면 내가 좋은 직장에 들어가고 계속 다니는 것이 불가능한 무능한 사람이라는 것을 증명하는 거야."
- 반박하기: "그런 법칙이 어디에 있어?"
- 효과적인 새로운 철학: "내 머릿속에만 있어! 면접에서 떨어지더라도 내가 무능하다고 증명하는 게 아니라 이 한 명의 면접관이 나를 마음에 들어 하지 않았다는 것만 보여주는 거야. 면

접관 앞에서 서툴게 행동했더라도 내가 이번에만 잘못 행동한 사람인 거지, 전적으로 무능한 사람이라는 건 아니야. 면접에서 서툰 모습을 자주 보인 게 좋은 직장에 들어갈 수 없다는 증거는 아냐. 그러니 다시 일자리를 알아봐야겠어."

당위적 사고를 바꾸면 행동도 바꿀 수 있다

합리적 정서행동치료의 반박하기 단계에서 비합리적 신념을 적극적으로 맹렬히 반박하면, 결국 그것이 틀렸음을 증명하고 단념하게 될 것이다. 그러면 결과(이 경우 우울증과 자기비하)를 바꾸는 셈이다. 비합리적 신념을 꾸준히, 강력하게 반박하다 보면 불안정한 감정은 되돌아오지 않는다.

해로운 우울감과 자괴감을 버리면 행동 또한 바꿀 수 있고, 쉽게 너 낳은 번섭에 시원하면서 구식 활동을 이어살 수 있나.

앞에서 언급한 아이린의 사례로 돌아가보자. 아리인은 한편으로는 "결혼할 필요는 없어"라고 생각하면서도 다른 한편으로는 "하지만 결혼은 꼭 해야 해"라고 훨씬 더 강력하게 자신을 설득하고 있었다는 사실을 인정했다. 그녀를 포함한 집단치료 환자들이 그녀의 비합리적 신념을 맹렬히 반박한 뒤에야 그녀는 다음과 같은 핵심에 이르렀고 이를 진심으로 믿게 되었다. "결혼하는 게 정말 바람직한 일이겠지만 적당한 배우자를 찾지 못하더라도 행복해질 수 있어. 무슨 일이 있어도 그럴 수 있고, 그렇게 될 거야!"

아이린은 효과적이고 새로운 합리적 철학을 받아들였다. 몇 주 뒤에는 결혼에 대한 강렬한 소망과 목표는 남아 있었지만 극심한 혼란은 사라졌다. 그녀는 미혼인 것에 대해 가벼운 실망감을 느끼기는 했지만 의기소침해지지는 않았다.

프랭크는 아이린만큼은 아니지만 어느 정도 적극적으로 반박하기를 실천했다. 상사가 고약하게 굴지 않아야 한다는 비합리적 신념을 부분적으로는 단념하기도 했지만 때때로 그 믿음이 되살아났다. 조시는 처음에는 딸과 남편이 자신에게 배려심 있고 공정하게 대해야 한다는 요구를 단념하지 않으려 했다. 하지만 아이린이 독신으로 남는 것에 대한 극심한 혼란을 극복하는 모습을 지켜보면서, 자신의 무심한 가족을 좋아하지는 않더라도 받아들일 수 있게 되었다. 조시는 집단치료에서 이렇게 말했다. "제기랄, 그들은 원래 그런 사람들이에요. 제가 그렇게 만들지는 않았어요. 그들은 냉정하고 무심한 면에서는 재주를 타고났죠. 분명히 못되게 행동하긴 하는데 그러지 말아야 할 이유가 뭐가 있겠어요?" 조시는 이렇게 믿고 느끼면서 가족에게 덜 집착했고, 자신을 부당하게 대하지 않는 중국미술에 더 전념했다.

**REBT
연습
⑨**

현재 또는 최근에 감정적으로 힘들었거나 어리석게 행동한 일을 찾아서 적어보자. 예를 들면 다음과 같다.

- 누군가 당신에게 거짓말을 해서 분노와 적개심을 느꼈다.
- 규칙적으로 하는 운동을 빠뜨려서 내게 화가 나고 무척 우울했다.
- 공식적인 행사에 격식 없는 차림으로 갔다가 매우 당황스러웠다.
- 당신이 도움을 주었던 친구에게 혹독한 비난을 받아서 크게 상처 받고 자기연민을 느꼈다.
- 금연하기로 자신과 약속했는데 지키지 않았다.
- 무고한 사람에게 이기적으로 해를 입혔다.
- 비행기 공포증 때문에 먼 거리를 운전해서 가야 했다.
- 공포증이나 강박증을 극복하지 못한 자신을 비하했다.

현재 또는 과거에 불안감을 느꼈거나 자신에게 해롭게 행동했던 일이 떠오르면, 비합리적인 당위적 사고가 있었다고 가정하고 그걸 찾아보자.

> 예시 "그 사람은 내게 절대로 거짓말을 하지 말았어야 해! 그런 식으로 행동하다니 정말 최악이야!"

또한 당위적 사고에 종종 따라다니는 일반적인 비합리적 신념을 찾아 적어보자.

끔찍해, 최악이야
예시 "공식적인 행사에 격식 없는 차림으로 가지 않았어야 했는데 그러고 가서 끔찍해! 옷도 제대로 못 갖춰 입으니 최악이야."

참을 수 없어
예시 "내가 도와주고 지지했던 친구들이 나를 혹독하게 비난하면 안 되는 거야. 그런 배은망덕은 참을 수 없어!"

쓸모없어, 혐오스러워
예시 "금연하기로 한 약속을 지켰어야 했는데 그러지 못했으니 나는 멍청하고 쓸모없는 인간이야. 금연하는 게 얼마나 중요한지 알면서 담배를 계속 피우다니 정말 못났어."

자격 없어, 벌 받아야 해
예시 "그러지 말았어야 하는데 무고한 친구에게 이기적으로 피해를 입혔으니 나는 벌 받아 마땅한 가증스러운 인간이야. 다른 사람에게 인정받을 자격이 없고 배척당해도 싸."

전적으로, 절대로, 완전히
예시 "절대 그러면 안 되는데 비행기 공포증에 굴복하고 뉴욕에서 시카고까지 그 먼 거리를 운전해서 갔어. 나는 비합리적인 비행기 공포증을 '절대로' 이겨내지 못할 거야. 먼 거리를 날아가는 대신 '항상' 운전해야 하고 공포증을 극복하는 것은 '절대로' 불가능해."

완벽해야 해, 특별해야 해, 훌륭해야 해

예시 "나는 완벽하고 특별하고 고결해야 해. 이보다 못하면 정말 훌륭하거나 가치 있는 사람이 아니야. 아주 특별하지 않다면 난 아무것도 아니야!"

이제 자신의 비합리적 신념에 과학적으로 질문을 던지고 계속 이의를 제기하면 그런 신념을 확실히 '선호'로 바꾸거나 완전히 버릴 수 있다고 가정하고 적극적으로 반박해보자. 다음은 반박할 때 활용할 수 있는 몇 가지 주요 질문의 예다.

- 반박 질문: "내 비합리적 신념이 어떻게 참인가? 이것은 왜 현실과 맞지 않는가?"
- 예시: "사람들이 내게 거짓말을 하면 왜 안 되는가? 그들은 왜 그렇게 행동하지 않아야 하며, 그렇게 하면 왜 최악인가?"
- 대답: "거짓말을 하지 않는 것이 매우 바람직하긴 하지만 거짓말을 하면 안 될 이유는 없다. 사실 지금 쉽게 거짓말을 하는 경향이 있다면 거짓말을 계속 하는 것이 그들의 본성이기 때문이다. 그리고 거짓말을 하더라도 그것은 끔찍한 일이 아니라 아주 불쾌할 일일 뿐이다. 나는 그런 불쾌함을 감수하면서 살 수 있다."

- 반박 질문: "나의 비합리적 신념이 참이라는 근거가 어디에 있는가? 그것들을 뒷받침하는 '사실'은 무엇인가?"

- 예시: "내가 어리석게 행동하지 않아야 하고, 공식적인 자리에 격식 없는 차림으로 가지 않았어야 한다는 근거가 어디에 있는가? 내가 그렇게 한 것이 최악이었다고 증명할 수 있는 사실은 무엇인가?"

- 대답: "그렇게 어리석게 행동하지 말았어야 한다고 뒷받침하는 근 거는 없다. 하지만 나 또한 불완전한 인간이므로 때로는 어리석게 행동할 수 있다고 뒷받침하는 근거는 꽤 많다. 내가 그렇게 행동한 것이 최악이라고 보여주는 '사실'은 없지만, 몇몇 사람들이 내 행동 (과 어쩌면 나 자신)을 하찮게 여기도록 부추겼다고 보여주는 사실만 있을 뿐이다. 그것은 안타까운 일이지만 나는 여전히 많은 사람들 에게 인정받고 멋진 삶을 살 수 있다."

- 반박 질문: "나의 비합리적인 신념이 사실이라는 근거가 어디에 있 는가? 그것이 현실에 존재한다고 누가 그러는가?"

- 예시: "내게 도움 받은 친구들이 나를 혹독하게 비난해선 안 되며, 그들이 나를 비난하면 참을 수 없다는 근거가 어디에 있는가? 내가 그렇게 심한 비난을 견딜 수 없다고 누가 그러는가?"

- 대답: "그들이 나를 비난해선 안 된다는 생각은 내 머릿속에 있을 뿐이다. 그들이 심하게 비난해도 나는 참을 수 있다. 그 말을 예민 하게 듣고 너무 심각하게 받아들이지 않는 이상 내게 상처 줄 수 없 기 때문이다. 나는 그들에게 비난당했다고 죽지는 않을 것이며, 그 럼에도 불구하고 나를 받아들일 수 있으므로 비난을 참을 수 있다. 어쩌면 그 중 일부에 주의를 기울임으로써 얻는 것도 있을 것이다."

- 반박 질문: "이런 비합리적 신념을 어떤 방식으로 뒷받침할 수 있는가? 그 타당성을 어떻게 증명할 수 있는가?"

- 예시: "금연하기로 한 약속을 지켰어야 했는데 지키지 않았다고 해서 어떻게 내가 한심하고 쓸모없는 사람인가? 담배를 피우는 어리석은 행동이 어떻게 나를 쓸모없는 사람으로 만드는가?"

- 대답: "흡연 같은 어리석은 행동을 계속한다고 해서 자아 전체가 어리석고 쓸모없는 사람은 결코 아니다. 내 행동은 어리석었지만 그렇다고 해서 내가 쓸모없는 바보가 되지는 않는다. 지금 어리석게 행동했지만 앞으로는 덜 어리석게 행동할 수 있고, 다른 현명한 일을 할 수 있는 사람일 뿐이다. 담배를 피우는 어리석은 행동은 전혀 (또는 거의) 득이 되지 않지만, 내가 그 행위 자체는 아니다. 나는 나일 뿐이고, 좋은 일과 나쁜 일을 다양하게 할 수 있는 능력이 있다. 또한 나쁜 행동을 좋은 행동으로 바꿀 수 있는 능력도 있다. 그러니 이제 내가 정말로 담배를 끊을 수 있는지 두고 보자!"

- 반박 질문: "비합리적 신념을 반증하거나 무효화할 수 있는 방법이 있는가?"

- 예시: "절대 그러면 안 되는데 무고한 친구에게 이기적으로 해를 끼쳤으니 나는 천벌 받아 마땅한 괘씸한 사람이라는 신념을 반증하거나 무효화할 방법이 있는가? 내가 다른 사람들에게 인정받을 자격이 없는 사람이며, 심하게 배척당하고 벌 받아 마땅하다는 생각을 실제로 증명하거나 반증할 수 있는가?"

- 대답: "그럴 수 없다. 내가 벌 받아 마땅한 괘씸한 사람이라는 신념이 틀렸다고 증명할 수 없다. 무고한 친구에게 이기적으로 해를 끼

친 것이 잘못임은 증명할 수 있다. 하지만 그런 잘못이나 나쁜 행동 때문에 내가 벌 받아야 하고, 모든 인간적인 인정과 즐거움을 박탈당해야 하는 가치 없는 사람이라는 주장은 독단일 뿐이다. '자기비하, 자격 없음, 인간으로서 도저히 용납될 수 없음' 같은 개념은 '인간의 행위가 반박할 수 없는 제재를 가할 만큼 나쁜지'를 확실히 아는 초인적인 능력이 있음을 암시한다. 하지만 그런 초인적인 능력은 증명이나 반증이 불가능하므로 벌 받아 마땅하다는 개념이 틀렸다고(또는 타당하다고) 증명할 길이 없다. 이를 믿으면 극단적인 자기혐오와 자괴감에 빠질 수 있다. 하지만 이런 비합리적 신념은 증명하거나 반증할 수 없고, 온전히 선택의 문제인데 내가 왜 아무런 이유도 없이 자기 패배적 신념을 지녀야 하는가?"

- 반박 질문: "이 비합리적 신념을 그대로 유지하면 어떤 결과를 얻을까? 그런 믿음이 나에게 어떤 득과 실을 안겨줄까?"
- 예시: "비행기 공포증에 굴복하고 뉴욕에서 시카고까지 먼 거리를 운전해서 가지 않아야 한다고 믿고, 또 비행기에 대한 비합리적 두려움을 결코 극복할 수 없다고 믿는다면 어떤 결과를 얻을 수 있을까? 장거리 비행 대신 항상 차를 몰고 가야 한다고 굳게 믿는다면 어떤 결과를 얻을까?"
- 대답: "아주 좋지 않은 결과를 얻을 것이다! 이렇게 지나치게 일반화한 사고방식을 고수하면 나는 지레 겁을 먹고 공포증을 절망적인 상태로 끌고 갈 것이다. 변화할 수 없고 항상 못나게 행동할 게 분명하다고 고집할 때마다 나의 발전을 가로막고 스스로를 진창에 빠뜨리는 셈이다."

- 반박 질문: "비합리적 신념을 버리는 쪽을 선택할 수 있을까?"
- 예시: "내가 완벽하고 특별하고 고귀할 필요는 없다고 믿으며, 그런 자질을 빼면 나는 아무것도 아니라는 신념을 버리는 쪽을 선택할 수 있는가?"
- 대답: "물론 그럴 수 있다. 내가 믿기로 선택한 모든 일은 믿지 않기로 선택하는 것도 가능하다. 어릴 시절에 이런 어리석은 신념에 강력히 세뇌되었거나 스스로 세뇌했더라도 그것이 내 생각인 이상 (노력은 좀 필요하겠지만) 고치거나 없애기로 선택할 수 있다. 나는 한때 믿었던 많은 것들을 더 이상 믿지 않게 되었고, 지금 내가 지지하기로 선택한 신념도 나중에 바뀔 수 있다. 그러므로 비합리적이고 자기 패배적인 신념을 더 나은 결과를 가져다줄 신념으로 바꾸도록 노력하자!"

독단적인 '당위적 사고'와 그것들이 불러온 다른 비합리적 신념을 노트에 적은 뒤, 위에 나열된 반박 질문을 자신에게 던져보자. 이런 신념들이 잠시나마 합리적인 '선호'로 바뀔 때까지 성의껏 대답해보자. 기분이 훨씬 나아지고 해로운 감정과 행동이 더 적절한 감정과 행동으로 바뀔 때까지 계속 연습하는 것이 좋다. 매우 불안정하거나 뚜렷하게 해로운 방식으로 행동할 때마다 이 연습을 되풀이하자. 심한 불안감이나 우울, 적대감, 자기혐오, 자기 연민의 감정을 느낄 때마다 필요하다면 하루에 두세 번, 또는 그 이상이라도 반복하기 바란다.

사람들은 어떤 일에 대해 불행하게 느끼면 그 불행 때문에 쉽사리 스스로를 불행하게 만드는 경향이 있다. 부정적인 감정을 일으키는 비합리적 신념을 반박하고 그것에 대해 계속 생각하고 계획을 실행하면 부정적인 감정이 재발하지 않는다. 부정적인 생각, 감정, 행동 속에서 자신의 불완전함을 인정하고 부정적인 감정을 단호히 거부하는 것이 필요하다.

C H A P T E R   11

REBT 통찰 6

속상함 때문에
속상해하지 않기

"내 안의 나쁜 감정을 발견하고
그런 감정을 가져서는 안 된다고 생각함으로써
문제에 대한 문제를 일으킬 때
그 감정을 제거할 수 있다."

- 앨버트 엘리스 -

비뚤어진 사고가 감정 문제를 일으킨다

행동치료를 비롯한 많은 치료법들이 사람의 신경증적 증상(공포증, 집착, 강박, 중독 등)을 완화하는 데 치료의 중점을 둔다. 실존분석과 정신분석 치료는 '더 깊이' 들어가서 환자들이 철학을 바꾸도록 도와서 미래에 새로운 증상이 생기지 않도록 예방하는 것을 목표로 한다.

합리적 정서행동치료는 여기서 더 나아가 증상 완화뿐만 아니라 심오하고 새로운 철학 찾기를 겨냥한다. 또한 사람들이 신경증적 문제로 불안해하고 우울해지지 않도록 돕는다.

앞서 이미 언급했듯이 비뚤어진 사고가 감정 문제를 일으킨다는 합리적 정서행동치료의 견해를 뒷받침하는 많은 근거가 있다. 하지만 이 견해는 신경증의 본질에 의해 뒷받침되기도 한다. 나의 전작인 『심리치료의 이성과 감정』『긍정의 심리학』에서 언급했듯이 심리학 실험실에서 연구자들은 쥐와 기니피그가 '신경증'을 일으키도록 몰아갈 수 있다. 하지만 그 동물들은 장애를 자각하지 못하는 것 같다. 동물들은 스스로의 광적인 행동을 관찰하거나 그것에 대해 생각하거나 그것 때문에 고통받는 자아를 미워하지 않는다. 하지만 우리 인간은 다르다.

인간은 끊임없이 자신이 불안하다는 것을 인식하고, 걱정이 비효율적이라는 것을 알고, 걱정이 얼마나 나쁜 것인지 가늠하고, 걱정을 만든 것에 대한 책임을 받아들이고, '나약하게' 또는 '어리석게' 불안을 초래한 자신을 비난한다. 그런 다음 자신의 불안 때문에 불안해하고, 우울증 때문에 우울해하며, 중독에 대한 죄책감을 느끼고, 신경증에 대해 자기연민을 느낀다.

불안에 대해 불안해하는 사람들

조지는 무리한 요구를 하는 노쇠한 어머니에게 툭하면 화를 냈고, 어머니에게 화를 내는 자신을 몹시 미워했다. 신시아는 폐가 약해서 계속 기침을 하면서도 담배를 매일 두 갑씩 피웠고, 자신의 '지독한 나약함'에 가책을 느꼈다. 요제프는 자신의 여자 친구에게 자기주장을 내세우지 못했고, 자기주장을 두려워하게 '만든' 그녀에게 화가 났다.

불안에 대한 불안이 중요할까? 사실 중요하다! 어머니에게 화를 낸 것 때문에 자신을 미워한 조지는 자괴감에 휩싸여 화를 없애는 문제를 해결할 시간과 에너지를 거의 갖지 못할 것이다. 폐가 약한 데도 담배를 계속 피우는 '지독한 나약함'에 가책을 느낀 신시아는 자신에게 극도로 화가 나서 자기혐오에서 벗어나기 위해 더 많은 담배를 '필요'로 할 수도 있다. 요제프는 자신을 자기주장이 없는 사람으로 '만든' 여자 친구에게 화가 나 있는 동안 자신감보다는 공격성을 보일 것이며 자신을 표현하려고 애쓰지 않을 것이다. 조지, 신시아, 요제프는 원래의 신경증에 대해 불안감을 느끼면서 감정 문제를 크게 악화시킬 것이다.

이것은 다음의 'REBT 통찰 6'으로 연결된다.

REBT 통찰 6

"인간은 어떤 일에 대해 불행하게 느끼면 그 불행 때문에 쉽사리 스스로를 불행하게 만드는 경향이 있다. 자신의 행동을 살펴보면 불안에 대해 불안해하고 우울에 대해 우울해하며 분노에 대해 가책을 느끼도록 몰아가는 것을 흔히 볼 수 있을 것이다. 우리는 자신을 속상하게 만드는 탁월한 재주가 있다!"

더 많이 생각하고 더 논리적으로 판단하라

스스로에게 솔직해지자! 마지막으로 극심한 혼란에 빠졌을 때 기분이 어땠는가? 극심한 혼란에 '대해' 어떻게 느꼈는가? 가장 최근에 느낀 우울이나 심각한 무능함에 대해서는 어떻게 느꼈는가?

합리적 정서행동치료의 해법은 특이하게도 더 많이 생각하고 더 논리적으로 판단하는 것이다. 나쁜 감정을 발견하고 그런 감정을 가져서는 안 된다고 생각함으로써 문제에 대한 문제를 일으킬 때 '통찰 6'을 이용해 그 감정을 제거할 수 있다.

불안 때문에 불안해지는 것을 멈추려면 다음 단계를 시도해보자.

1. '지금 나는 무척 불안해하고 있는데, 불안에 대해서도 불안해하고 있는가?'라고 자신에게 물어본다.
2. 자신의 불안에 대한 우울, 우울에 대한 불안 같은 2차적 감정 문제를 발견하면 이를 인정한다.
3. 극심한 혼란에 대한 극심한 혼란, 자기혐오에 대한 자기혐오 등 2차적 감정 문제는 스스로 만들었음을 이해한다.
4. 불행에 대한 2차적 감정을 스스로 불러일으켰으므로 그것을 바꿀 수 있는 능력도 자신에게 있음을 인식한다. 이를 강력하게 (감정적으로) 지속적으로(적극적으로) 인식하고 그 과정에서 생각, 감정, 행동을 활용한다.

다음 단계는 무엇일까? 합리적 정서행동치료를 이용해 불안에 대한 불안이나 혼란에 대한 혼란을 느끼고 있음을 충분히 인식하게 되었다고 가정해보자. 그런 후에는 이제 어떻게 해야 할까? 반박단계로 넘어간다.

1. '나는 절대 극심한 혼란에 빠져선 안 돼! 침착해야 해!'와 같은 절대적인 당위적 사고로 극심한 혼란에 대한 혼란을 일으켰다고 가정하자.
2. 자신의 당위적 사고를 발견할 때까지 찾고 또 찾아보자: '아하, 내가 절대 극심한 혼란에 빠져선 안 되고 그게 아니면 결국 정신병원에 갇히는 신세가 될 것이라고 믿는다는 것을 이제 알겠어. 그것은 정말 끔찍할 거야!'
3. 효과적인 합리적 철학이 떠오를 때까지, 그리고 이를 진정으로 믿을 때까지 자신의 당위적 사고를 적극적으로 반박하자. 방법은 다음과 같다.

- 비합리적 신념: '내가 극심한 혼란에 빠지는 것은 정말 끔찍한 일이야.'
- 반박하기: '끔찍하다는 증거가 어디에 있는가?'
- 효과적인 합리적 철학: '내 어리석은 생각 속에만 있다. 그것은 아주 불편할 뿐이고 언제나 참을 수 있다. 그리고 나는 극심한 혼란에 대한 혼란을 없애려고 노력할 수 있다.'

- 비합리적 신념: "나는 극심한 혼란에 빠지지 않아야 해!"
- 반박하기: "그런 법칙이 이 세상 어디에 있는가?"
- 효과적인 합리적 철학: "나처럼 비뚤어진 생각을 하는 인간의 머릿속 말고는 어디에도 없다. 내가 극심한 혼란에 빠져선 안 된다는 법칙이 있다면 나는 절대 극심한 혼란에 빠질 수 없을 것이다. 보다시피 나는 마음만 먹으면 얼마든지 극도로 불안해질 수 있다!"

- 비합리적 신념: "만일 극심한 혼란에 빠지면 나는 정신병원에 갇히는 신세가 될 텐데 그것은 정말 끔찍할 것이다!"
- 반박하기: "이것은 참인가?"
- 효과적인 합리적 철학: "말도 안 된다! 이전에도 수많은 사람들이 극심한 혼란에 빠졌었지만 어쨌든 정신병원에 가진 않았다. 극심한 혼란을 느끼는 것은 고통스럽지만 신경쇠약으로 이어지는 경우는 드물다. 그렇지 않다면 모든 사람이 병원에 갇히게 될 것이다! 그럴 가능성은 거의 없지만, 최악의 경우 내가 한동안 입원하게 된다면 아주 불편하기는 할 것이다. 그렇더라도 여전히 살아남을 수 있고, 마음을 가라앉히고 행복한 삶을 살 수 있다. 그렇게 할 수 있다고 믿는다면 말이다!"

불안에 대한 불안이라는 감정적 결과를 일으키는 비합리적 신념을 반박하면, 불안을 없애기 위해 계속 생각하고 계획을 실행하면 그런 불안이 재발하지 않는다는 것을 확인할 수 있다. 최종 결론은 다음과 같을 것이다.

1. "나 스스로를 불안하게 만들고, 불안에 대해 불안하게 만든다고 해서 무능하거나 몹쓸 사람은 아니다. 그저 몹쓸 철학을 지닌 사람일 뿐이며 이를 고치려고 노력할 수 있다."
2. "내가 스트레스와 극심한 혼란으로 아무리 심하게 불편을 겪고 스스로를 불리하게 만들더라도 그것들은 단지 불편할 뿐이다. 절대 끔찍하거나 최악이 아니고 참을 수 없는 것도 아니며 그저 골칫거리일 뿐이다!"

이런 결론에 지속적으로 도달한 뒤에는 원래의 혼란 상태(누군가에게 거부당하는 두려움 등)로 돌아가서 그 혼란을 일으킨 비합리적 신념('나 혼자서는 행복할 수 없어' 등)을 찾아내서 반박하고 원래의 불안감을 없애도록 하자.

2차적, 3차적 감정 문제를 없애는 방법

보다시피 'REBT 통찰 6'은 우리가 원래 문제에 대해 1차적 감정 문제와 2차적 문제를 쉽게 만든다는 것을 보여준다. 이 통찰은 먼저 2차적 신경증을 없앤 다음 1차적 문제를 해결하라고 권장한다.

'REBT 통찰 6'은 우리가 어떻게 3차적 감정 문제를 만들고, 그것을 없앨 수 있는지도 보여준다. 예를 들어 제럴드는 우선 직장에서 좋은 성과를 내는 문제로 불안해했다(1차적 문제). 그러면서 불안을 일시적으로 잠재우기 위해 알코올에 의존했다(2차적 문제). 그리고 나서 음주에 대해 심하게 자책했다(3차적 문제). 그는 3차적 문제인 자책감 때문에 무척 속상해했고, 그 바람에 직장에서 성과가 저조했으며, 불안을 달래려고 술을 더 많이 마셨다.

'REBT 통찰 6'에 주의를 기울이면 2차적, 3차적 감정 문제를 없앨 수 있고, 다시 원래의 문제를 극복하며 폭넓게 자신을 도울 수 있다.

다음은 앞서 언급한 환자들의 뒷이야기다.

조지는 자신의 비합리적 신념을 들여다보았다. "엄마는 어렸을 때 내게 무관심했고, 이제 와선 나이든 엄마에게 효도하라고 요구하지만 나는 절대 화를 내서는 안 돼. 나는 정말 몹쓸 놈이야!" 그는 먼저 자신이 화가 난 것을 인정하고 자기혐오에서 벗어났다. 어머니가 자신에게 아무 요구도 하지 않아야 한다는 비합리적 요구도 멈췄다. 그래서 어머니의 행동에 대한 반감은 남아 있었지만 어머니에 대한 증오는 버릴 수 있었다.

신시아는 많은 고민 끝에 자신에게 다음과 같이 힘주어 말할 수 있었다. "담배를 계속 피우는 것은 정말 나쁜 약점이야. 하지만 흡연 때문에 계속 자책하면 약점만 더 키울 뿐이야! 내가 흡연 때문에 몹쓸 사람이 된다면 어떻게 금연 같은 좋은 일을 실행할 수 있겠어?

절대 그럴 수 없어! 그러니까 어리석게 계속 담배를 피우더라도 자책을 멈춰야 해!" 신시아는 자책을 멈추자마자 평소 하루에 2갑씩 피우던 담배를 5개비로 줄이는 것이 훨씬 쉬워졌다는 사실을 깨달았다.

요제프는 여자 친구 때문에 자기주장을 펼치는 것이 힘들었다고 (불가능하게 하지는 않았지만) 인정했다. 하지만 인간인 이상 그녀도 실수할 수 있다고 스스로 인정하자 그녀에 대한 화가 풀렸다. 또 두려움과 불편함에도 불구하고 자기주장을 점점 더 강하게 펼칠 수 있었으며, 그렇게 행동하는 것이 자연스럽고 쉬워질 때까지 노력했다.

제럴드는 정기적인 집단치료의 도움을 받으며 먼저 음주는 어리석지만 자신이 어리석고 가망 없는 사람은 아니라는 것을 보여줌으로써 3차적 문제(알코올의존증으로 인한 자기비하)를 해결하려 노력했다. 그러고는 '불안감을 참을 수 없으니 당장 술을 마시고 잊어야 해!'라는 비합리적 신념에 딸린 2차적 문제(낮은 좌절인내력)를 다루었다. 마침내 최초 증상, 즉 직장에서 좋은 성과를 내야 한다는 요구로 생긴 불안을 마주할 수 있었다. 그는 업무 능력에 대해 걱정은 하되, 더 이상 지나치게 걱정하지 않고 불안을 덜어낼 수 있었다. 3단계에 걸친 모든 문제가 개선되어 음주와 업무 문제도 꽤 나아졌다. 불안, 낮은 좌절인내력, 자기비하가 줄어들자 그는 술을 완전히 끊고 훨씬 더 생산적인 삶을 살아갈 수 있었다.

REBT
연습
10

이 연습은 자신에게 솔직해지는 연습이다. 자신에게 솔직하지 못한 것은 대개 자기비하 때문이다. 어떤 일에 비참하게 실패하거나, 남들이 자신을 비웃는다고 느껴질 때 진실을 받아들이기가 창피해서 자신을 속이고 실수와 어리석음을 부인하는 것이다.

　지금 당신이 할 일은 최근에 불안, 우울, 분노 등 속상한 감정을 느꼈던 때를 솔직하게 인정하는 것이다. 예를 들면 다음과 같다.

- 자녀나 다른 가족의 귀가가 예상보다 늦어져서 불안했는가?
- 가슴의 통증이 심장발작일지도 모른다는 생각에 극심한 혼란에 빠졌었는가?
- 가족이나 친한 친구의 죽음 때문에 우울했는가?
- 무고한 민간인을 겨냥한 테러에 분노했는가?

　이런 불안은 정말 중대한 사건에 대한 불안이므로 아마도 자신의 반응을 받아들이고 대처할 수 있을 것이다. 하지만 최근 일어난 일 가운데 다음과 같이 사소하고 중요하지 않은 사건에 대한 불안은 어떠한가?

- 버스나 지하철에서 셔츠에 묻은 얼룩을 발견하고 낯선 사람들이 눈

치챌까봐 불안했다.

- 파티나 회의에 참석했는데, 누군가의 이름을 잊어서 당사자에게 그 사실을 들킬까봐 크게 당황했다.
- 이발사에게 의견을 단호하게 말하지 못한 탓에 머리를 너무 짧게 잘랐고, 그 사실을 남들이 알게 될까봐 두려웠다.
- 콘서트 중간에 화장실에 가고 싶었는데, 그러면 사람들이 어리석고 민폐 끼치는 사람으로 볼까봐 창피했다.

이런 사소한 일을 찾아보고 정말 그런 일들 때문에 불안하거나 극심한 혼란을 느끼거나 창피해했다고 인정하자. 그리고 불안 때문에 불안했고, 창피함에 때문에 창피해했으며, 극심한 혼란 때문에 의기소침했다고 인정하자. 자신에게 아주 솔직해질 수 있는가? 이런 사소한 실패나 실수에 대한 원래의 혼란을 충분히 인정할 수 있는가? 또 원래의 불안이 사람들에게 알려지는 것을 불안해한 2차적 혼란을 받아들일 수 있는가? 자신에게 솔직해지도록 노력하자.

자, 이제 조금 더 나아가보자.

1. 극심한 혼란과, 그 혼란에 대한 혼란에 대해 혼자 웃어넘기자. 당신이 하는 거의 모든 일에 사람들의 인정을 절대적으로 필요로 하는 것이, 그리고 그들의 인정이 필요하다는 당위적 사고 때문에 인정을 필요로 하는 것이 얼마나 터무니없는 일인지 깨달아야 한다.
2. '수치심 없애기' 연습을 위해 되도록 여러 사람에게 '창피한' 감정을 이야기하자. 당신이 어떤 사소한 일로 속상해했는지 그들에게 알려주자. 속상함 때문에 스스로를 얼마나 속상하게 만들었는지 보여주

자. 얼마나 두려운지, 또 그 두려움을 얼마나 두려워하는지 가차 없이 솔직하게 털어놓자!

3. 원래의 극심한 혼란을 불러온 주된 '당위적 사고'를 찾아내자. 예를 들면 다음과 같다. "이 사람의 이름을 기억해야만 해! 이름이 무엇인지 다시 물어보는 일은 절대 없어야 해! 이름을 잊어버려서 그에게 모욕감을 주면 안 돼! 내가 멍청하게 이름을 잊어버린 것을 들키지 않아야 해!"

4. 2차적 불안에 대한 '당위적 사고'를 찾아보자. 다음과 같은 예가 있다. "다른 사람에게 불안을 내보여선 안 돼! 사소한 일로 너무 불안해하지 않아야 해! 당장 불안을 이겨내야 해!"

5. 이런 당위적 사고를 '선호'로 바꾸어보자.

6. 사소한 일로 불안해하거나 매우 혼란스러워하는 자신을 계속 관찰하고 이를 인정하자. 불안한 상태의 자신을 받아들이고, 다른 이들에게 종종 이 사실을 털어놓고, 불안을 만드는 당위적 사고를 찾아서 반박하자.

상황을 더욱 명확히 하고 혼란을 막기 위해 다시 강조하면, 우리의 신념 체계는 언제나 생각, 감정, 행동을 포함한다. 우리가 온전히 생각만 가진 것 같지만 그것은 감정, 행동과 뒤섞여 있다. 우리는 생각하고, 느끼고, 행동한다. 생각은 감정과 행동에 영향을 미치고, 감정은 생각과 행동에 영향을 미치고, 행동은 생각과 감정에 영향을 미친다. 이 세 가지는 모두 통합되어 있으며, 단지 우리가 이를 개별적인 것으로 잘못 알고 있는 것이다.

그러므로 자신의 생각에 대해 생각할 때는 그 생각에 대해 생각하고, 느끼고, 행동하는 것이다. 생각에 대해 강력하게 또는 가볍게(즉 감정적으로) 생각하고, 또 집요하고 강박적으로(즉 행동적으로) 생각한다. 우리가 그렇게 생각하고 느끼고 행동하는 존재이기 때문이다.

이것을 늘 염두에 두기가 쉽지 않겠지만, 그렇게 하려고 노력하는 게 좋을 것이다. 자신의 비합리적 신념에 대해 오로지 생각만 하고, 느끼고 행동하지 않는다면 그 신념을 진정으로 '이해하고' 바꾸지 못할 것이다.

생각-감정-행동과, 이를 위해 사용하는 언어는 혼란스럽고 종종 모순적이다. 바로 이것이 우리가 자기 패배적으로 생각하고 느끼고 행동하는 이유이며, 이를 적절히 유지하는 완벽하고 지속적인 방법이 없는 이유이기도 하다.

그러므로 문제 있는 비합리적 신념(생각, 감정, 행동을 포함)에 대해 최선을 다해 생각하고-느끼고-행동함으로써 이 신념을 좀 더 합리적으로 만들 수 있지만, 완벽하게 합리적이거나 온전하게 만들 수는 없다. 또한 문제 있는 생각-감정-행동에 대한 생각-감정-행동 속에서 자신의 불완전함을 인정하고 불안 때문에 불안해하는 것을 단호히 거부할 수 있다. 무조건적인 수용에는 자신이 한계를 받아들이는 것도 포함된다. 지독하게 나쁘지만 끔찍한 일은 아니다!

복잡한 환경에서 살고 있는 대부분의 사람들은 기본적인 목표가 있으며, 그 목표는 인생에서 여러 경험을 접하면서 많은 문제를 만들어낸다. 일상 생활에서 현실적인 문제를 해결하고자 할 때 문제에 대한 부정적인 감정 문제가 있는지 주의 깊게 살펴보고 부정적인 생각, 감정, 행동을 찾아서 적극적으로 반박해야 한다. 또한 현실적인 문제로 돌아가서 효과적인 자기관리와 문제 해결법을 찾아 문제를 해결해야 한다.

CHAPTER 12

REBT 통찰 7
감정 문제와 함께
현실 문제 해결하기

"현실 문제로 불안, 우울, 분노를 느끼거나
결정 내리는 데 우유부단하거나
공포증이 있거나 강박적이라면
당위적 사고를 찾아보자."

- 앨버트 엘리스 -

문제에 대한 문제를 보태면 안 된다

———————

합리적 정서행동치료는 (ABC 모델이 단순하고 거의 모든 사람이 이해할 수 있을 만큼 쉽다는 이유로) 종종 피상적인 치료법이라는 비난을 받기도 하지만 대다수의 다른 치료법보다 더 포괄적이다. 자신을 비롯한 모든 사람이 주변 사람과 환경에 서로 영향을 주고받는다고 보기 때문이다.

우리는 가족과 친구, 직장 동료, 지인, 낯선 사람들과 어우러져 사회제도 안에서 살아간다. 다른 사람들에게 어느 정도 영향을 주고 또 그들의 영향을 받는다.

우리는 공기, 초목, 도로, 건물, 기후, 기계, 자동차 등 외부환경에 둘러싸여 살고 있다. 이 모든 것 또한 우리에게 영향을 미치고 반대로 우리의 영향을 받기도 한다.

마지막으로 우리는 뼈와 피, 내부 장기, 피부, 신경, 기타 조직 등 우리에게 강력히 영향을 미치는 신체를 가지고 살고 있다. 다시 말해 먹고 마시고 운동하고 생각하고 느끼는 등 우리가 하는 모든 행동이 우리 몸에 중요한 영향을 미친다.

이렇게 복잡한 환경 속에 살고 있는 우리에게는 기본적인 목표(G)가 있으며, 그 목표는 인생에서 이런저런 일을 일으키면서 우리가 해결해야 하는 많은 현실적인 문제를 만들어낸다. 예를 들면 다음과 같다.

- 어떻게 해야 좋은 교육을 받을 수 있을까?
- 어떻게 해야 적당한 배우자를 찾을 수 있을까?
- 어떤 직업을 선택해야 하고, 어떻게 성공할 수 있을까?
- 어떤 여가활동을 해야 즐겁고, 거기에 들이는 시간과 노력이 아깝지 않을까?

이런 현실 문제를 인식하고 나면 당신은 문제를 해결하려 노력할 수도 있고, 스스로를 속상하게 할 수도 있다. 만약 당신이 스스로를 속상해하는 쪽을 선택한다면 문제에 대한 문제, 즉 '삶에서 생존하고 즐기는 방법'이라는 현실 문제에 대한 감정 문제(또는 신경증)를 보태는 셈이다.

합리적 정서행동치료는 체계적이다

합리적 정서행동치료는 대다수의 다른 치료보다 더 체계적이어서 원래의 현실 문제와 나중에 발생한 감정 문제(순서는 바뀔 수 있지만)를 모두 해결하도록 권장한다. 신경증적 문제가 있을 때 먼저 그 문제를 해결하고 나서 현실 문제를 다루도록 유도한다.

그렇게 하는 데는 몇 가지 이유가 있다.

1. '연인과 계속 함께할 것인가, 아니면 관계를 끝낼 것인가?'와 같은 결정을 내리는 것에 대해 불안이나 우울을 느낄 때 어떤 욕구(곁에 남고 싶은지, 떠나고 싶은지)가 더 큰지 알지 못할 수 있다. 이를테면 떠나는 것에 대한 죄책감 때문에 정말 떠나고 싶다는 욕구를 인식하지 못할 수 있다. 또는 연인에 대한 분노가 '남아 있고 싶다'는 진짜 욕구를 밀어낼 수도 있다.
2. 불안정한 상태를 유지하는 데 시간과 에너지를 많이 쏟아서 현실 문제를 해결하는 데 쏟을 시간이 거의 없을 수도 있다. 연인을 떠날지 말지 결정하는 문제를 두고 너무 오래 갈등하느라 실제로는 명쾌한 결정을 내리지 못하는 것이다.
3. 현실 문제를 마주했을 때 이에 대한 빠르고 좋은 해결책이 없다는 사실에 너무 화가 나서 문제 해결에 도움이 될 만한 생각을 떠올리지 못할 수도 있다.

그러므로 먼저 감정 문제(문제에 대한 문제)를 해결한 다음 현실적인 결정을 신중하게 고려하는 것이 좋다.

이것이 'REBT 통찰 7'이다.

REBT 통찰 7

"삶에서 현실적인 문제를 해결하고자 할 때 이런 현실 문제에 대한 불안이나 우울 같은 감정 문제가 있는지 주의 깊게 살펴보자. 혹시 있다면 감정 문제를 일으키는 독단적이고 강박적인 생각-감정-행동을 찾아서 적극적으로 반박하자. 신경증을 일으키는 감정을 줄이기 위해 노력하는 동안에 현실 문제로 돌아가서 효과적인 자기관리 및 문제 해결 방법을 활용해 문제를 해결하자."

불안정한 감정의 결과를 바꿀 수 있다

조아니는 대학 졸업을 간절히 원했지만 그럴 돈이 없었다. 게다가 80km 거리를 통학해야 했다. 아주 힘든 상황이었다.

하지만 그녀는 다음과 같이 생각하면서 상황을 더 악화시켰다. "빠른 시일 안에 대학을 졸업해야 해! 그러려면 돈을 벌면서 공부도 열심히 해야 하고 통학하느라 시간도 버려야 해. 이건 너무 불공평

해. 세상이 이렇게 불공평하면 안 되는 거잖아! 게다가 아빠는 내가 학교를 마칠 능력이 없다고 자꾸 말씀하시는데 어쩌면 아빠 말씀이 맞을지도 모르지. 정말 그렇다면 끔찍할 거야. 내가 인생에서 진정으로 원하는 좋은 것들을 하나도 얻지 못할 거야. 내게 이러는 못된 아빠가 미워."

조아니는 이토록 강력한 비합리적 신념을 지니고서 원래의 현실 문제로 자신을 불안하고 우울하고 화나게 했고, 결국 자신을 혐오하기에 이르렀다. 물론 그녀의 불안정한 감정은 아버지와의 의사소통 문제는 물론이고 현실 문제(학비, 학업, 일, 통학)를 해결하는 데 큰 걸림돌이 되었다.

조아니와 나는 먼저 그녀와 아버지, 학교 상황에 대한 그녀의 독단적인 당위적 사고를 찾아 고치려고 노력했다. 그런 다음 조아니의 현실 문제 해결 능력을 향상시키고 속상함 때문에 발견하지 못한 대안적 해법(돈을 빌리는 것, 대학 근처에서 살며 일하는 것 등)을 모색하도록 도왔다. 또한 아버지와 잘 지내도록 의사소통 기술을 배우고, 보다 짧은 시간 안에 학교 공부를 효율적으로 할 수 있도록 자기 관리 및 학습 방법을 익히도록 도왔다.

당신도 먼저 비합리적 신념과 그 신념이 일으키는 불안정한 감정의 결과를 바꿀 수 있다. 그런 다음 선행사건 또는 삶의 역경(A)으로 돌아가서 문제 해결 기술과 다른 역량을 발휘해 보다 실질적이고 만족스러운 결정을 내릴 수 있다.

합리적 정서행동치료를 활용해 자기주장 펼치기, 시간 관리, 인간

관계 관리, 자기 계발 방법 등을 익혀서 삶을 개선하면 더욱 자기 충족적인 삶을 살 수 있다. 합리적 정서행동치료는 생각과 행동을 다루고 잘못된 것을 바로잡는 교육을 포함하므로 선구적인 문제 해결 방법이자 기량을 키우는 치료법이기도 하다.

그런 면에서 합리적 정서행동치료가 포괄적이라는 사실을 다시 한번 확인할 수 있다. 진정으로 체계적인 인간행동에 대한 '체계이론systems theory(생물학 개념에 기대어 세계 현상이 상호 연관되어 있으며 모든 조직체가 살아 있는 시스템이라는 이론–옮긴이)'이라고 할 수 있다. 합리적 정서행동치료는 삶에서 일어나는 사건(A)에 대한 해로운 감정(C)을 이해하고, 이런 감정을 만드는 신념(B)을 바꾸도록 함으로써 자신의 A, B, C를 인식하도록 돕는다. 그리고 A, B, C가 상호작용하는 복잡한 방식을 이해하고 다시 배열하도록 한다.

REBT
연습
⓫

해결하고 싶은 현실 문제나 결정내리고 싶은 문제를 떠올려보자. 예를 들면 다음과 같은 문제를 고려할 수 있다.

- 더 나은 직장을 구하는 방법
- 연설을 유창하게 잘하는 방법
- 골프 시합에서 이기는 방법
- 대학의 학기말 과제를 작성하는 방법
- 낯선 도시에서 운전하는 방법
- 다른 사람들과 좋은 관계를 맺는 방법

다음과 같은 의사 결정 문제도 생각해보자.

- 어떤 TV를 살까?
- 어떤 집을 구입할까?
- 게임에서 누구와 짝을 할까?
- 학교에서 어떤 과목을 수강할까?
- 파티에 어떤 드레스나 정장을 입고 갈까?
- 어떤 직업을 선택할까?
- 어떤 운동 프로그램을 선택할까?

이런 현실 문제와 관련해 감정-행동 문제가 있는지 찾아보자. 예를 들면 다음과 같다.

- 좋은 직장을 구하고 유지하는 것이 걱정되는가?
- 발표할 때 말을 잘 못하면 창피할까?
- 골프를 잘 치지 못하면 의기소침해질까?
- 학기말 보고서 작성을 계속 미루고 있는가?
- 낯선 도시에서 운전하는 것에 화가 나는가?
- 다른 사람들과 관계 맺는 것이 두려운가?
- 성생활에 문제가 있다고 심하게 자책하는가?
- TV를 구매하기 전에 강박적으로 제품 관련 정보를 모으는가?
- 구입한 집이 무너지거나 불에 타버릴까봐 극도로 두려운가?
- 게임에서 짝을 잘못 선택한 것에 대해 심하게 자책하는가?
- 학기가 시작된 뒤에도 수강 과목을 계속 바꾸는가?
- 파티에 입고 갈 정장이나 드레스를 고를 때 고민하는가?
- 직업 선택을 위해 아무 노력도 하지 않는가?
- 운동 프로그램을 이것저것 시도하다가 제대로 해보기도 전에 그만두는가?

현실 문제로 불안, 우울, 분노를 느끼거나 결정을 내리는 데 우유부단하거나 공포증이 있거나 강박적이라면 당위적 사고를 찾아보자. 그리고 당위적 사고에 따르는 '끔찍해, 쓸모없어, 참을 수 없어' 같은 강박적인 믿음을 찾아보자.

예시

"좋은 직장에 취직해야 하고, 취직하면 오래 다녀야 해!"

"발표를 멋지게 해야 해! 발표할 때 사람들이 비웃으면 창피할 거야."

"골프를 더 잘 쳤어야 해! 나는 정말 운동엔 가망이 없어."

"망할 학기말 리포트 쓰는 게 너무 어려워! 그걸 쓰는 번거로움을 참을 수가 없어. 나중에 해야겠어!"

"이 빌어먹을 도로는 안내판이 훨씬 더 명확해야 하고 설계가 더 효율적이어야 해. 쓸데없이 나를 힘들게 하다니, 정말 최악이야!"

"이 금액에 맞는 제일 좋은 TV를 사야 해! 바가지 쓰는 건 못 참아!"

"집을 구입하고 나서 어떤 끔찍한 일이 일어난다고 생각해 봐. 이 집에 아무 일도 일어나지 않을 것이라는 보장이 있어야 해."

"이 게임에서 짝을 잘못 선택하면 나를 절대 용서할 수 없을 거야. 나는 정말 바보가 될 거야!"

"최고의 과목을 수강하고 최고의 선생님을 만나야 해. 이 수업에서 시간을 낭비하면 최악일 거야. 교칙에 어긋나더라도 당장 수강 과목을 바꾸지 않는다면 나는 비겁한 사람이야."

"파티에 어울리지 않는 정장이나 드레스를 입고 가면 사람들이 비웃을 거야. 그러면 차라리 죽는 게 나아."

"내가 선택할 수 있는 모든 직업은 너무 번거로워 보여. 그렇게 번거로운 직업은 견딜 수 없어."

"운동을 계속할 필요는 없지만 운동 없이도 완벽하게 건강해야 해!"

다음 예들을 살펴보고 당위적 사고와 자기비하, 끔찍하고 견딜 수 없다는 믿음을 적극적으로 반박해보자.

- 반박: "내가 좋은 직장을 구하고 유지해야 한다는 근거가 어디에 있는가?"
- 대답: "꼭 좋은 직장을 얻거나 유지할 필요는 없지만 그렇게 되기를 무척 바라고 있다. 그러므로 이루어질 때까지 계속 노력할 것이다."

- 반박: "연설을 멋지게 잘해야 한다고 어디에 쓰여 있는가? 내가 연설할 때 사람들이 비웃으면 그게 어떻게 부끄러운 일인가?"
- 대답: "내가 쓴 어리석은 대본 말고는 어디에도 그런 말이 쓰여 있지 않다. 내가 연설할 때 사람들이 비웃는다면 속상할 것이다. 하지만 내 연설이 신통치 않은 것이지, 그렇다고 내가 못나고 무능하고 창피스러운 사람이 되는 것은 아니다."

- 반박: "왜 내가 그 골프 게임에서 더 잘했어야 하는가? 그 게임에서 잘하지 못했다고 해서 어떻게 내가 운동에 가망이 없는 사람이 되는가?"
- 대답: "내가 골프를 더 잘 쳐야 할 이유는 없지만 잘 치면 좋을 것 같다! 이 일은 내가 이번 게임에서 못했다는 것을 보여줄 뿐이지, 골프나 다른 스포츠도 잘할 수 없음을 의미하지는 않는다."

- 반박: "학기말 리포트를 쓰는 게 더 쉬워야 하는 이유를 증명해보자. 리포트를 쓸 때 어떤 점이 견딜 수 없이 성가시다는 것인가?"
- 대답: "리포트를 쓰는 일은 원래 그만큼 성가신 일이다. 리포트를 쓰는 번거로움도 싫지만 쓰지 않아서 생기는 번거로움은 훨씬 더 싫을 것이다. 그러니 다시 시작하자."

- 반박: "이 허접한 도로에 왜 안내판이 훨씬 더 선명하고 배치가 더 효율적이어야 하는지 그 이유를 보여줄 수 있는가? 나를 이만큼 힘들게 했다고 해서 이 도로가 정말 최악인가?"

- 대답: "도로가 더 효율적으로 배치되고 표지판이 명확했다면 좋았을 것 같다는 점만 보여줄 수 있다. 만약 배치가 반드시 효율적이어야 했다면 이 도로는 나에게 적합하게 배치되었을 것이다. 그러나 그렇지 않다고 해서 그것이 꼭 필요한 일이라고 증명할 수는 없다. 보아하니 도시 계획가들은 나와 생각이 다른 듯하다. 힘들지만 길을 찾을 수는 있다!"

- 반박: "가격 대비 가장 좋은 TV를 사야 하는가? 바가지를 쓰면 견딜 수 없는가?"

- 대답: "그렇지 않다. 가격 대비 최고의 TV를 살 필요는 없다. 품질이 떨어지는 TV를 살 수도 있다. 바가지를 써서 품질이 떨어지는 TV를 사더라도 여전히 많은 즐거움을 얻을 수 있다. 바가지를 쓰면 안타깝긴 하겠지만 단점보다는 장점이 더 많을 것이다. 그런 위험을 무릅쓰고 TV를 사지 않는다면 절대 TV 보는 즐거움을 얻지 못할 것이다! 그러니 얼른 하나 골라야겠다."

- 반박: "내가 구입하는 집에 아무 문제도 없을 것이라는 보장이 꼭 필요한가? 그 집에 흉한 일이 일어나면 세상이 끝나는가?"

- 대답: "아니다. 그런 보장이 있다면 좋겠지만 그런 것은 존재하지 않는다. 내가 말할 수 있는 것이라고는 내가 구입하는 집에 어떤 일이 일어나더라도 그 집이 오래 남아 있을 가능성이 높다는 것뿐이다.

혹여 집이 허물어지더라도 삶은 계속될 것이고 여전히 즐겁게 살아 갈 것이다."

- 반박: "이 게임에서 짝을 잘못 골라 패하더라도 나 자신을 용서할 수 있을까? 짝을 잘못 선택하면 나는 바보가 되는가?"
- 대답: "물론 짝을 잘못 선택해도 나 자신을 용서할 수 있다. 어리석은 행동이긴 하지만 그렇다고 해서 내가 완전히 어리석은 사람이 되는 것은 아니다. 사람은 실수하기 마련이므로 나도 종종 어리석은 선택을 할 것이다. 하지만 항상 그런 선택을 하지는 않을 것이며, 그런 선택을 하더라도 한심한 사람이 되지는 않는다. (어리석은 결정 말고) 나 자신을 받아들이기로 결정할 수 있고, 이를 통해 배움을 얻어 앞으로 더 나은 결정을 내리도록 준비할 수 있다."

- 반박: "꼭 최고의 강의를 수강하고 최고의 선생님을 만나야 할까? 교칙에 반발하고 수강 과목을 안 바꾸면 정말 비겁한 사람이 될까?"
- 대답: "그렇지 않다. 최고의 수업을 듣고 최고의 선생님을 만나는 것이 매우 바람직하긴 하지만 꼭 그럴 필요는 없다. 교칙을 따르고 수강 과목 변경을 요구하지 않더라도 비겁한 행동은 아니며 일반적인 규제를 따르는 것일 뿐이다. 그리고 나약하게 행동한다고 해서 완전히 겁쟁이나 나약한 사람이 되는 것은 아니다."

- 반박: "왜 내가 선택하는 모든 직업에 너무 많은 번거로움이 따르는가? 번거로움이 너무 많은 직업을 견딜 수 없다는 증거는 어디에 있는가?"

- 대답: "내가 선택하는 모든 직업에 많은 번거로움이 따르지만, 그렇다고 번거로움이 '너무' 많지는 않을 것이다. 직업에는 번거로움이 따르기 마련이다. 안타깝게도 내가 그런 번거로움을 받아들이지 않으면 결국 직업을 잃고 그래서 더 큰 문제가 생길 것이다! 내가 선택하는 직업의 어려움을 반길 수는 없겠지만 분명히 견딜 수는 있다. 그리고 어떤 직장이든 갖기를 원한다면 견디는 편이 훨씬 나을 것이다."

이렇게 현실 문제 해결과 올바른 의사 결정을 방해하는 비합리적 신념을 찾은 뒤에는 원래의 문제로 돌아가서 최선을 다해 그 문제를 해결하도록 하자.

당신이 해결하고자 하는 현실 문제에 대해 다음과 같이 다양한 질문을 적어보자.

- 좋은 직장을 얻으려면 어떻게 해야 할까?
- 가장 먼저 무엇을 해야 할까?
- 그 다음 단계로 무엇을 해야 할까?
- 좋은 직장을 구하기 위해 누구에게 조언을 구해야 할까?
- 어떤 친구가 나를 도울 수 있을까?
- 이력서를 어떻게 써야 할까?
- 이력서 쓰는 데 도움을 받으려면 어떻게 해야 할까?
- 과거 고용주들에게 구직중이라는 사실을 알리고 추천서를 잘 써달라고 부탁해야 할까?
- 면접을 잘 보려면 어떻게 해야 할까?

이제 답변의 윤곽을 잡고 되도록이면 종이에 적어보자. 그리고 이런 생각을 실행하고 구현하기 위한 계획을 세워보자. 그런 다음 계획을 따르려고 노력해야 한다.

모든 일이 순조롭다면 다행이다. 계속해서 현실 문제를 풀어나가자. 계획을 따르지 않거나, 불성실하게 따르거나, 계획을 따른 결과에 화가 난다면 현실 문제에 대한 감정 문제가 있다고 봐야 한다. 그러면 다시 한번 합리적 정서행동치료의 ABC 모델로 돌아가서 그 문제들과 그에 대한 대응 방법을 살펴보자. 감정 문제를 풀어나가면서 다시 현실 문제로 돌아가서 위와 같이 해결책을 찾아본다. 현실 문제에서 감정 문제로, 그리고 다시 현실 문제로 이렇게 계속 그 사이를 오가는 것이다.

단, 완벽하거나 놀라운 해결책은 기대하지 않아야 한다. 어리석은 기대는 감정 문제를 키우고 모든 상황을 너욱 악화시킬 뿐이다.

**REBT
연습
⑫**

어느 정도 불편함을 감수하지 않고는 현실 문제를 잘 해결하거나 올바른 결정을 내릴 수 없다. 일반적인 불편함은 다음과 같다.

- 문제를 해결하거나 결정을 내리는 데 너무 오래 걸릴 수 있다.
- 문제 해결이나 해결책 결정에 너무 많은 시간과 에너지를 소비할 수 있다.
- 해야 할 일을 계획하고 결정하는 데 시간과 노력을 들이지 않을 수 있다.
- 잘못된 결정을 내리고 그 결정에 따라 살아갈 수 있다.
- 처음에는 현실 문제를 잘 해결했지만 나중에는 실패할 수 있다.
- 퍽 괜찮은 해결책을 찾았지만 정말 원하는 탁월한 해결책은 찾지 못할 수도 있다.

　문제 해결이나 의사 결정에 대해 지나치게 걱정하고 시간과 에너지를 너무 많이 쏟는다면 좀더 빨리 계획하고 결정하는 불편함을 감수해보자.
　중요한 일을 신속하게 계획하고 결정하도록 스스로를 다그칠 때 이를 거부하거나 계획과 결정이 만족스럽지 않아서 목표를 이루고도 속상하다면 감정 문제에 대한 REBT 자기분석 양식을 채워보자(도표 1, 2 참조).

A (선행사건 또는 역경)

상황을 되도록 객관적으로 간단히 써보자:

중대한 사건 A (나를 가장 불안정하게 한 사건):

↓

[예시]
- A는 내적 또는 외적인 것, 상상 혹은 실제의 사건이 다 가능하다.
- A는 과거, 현재, 미래의 사건이 다 가능하다.

- **상황:** "어떤 일에 대해 아내와 나의 의견이 다르다."
- **중대한 A:** "아내가 나를 심하게 비난한다."

B (신념) 비합리적(쓸모없는/문제 있는) 신념	**D** (반박하기) 비합리적(쓸모없는/문제 있는) 신념 반박하기

비합리적 신념을 밝히기 위해 찾아야 할 것들:
1) 당위적 사고(~해야 한다)
2) 재앙적 사고, 끔찍하게 보기(최악이다, 끔찍하다)
3) 낮은 좌절인내력(못 견디겠어!)
4) 자기비하, 타인비하. 인생비하(모두 나쁘다 또는 쓸모없다)

비합리적 신념을 바꾸기 위해 자신에게 물어야 할 것들:
- 이 신념이 나를 어디로 이끌까? 내게 득이 될까, 해가 될까?
- 내 신념을 뒷받침하는 근거는 무엇인가?
  - 그것이 더할 나위 없이 끔찍한가?
  - 정말 참을 수 없는가?
  - 나는 정말 완전히 나쁜 사람인가?
- 논리적인가? 내가 정말 바라는 일인가?
- 비유를 활용해 반박해보자

C (결과)

문제 있는/해로운 부정적 감정: _____

부적응/해로운 행동: _____

문제 있는 부정적 감정의 예:
- 불안/공포
- 수치심/무안함
- 화/분노
- 죄책감
- 우울
- 문제 있는 질투와 부러움
- 마음의 상처

부적응 행동의 예:
- 사회적 회피
- 자기관리 소홀
  (운동이나 휴식에 소홀)
- 공격성

목표

E (효율성)
합리적(유익한/실용적) 신념

F (실용성)
실용적/이로운 감정,
수용적/유익한 행동

(목표): 새로운 실용적/이로운 부정적
감정:

(목표): 새로운 수용적/유익한 행동:

합리적으로 생각하기 위해 노력할 것들:
1) 융통성 있는 선호(잘하고 싶지만 꼭 그럴 필요는 없다)
2) 끔찍하게 보지 않기(나쁘거나 운이 없지만 최악은 아니다, 여전히 내가 즐길 수 있는 게 많다)
3) 높은 좌절인내력(싫지만 참을 수 있고 여전히 많은 것을 즐길 수 있다)
4) 자기 수용, 타인 수용, 인생 수용(나 자신을 실수할 수 있는 존재로 받아들일 수 있다)

실용적/이로운 부정적 감정의 예:
- 걱정
- 실망
- 이로운 화/짜증
- 후회
- 슬픔
- 관계에 대한 적당한 걱정
- 적당한 부러움
- 비애

수용적/유익한 행동의 해:
- 친구를 만나거나 도움을 구하는 것
- 운동
- 자신감 있는 행동

[도표 2] REBT 자기분석 샘플

A (선행사건 또는 역경)

> **상황을 되도록 객관적으로 간단히 써보자:**
> 상사가 퇴근 전에 나를 보자고 했다.
> **중대한 사건 A (나를 가장 불안정하게 한 사건):**
> 그는 나를 비난할 것이다.

[예시]
- A는 내적 또는 외적인 것, 상상 혹은 실제의 사건이 다 가능하다.
- A는 과거, 현재, 미래의 사건이 다 가능하다.

- **상황:** "어떤 일에 대해 아내와 나의 의견이 다르다."
- **중대한 A:** "아내가 나를 심하게 비난한다."

B (신념) 비합리적(쓸모없는/문제 있는) 신념	**D** (반박하기) 비합리적(쓸모없는/문제 있는) 신념 반박하기
상사는 나를 비난하지 않아야 한다 (요구) 그에게 비난당하면 끔찍할 것이다 (끔찍하게 보기)	그런 비난에 무덤덤해져야 할까? 그에게 비난당하면 불쾌하거나 끔찍할까?

비합리적 신념을 밝히기 위해 찾아야 할 것들:

1) 당위적 사고 (~해야 한다)
2) 재앙적 사고, 끔찍하게 보기(최악이다, 끔찍하다)
3) 낮은 좌절인내력(못 견디겠어!)
4) 자기비하, 타인비하. 인생비하(모두 나쁘다 또는 쓸모없다)

비합리적 신념을 바꾸기 위해 자신에게 물어야 할 것들:

- 이 신념이 나를 어디로 이끌까? 내게 득이 될까, 해가 될까?
- 내 신념을 뒷받침하는 근거는 무엇인가?
  - 그것이 더할 나위 없이 끔찍한가?
  - 정말 참을 수 없는가?
  - 나는 정말 완전히 나쁜 사람인가?
- 논리적인가? 내가 정말 바라는 일인가?
- 비유를 활용해 반박해보자

C (결과)

문제 있는/해로운 부정적 감정: _____
불안
부적응/해로운 행동: _____
집에 가고 싶다

문제 있는 부정적 감정의 예:
- 불안/공포
- 수치심/무안함
- 화/분노
- 죄책감
- 우울
- 문제 있는 질투와 부러움
- 마음의 상처

부적응 행동의 예:
- 사회적 회피
- 자기관리 소홀
  (운동이나 휴식에 소홀)
- 공격성

목표

E (효율성)
합리적(유익한/실용적) 신념

비난당하고 싶지 않지만 그가 절대로 비난하면 안 된다는 뜻은 아니다
(융통성 있는 선호)

비난당하면 불쾌하겠지만 그렇다고 세상이 끝나는 것은 아니다
(끔찍하게 보지 않기)

합리적으로 생각하기 위해 노력할 것들:
1) 융통성 있는 선호(잘하고 싶지만 꼭 그럴 필요는 없다)
2) 끔찍하게 보지 않기(나쁘거나 운이 없지만 최악은 아니다, 여전히 내가 즐길 수 있는 게 많다)
3) 높은 좌절인내력(싫지만 참을 수 있고 여전히 많은 것을 즐길 수 있다)
4) 자기 수용, 타인 수용, 인생 수용(나 자신을 실수할 수 있는 존재로 받아들일 수 있다)

F (실용성)
실용적/이로운 감정,
수용적/유익한 행동

(목표): 새로운 실용적/이로운 부정적 감정:
가벼운 걱정

(목표): 새로운 수용적/유익한 행동:
상사를 만나서 자신 있게 행동하기

실용적/이로운 부정적 감정의 예:
- 걱정
- 실망
- 이로운 화/짜증
- 후회
- 슬픔
- 관계에 대한 적당한 걱정
- 적당한 부러움
- 비애

수용적/유익한 행동의 해:
- 친구를 만나거나 도움을 구하는 것
- 운동
- 자신감 있는 행동

합리적 정서행동치료는 인간에게 100퍼센트의 순수한 생각이나 감정, 행동은 존재하지 않는다고 말한다. 감정에는 생각과 행동이 포함되며, 생각과 행동에는 감정에 대한 생각이 뒤따른다. 그러므로 정서적으로 불안정할 때마다 그 밑바닥에 깔려 있는 강박적인 생각을 찾고 어리석은 요구를 추적해서 바꾸려고 노력해야 한다.

C H A P T E R   13

REBT 통찰 8

생각과 감정을
거스르고 바꾸기

"자신의 감정에 직접적으로 다가가서
생생하게 체험하고 표현한다면
비뚤어진 생각을 빈틈없이 고칠 수 있다."

- 앨버트 엘리스 -

생각, 감정, 행동은 서로 상호작용한다

앞장에서 이미 언급했듯이 우리는 사회 집단, 환경, 자기 몸의 영향을 받는다. 하지만 자신과 자신의 감정 문제를 이해하기 위해서는 생각, 감정, 행동이 서로 영향을 주고받는다는 사실도 반드시 알아야 한다.

1956년 〈일반 심리학 저널〉에 발표한 합리적 정서행동치료에 관한 첫 번째 주요 논문에서 나는 인간에게 100퍼센트 순수한 생각이나 감정, 행동은 존재하지 않는다고 밝힌 바 있다. 우리 인간의 감정에는 생각과 행동이 포함되며, 생각과 행동에는 감정에 대한 생각도 뒤따른다.

특히 누군가를 오랫동안 미워하는 것처럼 감정이 지속되는 경우에는 자신과 타인의 행동을 생각하고 상상하고 평가함으로써 그런 기분을 연장시키고 계속 되살아나게 한다.

로베르토는 15세 때 친구 앞에서 아버지에게 맞았다. 매를 맞아서 느낀 고통과, 친구 앞에서 맞았다는 수치심 때문에 아버지에게 분노했고 굴욕감을 느꼈다고 했다. 하지만 로베르토의 생각은 틀렸다. 같은 상황에서 어떤 아이들은 분노 대신 불안감을, 수치심 대신 반항심을 느낄 수도 있기 때문이다. 그러므로 로베르토는 아버지에게 매를 맞는 짧은 순간에 다음과 같이 생각함으로써 분노와 창피함을 만들었을 가능성이 매우 크다.

1. "저 악당이 나를 이렇게 때리면 절대 안 돼. 내가 잘못한 것도 없는데!"
2. "친구는 내가 아버지에게 맞는 것을 보고 분명 못났다고 생각할 거야. 이렇게 나약해선 안 돼! 아버지에게 이토록 부당하게 맞고도 그냥 넘어가는 것은 정말 창피한 일이야!"

그로부터 14년이 지난 뒤 나를 만난 로베르토는 그렇게 생각한 것을 기억하지 못했고, 친구 앞에서 아버지에게 부당하게 맞은 것 때문에 애써 생각하지 않아도 가끔씩 무의식적으로 화가 나고 수치심이 느껴졌다고 했다. 인간이 생각 없이 감정을 느끼는 일은 거의 없다고 알려주자 그는 이를 부분적으로 받아들였다.

증오를 일으키는 그의 생각이 감정을 계속 유지시켰다고 보여주었더니 오히려 그는 자신의 비합리적 신념으로 더 기울었다. "내가 대들 수 있는 처지가 아니었는데도 아버지는 어떻게 그토록 잔인하고 부당하게 행동했을까? 아버지는 그렇게 끔찍한 짓을 하지 말았어야 해! 악당 같으니라고!"

그리고 로베르토는 아버지를 만날 때마다 다음과 같은 생각으로 자신을 줄곧 속상하게 했다. "당시 나는 아버지보다 훨씬 작고 약했지만 아버지를 막기 위해 무슨 짓이라도 했어야 해! 있는 힘껏 물거나 가운데를 걷어차기라도 했어야지. 그렇게 하지 못해서 정말 수치스러워."

100퍼센트 순수한 감정은 거의 존재하지 않는다. 혹여 존재하더라도(날아오는 어떤 물체를 보고 아무 생각 없이 곧바로 극심한 혼란에 빠진다면) 그 감정은 몇 초 동안 유지되고 진짜 혼란으로 발전하지는 않는다. 그때 우리에게 다음과 같은 비합리적 신념이 없다면 말이다. "제기랄! 저 물체가 나를 죽일 뻔했어!" "절대 극심한 혼란에 빠지면 안 돼. 그러면 너무 바보 같잖아!"

그러므로 정서적으로 불안정할 때마다 그 밑바닥에 깔려있는 강박적인 생각을 찾고, 어리석은 요구를 추적해서 바꾸려고 노력해야 한다.

하지만 생각이 감정과 행동을 만들어내듯이 감정과 행동도 생각에 영향을 준다. 로베르토는 아버지에게 분노했을 때 제대로 생각할 수 없었고 '생각 없이' 어리석은 행동을 했다. 아버지가 집세 낼 돈을 빌려달라고 했을 때 야박하게 거절했고, 그 일로 사랑하는 어머니에게 상처를 줬다.

그러므로 생각, 감정, 행동은 서로 상호작용하며 순환적으로 영향을 주고받는다. 분별없는 생각은 광적인 감정과 괴상한 행동을 초래한다. 히스테리적 감정은 어리석은 생각과 행동을 불러온다. 경솔한 행동은 정신 나간 생각과 비상식적인 행동을 만들어낸다. 더욱이 생각은 다른 생각을, 감정은 새로운 감정을, 행동은 또 다른 행동을 불러온다. 생각, 감정, 행동이 서로에게 미치는 영향은 결코 멈추지 않을 것이다.

유일한 해법은 사실상 존재하지 않는다

집착, 강박, 공포증, 중독을 고치고 싶다고 가정해보자. 그렇다면 어떻게 해야 할까? 늘 한 가지 방법만 효과가 있는 것은 아닐 것이다. 때로는 한 가지 철학으로 불안을 없애는 것이 효과가 있을 수 있고, 그렇지 않을 수도 있다. 감정을 온전히 내보이는 것이 꽤 도움이 될 때가 있고, 일부러 감정을 외면하고 다른 지적인 추구로 주의를 돌리는 것이 더 효과적일 때도 있을 것이다. 때로는 생각할 수 있는 모든 치료법을 시도하는 것이 불안정을 가장 효과적으로 물리치는 방법일 수 있다.

어떤 치료법이 '반드시' 효과적이어야 한다는 선입견은 버리자. 자유롭게 실험해보자. 효과가 있다고 생각되는 거의 모든 치료법을 한

동안 시도해보자. 하지만 그 방법을 평생 고수할 필요는 없다. 당신은 도움을 구하는 여러 사람 중 한 명이 아니며, 평균적인 문제를 가진 사람도 아니다. 당신은 당신이고, 당신에게 유리하거나 불리한 것은 다른 누군가에게 유리하거나 불리한 것과 다르다. 자가 치료를 실행하면서 이 점을 기억하자.

유일한 해법은 사실상 존재하지 않는다. 합리적 정서행동치료에 따르면 신경증적 문제를 해결할 수 있는 가장 중요한 한 가지 방법을 찾을 수는 있다. 생각을 근본적으로 바꾸어 화를 줄이고 재발하지 않도록 하며, 앞으로 새로운 감정 문제를 만들지 않도록 하는 것이다.

일단 이 점을 받아들이자. 그렇더라도 새로운 전망을 만들어낼 수 있는 방법이 한 가지만 있는 것은 아니다. 로마로 가는 길은 여러 갈래다!

1962년 『심리치료의 이성과 감정』에서 내가 지적했듯이, 그리고 뒤에 조셉 울페, 한스 아이젠크(Hans Eysenck), 아이작 막스(Isaac Marks), 앨버트 반두라(Albert Bandura), 스탠리 래크먼(Stanley Rachman) 등 다른 행동치료사들이 주장했듯이 고정관념을 바꾸는 최선의(또는 사실상 유일한) 방법은 억지로 그 관념에 맞서는 것이다. 즉 당면한 문제를 마주하는 것이다. 이런 강제적인 활동은 강박이나 두려움을 느끼게 하는 신념을 버릴 수 있음을 보여줄 것이다. 마찬가지로 자신의 감정에 직접적으로 다가가서 생생하게 체험하고 표현한다면 비뚤어진 생각을 (비합리적 신념을 직접 반박하는 것보다) 더 빈틈없이 고칠 수 있을 것이다.

그러면 'REBT 통찰 8'을 정리해보자.

**REBT
통찰 8**

"비합리적 신념과 자기 파괴적 감정은 그에 반하는
행동, 즉 모순되는 행동을 함으로써 바꿀 수 있다."

행동 지향적인 합리적 정서행동치료

사실 비합리적 신념을 거스르는 행동을 여러 차례 실천하기 전에는
진정으로 고쳤는지 의심스럽다. 마찬가지로 강박적인 행동을 바꾸
려고 생각하고 몇 번이고 반복해서 결심하기 전에는 그 행동을 영원
히 멈출 수 없다.

일부 심리학자들은 합리적 정서행동치료가 처음에는 오로지 인지
적 치료법이었으며 나중에야 행동적 방법이 추가되었다는 이야기를
퍼뜨렸다. 하지만 이는 사실이 아니다.

1943년 심리치료를 처음 시작했을 때 나는 성 관련 인지행동 치
료사였고, 1940년대와 1950년대에 행동지향적 성 치료에 관한 논
문을 썼다. 또한 1954년 출간한 책 『미국의 성적 비극(The American

Sexual Tragedy)』에서 그 내용의 일부를 요약했다. 그 책은 다수의 소극적인 프로이트식 치료사들과, 인간중심치료를 강조한 로저스식 (Rogerian) 치료사들에게 맹렬히 비난받았다. 1949년에서 1953년 사이에 정신분석치료를 진행할 때 나는 행동요법을 등한시하기는 했지만 정신분석이 꽤 비효율인 치료법이라는 사실을 깨달았다. 1953년부터 합리적 정서행동치료를 개발하기 시작하면서 인지행동적 방법으로 돌아왔다.

행동치료에 대한 강력한 편애는 내가 치료사가 될 줄은 꿈에도 몰랐던 19세 때 나 자신에게 시도한 성공적인 실험에서 비롯되었다. 여러 사람 앞에서 말하는 것을 유난히 부끄러워하던 내가 3개월 동안 '억지로' 어떻게 그 많은 정치적 연설을 하고 다녔는지 나는 종종 이야기한다.

나는 여러 철학자들의 가르침에 따라, 말을 잘못해도 끔찍한 일은 일어나지 않을 것이라고 스스로에게 말했다. 선구적 행동치료사인 존 B. 왓슨(John B. Watson)은 적극적 재조건화(active reconditioning), 즉 두려워하는 일을 억지로 계속하게 하는 것이 비합리적 누려움을 없앤다고 보여주었다. 그래서 나는 대중연설에 대한 두려움을 이겨 낼 수 있으리라 기대했고 행동으로 옮겼다.

그리고 실제로 놀라운 일이 벌어졌다. 뜻밖에도 나는 대중 앞에서 이야기하는 것을 즐기기 시작했고, 이후 65년 동안 대중 앞에서 즐겁게 연설해왔다. 대중연설에 대한 극심한 공포가 180도 바뀐 것에 나 자신도 깜짝 놀랐다.

불편한 일을 억지로 하는 것의 효과를 체험한 나는 새로운 여성을 만나는 것에 대한 엄청난 두려움에도 같은 방법을 적용하기로 했다. 나는 거절에 대한 두려움이 커서 한 번도 낯선 여성에게 다가간 적이 없었다. 1년에 250일쯤 브롱크스 식물원에 가서 산책하고 책을 읽으면서 시간을 보냈는데 간절히 말 걸고 싶고 데이트하고 싶은 여성을 몇 명 보았다. 그들 역시 내게 관심을 보이는 것 같았지만 다가가지 못했다.

그래서 나는 식물원 벤치에 혼자 앉아 있는 여성을 발견할 때마다 그들에게 말을 걸어보는 것을 과제로 정했다. 예외는 없었고, 꽁무니를 빼서도 안 되었다.

매우 두렵고 불편하기는 했지만 억지로 이 과제를 수행했고, 한 달 동안 100명이 넘는 여성과 대화를 나누었다. 마주치는 100명의 '낯선' 여성과의 만남은 그때까지 내가 늘 바라기만 하고 두려워서 피했던 일이었다.

100여 명의 여성 가운데 오직 1명만 데이트를 약속했고, 그녀마저 약속 장소에 나타나지 않았으므로 이런 즉석 만남에서 직접적인 보상은 얻지 못했다. 하지만 낯선 여성을 마주하는 두려움을 완전히 극복했다.

그때부터 낯선 여성과 쉽사리 이야기를 나눌 수 있게 되었다. 아무리 여러 번 거절당해도 그들이 욕하고 구역질하고 도망치고 소리치고 경찰을 부르는 등의 끔찍한 일은 벌어지지 않는다는 사실을 알았기 때문이다. 나는 낯선 여성에게 말을 걸 수 있고, 그들과의 데이트에 실패할 수도 있으며, 그렇더라도 매우 즐겁게 살아갈 수 있다고 결론지었다.

그리고 비합리적 신념을 바꾸는 데 행동치료(특히 두려움에 맞서 행동하는 것)가 온전히 인지적인 치료법보다 더 효과적임을 깨달았다. 나중에 환자들에게 정신분석이 거의 도움이 되지 않고, 그들이 비합리적 신념에서 벗어나도록 하는 것이 훨씬 더 도움이 된다는 사실을 알게 되면서 인간의 태도를 바꾸는 방법에는 여러 가지가 있으며, 그 중에서도 자신이 두려워하는 일을 적극적으로 실천하는 것이 가장 좋은 방법이라는 사실도 깨달았다.

합리적 정서행동치료에는 처음부터 다양한 사고적·정서적·행동적 치료법이 늘 포함되어 있었다. 수년에 걸쳐 많은 치료 기법이 추가되었지만 아놀드 라자러스의 표현대로 애초부터 명백히 다차원적이었다.

역설적이게도 뛰어난 행동치료사인 조셉 울페는 '인지' 치료에 한결같이 반대하기는 했지만, 그의 유명한 체계적 둔감화(systematic desensitization) 기법은 상상과 길들이기 등 나른 형태의 사 / 를 활용한다. 하지만 합리적 정서행동치료는 불편함을 감수하는 활동 과제를 선호하므로 다수의 대중적인 행동치료법보다 더욱 행동 지향적이다.

이 장의 앞부분에서 언급한 로베르토는 어렸을 때 아버지가 절대 자신을 때리지 말았어야 하고, 자신은 아버지에게 매질을 당하기만 하는 '겁쟁이'가 아니었어야 한다는 비합리적 신념을 반박하는 과제를 자주 실천하는 데 동의했다. 나는 그가 두 가지 활동 과제를 만들어서 실천하도록 도왔다.

- 예전처럼 아버지를 철저히 외면하지 않고 정기적으로 계속 아버지와 대화하기
- 물러서거나 소리 지르지 않고 단호하지만 적의 없는 태도로 아버지에게 맞서기

로베르토는 사고와 행동이 결합된 합리적 정서행동치료식 접근의 결과로 7주 만에 아버지와 자신에 대한 분노를 털어냈다. 치료가 끝나고 몇 년이 지난 뒤에도 내성을 키우고 자기 수용적 태도를 유지하기 위해 꾸준히 노력했다.

다음 예들과 같이 당신이 평소에 비합리적으로 두려워하는 일들을 생각해보자.

- 여러 사람 앞에서 주뼛거리며 이야기하는 것
- 과제나 보고서를 허술하게 쓰는 것
- 그림을 잘못 그리는 것
- 좋아하는 사람에게 거절당하는 것
- 고속 엘리베이터를 타는 것
- 대화 중간에 끼어드는 것
- 많은 사람 앞에서 춤추는 것
- 낯선 사람에게 말을 거는 것
- 어려운 과목을 수강하는 것
- 다른 사람들에게 조롱당하는 것
- 게임이나 운동 경기에 서툰 것

두려워하는 일 중 한 가지를 골라 잇달아 여러 번 시도해보자. 그 일을 하기로 결정하고 나서는 망설이거나 포기하지 말고 몇 번이고 계속하기 바란다!

그러면서 이 '두려운' 일이 그다지 위험하거나 두려운 일이 아니라는 것을 스스로에게 보여주자. 그러면 다음과 같은 사실을 입증할 수 있다.

- 그 일을 하다가 죽는 일은 거의 없다.
- 실제 신체적 위험에 처하지는 않을 것이다.
- 그 일을 즐기게 될 수도 있다.
- 그 일에서 배움을 얻을 수 있다.
- 비합리적 두려움을 이겨내면 삶이 더 풍요로워질 것이다.
- 그 일을 이겨냈다는 크나큰 성취감을 느끼게 될 것이다.
- 두려움에 빠뜨리는 끝없는 제약과 좌절을 몰아낼 것이다.
- 자신을 단련하고 낮은 좌절인내력을 높이기 위해 노력할 것이다.
- 이 두려움을 극복하면서 보다 효율적으로 행동할 것이다.
- 다른 이들에게 인정받을 것이다.
- 궤양과 고혈압 같은 신체적·심리적 질병을 물리치는 데 도움이 될 것이다.
- 불안, 우울, 자괴감, 자기연민 등 부정적 감정을 크게 줄일 수 있을 것이다.
- 전반적으로 삶이 훨씬 더 즐거워질 것이다.

특정 행동을 비합리적으로 두려워하거나 불안해하는 것을 깨닫지 못하고 오히려 창피해하거나 수치스러워하고 있다고 생각할 수도 있다. 그러므로 유행 지난 재킷을 입거나 자신의 약점을 누군가에게 털어놓는 것을 '두려워하고 있다'는 사실을 깨닫지 못하고, '창피하거나 굴욕적이라고 느껴서' 그 행동을 절대 하지 않을 수 있다.

합리적 정서행동치료는 수치심이나 굴욕감을 비합리적인 감정으로 간주한다. 그 감정들이 거의 항상 이성적 요소("사람들이 어리석거나 잘못되었다고 여기는 행동을 했는데 그것 때문에 나를 비난하지 않으면 좋겠어")와 비합리적이거나 자기비하적인 진술("그러므로 나는 못났거나 멍청한 인간이야")을 포함하기 때문이다.

2차적인 비합리적 수치심을 없애기 위해 나는 1960년대 후반에 '수치심 제거 연습'을 개발했다. 이것은 사람들이 어리석고 불편하고 나약한 행동을 해서 비난받을 때조차 비합리적 수치심을 느끼지 않도록 돕기 위해 고안한 연습법이다.

수치심 제거 연습을 하면 비합리적 신념과 불안에 맞서는 데 도움이 될 수 있다. 그러기 위해서는 많은 사람들 앞에서 실행하기 부끄럽거나 창피하다고 느끼는 행동을 선택해야 한다. 예를 들면 다음과 같다.

- 어울리지 않는 차림새로 외출하기
- 여러 사람 앞에서 엉뚱하게 말하기
- 일반적으로 사람들이 경멸하는 약점을 털어놓기
- 길거리에서 노래를 부르거나 화창한 날 검정 우산을 쓰는 등 특이한 행동하기
- 기차나 버스에서 큰소리로 인사하기
- "정신병원에서 막 나왔어요. 지금이 몇 월이죠?"처럼 자신에게 근본적으로 문제가 있다고 다른 사람에게 알리기
- 식당에서 잘못 조리된 음식이 나왔을 때 먹지 말고 바로 주방으로 돌려보내기
- 바나나를 애완견처럼 목줄에 묶어 산책시키기
- 구두 수선점에서 시계를 고쳐달라고 해보기

바보 같거나 창피하다고 생각되는 행동을 할 때는 먼저 실제 말썽에 휘말리지 않는지 확인해야 한다. 예를 들면 공공장소에서 노출 행위로 체포당하는 위험을 무릅쓰지 않아야 하고, 상사에게 벌레 같다고 말해서 해고당하는 극단적인 일은 없어야 한다. 또한 다른 사람의 뺨을 때리거나 계속 귀찮게 하는 등 다른 사람에게 해를 끼치는 행동을 절대로 하지 않아야 한다.

수치심 제거 연습을 할 때 염두에 두어야 할 중요한 점은 다른 사람이 확연히 못마땅해 할 때조차 수치심이나 모욕감을 느끼지 않도록 노력해야 한다는 것이다. 다음과 같은 자기다짐을 활용하면 수치심을 단호히 물리칠 수 있다.

예시

"사람들이 나를 어리석거나 바보 같다고 생각하는구나. 안타깝지만, 그렇게 생각하라지, 뭐!"

"나는 이런 '부끄러운' 행동을 하면서 '자기비하'의 감정을 이겨내려 노려하고 있는 거야. 대견해!"

"내가 하고 있는 행동은 바보 같을 수 있지만 그렇다고 내가 바보가 되는 것은 아니야!"

"이런 행동을 하는 것에 대해 사람들이 내가 틀렸다고 생각하는 것은 안타깝지만, 그것은 잠시 불편할 뿐이고 세상이 끝나는 것은 아니야!"

"부끄럽다고 여기는 이 행동을 왜 하는지 정확히 알고 있으니까 나는 이 행동을 다르게 볼 수 있어. 이런 행동이 특이하게 보일 수 있다는 것은 알지만 그렇다고 내가 특이하거나 무능한 사람이라는 뜻은 아니야. 나는 지금 이 순간 이상하게 행동하는 쪽을 선택한 사람일 뿐이야."

수치심 제거 연습은 부끄러움이 전혀 느껴지지 않고 심지어 편안함을 느낄 때까지 여러 번 반복하는 게 좋다. 이 연습을 계속하면서 '부끄러운' 행동에 대한 감정과 태도가 어떻게 달라지는지 관찰하자.

스스로를 화나게 하고 쓸데없이 불행하게 만든다는 사실을 아무리 명확히 알더라도, 자신을 불행하게 만드는 신념과 감정을 적극적으로 바꾸고 맞서기 위해 노력하고 실천하지 않으면 나아질 가능성은 거의 없다. 좌절인내력을 높이고 개선하려고 노력하면 부정적인 감정을 줄이는 데 크게 도움이 될 것이다.

CHAPTER 14

REBT 통찰 9

노력하고
실천하기

"몇 번이고 자신의 감정을 어루만지고 느끼고
때로는 표현해보자.
불안정한 생각과 감정에 거듭 맞서보자.
그리고 필요하다면 수없이 반복해보자!"

- 앨버트 엘리스 -

자신을 훨씬 덜 불행하게 만들 수 있다

『심리치료의 이성과 감정』에서 언급했듯이 합리적 정서행동치료에는 정신분석적 통찰과 사뭇 다른 세 가지 주요 통찰이 포함되어 있다. REBT 통찰 1과 2는 다음과 같다.

1. 우리는 내개 C(결과)에서 자신을 화나게 한다. 즉 다른 사람이나 A(선행사건이나 역경)의 사건 때문에 화를 내는 것뿐만 아니라 스스로 비합리적 신념을 받아들이거나 만들어냄으로써 화를 자초한다.

2. 애초에 언제, 어떻게, 왜 자신을 불안하거나 우울하게 만들었는지에 상관없이, 의식적 또는 무의식적으로 비합리적 신념을 고수하기 때문에 여전히 그 감정을 유지하고 있다.

지금까지 이 REBT 통찰을 논의하고 확장해왔으며, 추가적으로 확장된 8가지 통찰을 설명했다. 어렸을 때는 비합리적 신념을 깨닫고 바꿀 수 있는 능력이 제한적이었지만, 이제는 확장된 통찰을 이해하고 활용해 충분히 바꿀 수 있을 것이다.

원래 세 번째였지만 확장된 버전의 'REBT 통찰 9'는 다음과 같다.

REBT 통찰 9

"스스로를 화나게 하고 쓸데없이 불행하게 만든다는 사실을 아무리 명확히 알더라도, 자신을 불행하게 만드는 신념과 감정을 적극적으로 바꾸고 맹렬하게(종종 불편할 정도로) 맞서려고 노력하고 실천하지 않으면 나아질 가능성은 거의 없다."

통찰 9는 합리적 정서행동치료를 포함한 모든 치료의 아킬레스건과 진퇴양난의 특징을 잘 보여준다. 자기 패배적 철학을 받아들이고 만들어서 삶에 끼워 넣기는 무척이나 쉽다! 인간은 무의식적으로 힘들이지 않고 스스로를 불행하게 만드는 경향이 있기 때문이다. 자아실현 성향 말고도 뛰어난 자기 패배적 재능을 타고난 셈이다. 'REBT 통찰 9'는 비참한 생각, 감정, 행동을 바꾸는 데 도움이 된다. 하지만 그렇게 하는 게 쉬운 것은 아니다!

그렇더라도 'REBT 통찰 9'는 우리가 적어도 변화를 꾀할 수 있는 좋은 기회를 제공한다. 비합리적 신념과 행동을 버리기 위해 기꺼이 그리고 꾸준히 노력하고 연습하면 자신을 훨씬 덜 불행하게 만들 가능성이 높다고 분명히 밝히고 있다.

행동 치료를 강조하지 않는 인지치료들

──────

'REBT 통찰 9'는 합리적 정서행동치료가 대다수의 인지 중심 심리치료와 어떻게 다른지 보여준다. 피에르 자네(Pierre Janet), 에밀 쿠에(Emile Coue), 폴 뒤부아(Paul Dubois), 알프레드 아들러(Alfred Adler) 등이 내놓은 다양한 인지치료는 합리적 정서행동치료 이전에 고안되었다. 하지만 이런 인지치료들은 성격을 변화시키는 행동 치료를 강조하지 않았다. 인간은 비뚤어진 생각을 하고 무의식적으로 엄격한 '당위적 사고'에 빠지도록 태어났고 자랐으므로 생각을 바꾸려면 꾸준히 노력해야 한다는 점도 빠뜨렸다. 당위적 사고를 분명히 깨닫고 포기하더라도 독단적 사고로 쉽게 되돌아갈 수 있다.

공포증에 반하는 행동을 반복적으로 하지 않는 한 공포증을 없애기도 힘들다. 만일 누군가에게 친근하게 다가가는 것이 불안해서 그런 행동을 피한다면, 이 '두려운' 상황에서 도망칠 때마다 무의식적으로 자신의 공포증을 더 키우는 셈이다. '두려운' 상황에서 도망치면서 자신이 무슨 생각을 하고 있는지 깨닫든 깨닫지 못하든 다음과 같이 생각하는 것이다. "거절당하면 끔찍할 거야! 다시 시도하기 전에 상대가 나를 받아들일 것이라는 확신이 필요해." 그래서 두려움이 더욱 커진다.

반면 거절에 대한 두려움에도 불구하고 계속 친근하게 접근한다면 '끔찍한' 일 따위는 일어나지 않는다는 사실을 알게 되어 공포증을 이겨내는 데 큰 도움이 될 것이다.

대부분의 신경증적 문제를 두 가지 주요 항목으로 분류한다면 (a) 자아 장애(자기비하), (b) 불편 장애(좌절인내력 부족)로 나눌 수 있다.

자아 장애는 "나는 반드시 잘해서 다른 사람들에게 인정받아야 해. 그러지 못하면 못나고 가치 없는 사람이야"라고 강력히 믿을 때 나타난다. 이것은 과대망상이다. 특별하고 뛰어나고 완벽하고 초인적인 존재가 되어야 한다고 스스로에게 요구하기 때문이다. 물론 이런 조건을 갖춘 사람은 거의 없을 것이다!

불편 장애를 뒷받침하는 주된 철학도 다음처럼 절대적이다. "나는 욕구와 관심사가 충족되어야 하는 특별한 사람이므로 다른 사람들은 정확히 내가 원하는 것을 줘야 하고, 내 요구를 충족시킬 수 있도록 상황도 말끔하게 정돈되어 있어야 해. 그렇지 않으면 끔찍하고 견딜 수 없으며 인생은 살 가치가 없을 거야!"

그러므로 불편 장애를 일으키는 주된 생각은 "내 인생은 순탄해야 하고 사람들은 내가 진정 바라는 것을 모두 나에게 주어야 해"라는 것이다. 이것은 다음과 같은 비합리적 신념으로 이어질 수 있다. "삶을 완전히 만족스럽게 만들려면 나는 뭐든지 잘해야 하고 모든 중요한 사람들에게 늘 사랑받아야 해!" 이런 생각은 좌절인내력을 떨어뜨린다. 그 생각은 자아에도 영향을 미친다. "나는 편안한 삶을 살아야 하고 완벽해야 하며 사람들과 상황은 항상 나, 바로 나를 중심으로 돌아가야 해!"라고 주장하기 때문이다.

심리치료에서 좌절인내력이 중요한 이유

심리치료에서 좌절인내력이 왜 중요할까? 원래 자신을 얼마나 괴롭혔든 자신이 화가 났다는 것을 알 때는 어떤 신념이 자신을 화나게 했는지 알고 있으며 그것에 대해 무엇을 할 수 있는지 알고 있다. 그런데 좌절인내력이 낮은 사람은 자신을 괴롭히는 원인을 없애려고 노력하기를 마다하고 거의 항상 "견딜 수 없다"는 생각의 희생자가 되기 때문이다.

예컨대 낭신이 면섭 보는 것을, 특히 면접에 떨어지는 것을 불편하게 느낀다는 것을 알고 있고, 또 불편함과 고통을 큰 불안으로 확대시키는 비합리적 신념이 있다는 것을 깨달으면 합리적 정서행동치료를 통해 불안을 이겨낼 수 있다. 즉 거절당하는 것은 견딜 수 있고, 불편함은 불편하지만 최악은 아니라고 자신을 강하게 설득하는 것이다.

하지만 비이성적인 생각을 강력히 믿고 있을 때는 이런 분별 있는 생각을 자신에게 확신시키기 위해 무던히 노력해야 할 것이다. 그러므로 불안을 일으키는 생각을 바꾸는 방법을 알고 이를 활용하는 것이 중요하다. 불안을 극복하고 다시는 재발하지 않을 때까지 꾸준히 노력해야 한다. 또한 아무리 불편하더라도 면접에 대한 두려움이 점차 줄어들 때까지 면접을 많이 보는 것이 좋다.

불안을 극복하기 위해 진정한 노력을 기울이는 대신 불안에 빠져 있을 때는 낮은 좌절인내력(불편 장애)에 굴복하는 셈이다. 또한 일시적으로 불안을 느끼지 않게 되었다가도 그 상태를 유지하는 것을 거부할 때도 낮은 좌절인내력에 희생되는 것이다.

낮은 좌절인내력은 종종 불안과 우울증으로 이어진다. 그런데 우리는 불안정한 감정을 떨쳐버릴 수 있는데도 그 감정을 유지할 때가 훨씬 더 많다. 좌절인내력을 개선하기 위해서는 기분이 어떻든 어려운 일을 당장 실행하는 것이 좋다. 마음 졸이지 말고 지금 당장 해치우는 것이다. 그 일이 하고 싶어질 때까지 기다리지 않도록 하자. 쇠뿔도 단김에 빼야 한다!

지나치게 힘든 일을 하도록 자신을 채찍질하면서 낮은 좌절인내력을 극복하도록 애쓰는 것이야말로 (이를 극복하기 위해 노력하는 데 진짜 노력을 필요로 해서는 안 된다는 생각에 모순되는) 진퇴양난의 상황이 아닐까? 맞는 말이다. 하지만 진퇴양난의 상황은 우리 머릿속 생각에서 비롯된 것으로 그 자체는 존재하지 않는다는 사실을 잊지 말자. 그것이 주로 우리 머릿속 생각에서 비롯된 것이라면 따지고 반박해서 극복할 수 있다.

낮은 좌절인내력에 따른 진퇴양난의 상황으로 이끄는 모순은 다음과 같다.

1. "내가 원하는 장기적인 이익을 얻기 위해 너무 열심히 일하고 싶지 않아. 내 행복을 위해 열심히 일하는 것은 너무 힘들어. 즉 각적인 만족이 필요해."
2. "낮은 좌절인내력을 이겨내고 장기적으로 즐겁게 살기 위한 유일한 방법은 열심히 노력하는 것에 대한 내 편견을 극복하기 위해 열심히 노력하는 것뿐이야."

이 모순을 이겨내기 위해 활용할 수 있는 합리적 대답은 다음과 같다. "그래, 원하는 것을 얻기 위해 노력하고, 더 큰 즐거움을 얻으려고 즉각적인 만족을 미루는 것은 아주 힘들어. 하지만 그러지 않으면 훨씬 더 힘들 거야. 단기적인 이득은 미래에 오래 지속되는 고통을 가져올 때가 많아. 안타깝지만 대개 그런 식이잖아. 물론 낮은 좌절인내력을 이겨내기 위해 노력해야 해. 이겨내지 못하면 너 많은 노력이 필요하고 고통도 길어질 거야."

"누구도 내게 장밋빛 미래를 약속하지 않아. 사람들이 내게 장밋빛 미래를 열어줘야 한다고 고집하다가 결국 나는 더 많은 가시에 찔리게 될 거야!"

다시 'REBT 통찰 9'를 살펴보자. 불행한 감정을 떨쳐내고 멀리하기 위해서는 거의 항상 노력하고 실천하는 수밖에 없다. 통찰만으로는 충분하지 않다. 감정을 인식하고 표현하는 것만으로는 더 멀리 나아가지 못할 것이다.

자신의 비합리적 신념에 수천 번 이의를 제기하고 반박해야 한다. 합리적 신념에 도달하고 그것을 수없이 여러 번 머릿속에 새겨보자. 몇 번이고 자신의 감정을 어루만지고 느끼고 때로는 표현해보자. 불안정한 생각과 감정에 거듭 맞서보자. 그리고 필요하다면 몇 달, 몇 년이 걸리더라도 수없이 반복해보자! 살아가면서 때때로, 꾸준히 실천하자!

그런 의미에서 'REBT 통찰 9'를 다르게 표현할 수도 있다.

REBT 통찰 9 "자신을 변화시킬 수 있는 마법처럼 쉬운 방법은 이 세상에 없다."

낙관주의와 희망만으로는 불가능할 것이다. 기도와 애원도 헛일이다. 다른 사람의 지지와 사랑을 받는다고 해서 달라지지는 않을 것이다. 이 책을 읽는 것만으로는 안 된다. 이 모든 것들은 기분이 나아지게 하는 데 도움이 될 수 있다. 그중 일부는 더 나아지기 위해 무엇을 해야 하는지 알려줄 것이다. 하지만 자신을 바꿀 수 있는 것은 결국 자기 자신뿐이다. 즉 자신을 바꾸는 건 자기 자신과 자신의 꾸준한 노력뿐이다.

합리적 정서행동치료 원칙을 다음 두 가지 주요 방식으로 노력과 실천에 활용하면 심각한 불안, 우울, 불행한 감정을 느끼는 것을 멈출 수 있다.

1. 이 책과, 다른 합리적 정서행동치료 안내서에서 설명하는 생각, 감정, 행동에 관한 다양한 REBT 기법을 활용한다. 각각의 기법을 충분히 시도해보자. 한 가지 방법이 효과가 없다면 계속해서 또 다른 방법을 시도하자. 한 가지 방법이 효과가 있더라도 다른 REBT 기법도 계속 시도해본다.
2. 각각의 합리적 정서행동치료법을 여러 차례 시도한다. 그중 한 가지 방법이 한동안 효과가 있다면 거기에 담긴 메시지가 뇌리에 박히도록 몇 번이고 반복해서 활용하자. 몸에 익은 뒤에도 잊어버리지 않도록 때때로 복습하자!

REBT 과제 계획을 실행해야 하나

40세의 여행사 직원 파블로는 합리적 정서행동치료 원칙과 실천 방법을 잘 이해하고 있었다. 가까운 친구들, 그리고 내가 금요일 밤에 정기적으로 운영하는 '일상문제 워크숍' 지원자들에게 그 방법을 자주 활용했다. 나에게 감정 문제를 털어놓은 지원자들에게 훌륭한 합리적 제안을 내놓곤 했다. 그는 (일주일에 몇 번씩) 다른 사람에게 화가 날 때마다 한 시간 넘게, 때로는 온종일 분노가 끓어올랐지만 합리적 정서행동치료로 그런 행동을 극복하고 다시 글 쓰는 일에 집중해서 훌륭한 미국 희곡작품을 쓸 수 있었다.

파블로는 합리적 정서행동치료에 대한 지식 덕분에 자신이 어떻게 비합리적 신념으로 분노를 만들었는지 알고 있었다.

"사람들은 저렇게 한심한 행동을 하지 않아야 해! 정말 가망 없는 멍청이들이야."

"나를 사랑한다고 말하는 아내는 그렇게 이기적이고 무심하지 않아야 해! 정말 못된 위선자야!"

또한 파블로는 자신의 2차적 문제와 그 이면에 있는 비합리적 신념을 인식했다. 다른 사람에게 분통을 터뜨릴 때마다 자신을 미워하는 것도 알고 있었다. 자신을 비하하는 생각도 짚어냈다. "이렇게 유치하게 화내지 말았어야 해! 분노를 삭이지 못하는 내가 정말 바보 같아. 역겨워!"

파블로는 쓸데없이 분노하고 자신을 비하했다는 사실을 인식하고 있었음에도 불구하고 자주 그런 불행한 감정에 빠져서 극본 쓰기와 인간관계를 망쳤다. '지독하게 멍청한' 사람들과 여러 차례 주먹싸움에 휘말리기도 했다. 그의 아내는 자신과 다른 사람들에 대한 남편의 폭발적인 분노 때문에 끊임없이 헤어지자고 했다. 게다가 그의 극본은 전혀 완성될 기미가 보이지 않았다.

파블로는 합리적 정서행동치료 과제 수행에 여러 차례 실패한 뒤 자신이 속한 치료집단 환자들과 함께 다음과 같은 계획을 실천했다. 그는 한 달 동안 합리적 정서행동치료를 (그저 이해만 하는 게 아니라) 활용하는 데 하루에 두 시간 이상 쏟아부었다. 특히 다른 사람에게 분노를 쏟아낸 어리석은 자신을 온전히 받아들이려고 노력했다.

1. 매일 10분 이상 자신의 비합리적 신념을 맹렬하게 적극적으로 반박했다. "이렇게 어리석게 화내지 말고 더 나은 방법을 알아야 해!"

2. 어리석은 행동을 하는 자신을 완전히 받아들일 때까지 반박하기를 지속했다.

3. 매일 적어도 15번 이상 합리적 신념을 강력히 되뇌었다. "인간은 실수할 수 있는 존재니까 나는 종종 어리석게 행동하고 때로는 바보같이 화를 낼 거야. 안타까운 일이야!"

4. 자신을 비하할 때의 불이익을 목록으로 만들어 하루에 다섯 번 이상 읽고 생각했다.

5. 하루에 한 번 이상 REBT 수치심 제거 연습을 했다. 스스로 '창피하게' 또는 '어리석게' 여기는 행동을 많은 사람들 앞에서 억지로 했고(지하철에서 목청껏 노래 부르기 등), 그런 행동을 할 때 굴욕감이나 모멸감을 느끼지 않으려고 애썼다.

6. 완벽주의와 자괴감을 물리치는, 합리적이고 익살스러운 노래를 매일 몇 차례씩 불렀다. 유명한 멜로디에 내가 가사를 개사해 붙였는데, 예를 들면 다음과 같다.

완벽한 합리성

어떤 이는 세상에 분명 옳은 방향이 있다고 믿지,

나도 그렇지! 나도 그렇지!

어떤 이는 조금만 불완전해도

그냥 지나칠 수 없다고 믿지, 나도 그렇지!

내게 신기한 통찰력이 있다는 걸 보여주려면

그리고 언제나 위대한 사람으로 평가받으려면

내가 초인이라는 걸 증명해야 해.

남보다 훨씬 잘난 사람이라는 걸!

완벽한, 완벽한 합리성!

당연히 내겐 이것밖에 없지!

내가 잘못 살아야 한다면

어떻게 존재를 생각할 수 있지?

내게 완벽한 합리성!

- 멜로디: 루이지 덴차(Luigi Denza)의 〈푸니쿨리 푸니쿨라〉(나폴리 민요)
- 가사: 앨버트 엘리스

파블로는 자신의 분노와, 분노를 없애려고 충분히 노력하지 않은 자신을 비하했다고 스스로를 저주한 2차적 문제를 해소하려고 끊임없이 노력하는 동시에 1차적 문제인 분노도 개선하려고 노력했다. 그는 "사람들은 그렇게 어리석지 않아야 하며 아내는 덜 이기적으로 행동하고 더 배려해야 한다"는 비합리적 신념을 인정하고(치료집단의 도움으로) 다음과 같은 REBT 과제 계획을 실행했다.

1. 매일 10분 이상 자신의 비합리적 신념을 맹렬하게 적극적으로 반박했다.

2. 매일 15번 이상 다음과 같은 합리적인 '자기 다짐'을 깊이 새겼다. "어리석게 행동하는 것은 사람의 본성이므로 그들은 종종 그렇게 행동할 수밖에 없어." "아내는 때때로 이기적이고 무심할 거야. 나보다 자신에게 더 큰 관심을 쏟을 권리가 있어!"

3. 남과 주먹싸움에 휘말릴 때마다, 아내에게 소리 지를 때마다 100달러를 기부하는 벌칙을 스스로에게 부과했다.

4. 합리적·정서적 상상하기를 하루에 한 번 이상 연습했다. 사람들이 어리석게 행동하는 모습을 상상하고 자신이 그들의 행동에 매우 화가 난 모습을 상상한 다음, 화내지 않고 실망이나 불만만 느끼도록 노력한 것이다.

5. 매일 화가 난 감정을 조롱하는 합리적이고 익살스러운 노래를 여러 곡 지어서 부르고 그에 대해 생각했다.

파블로는 생각하고 느끼고 행동하는 과제를 성실히 실천했다. 가끔 REBT 과제를 하지 못했을 때는 자책하지 않기 위해 무척 노력했다. 자신의 성과만 비판했을 뿐 자아 전체를 비판하지는 않았다.

파블로는 REBT 과제를 실천한 덕분에 화를 내는 횟수가 한 달에 두세 번으로 줄었다. 화를 낼 때마다 자신이 화를 냈다는 사실을 재빨리 인정하고 5분에서 10분 만에 분노에서 벗어났다. 그리고는 자신을 화나게 한 비합리적 요구를 몇 분 만에 찾아내서 적극적으로 반박하고 없애는 데 성공했다. 가끔 느슨해져서 한 시간 넘게 화를 내기도 했지만, 보통 분노가 10분을 넘기지 않았고 대개 2~3분 만에 가라앉았다.

파블로는 '분노 조절 프로그램'을 통해 시간과 에너지를 아낄 수 있어 만족스러워했다. 더 이상 분노와 짜증에 빠져 시간을 낭비하지 않았고, 매주 글쓰기에 더 많은 시간을 쏟을 수 있었다.

자신을 방해하는 생각과 행동을 고치려 노력하는 데 만능해결책은 없다. 치료를 열심히 받고 REBT 과제를 꾸준히 실천해야 한다고 스스로에게 말하는 것은 오히려 해로울 수 있다. 그리고 어떻게 해서 화가 나는지, 어떻게 하면 그런 행동을 멈출 수 있는지 이해하는 것만으로 충분하지 않다. 그 열쇠는 합리적 정서행동치료를 이용해 불행을 최소화하도록 열심히 노력하는 것이다. 이것이 마법의 열쇠는 아니지만, 어떤 상황에서도 불행을 자초하는 것을 단호히 거부할 수 있는 실용적인 열쇠가 될 것이다.

REBT 연습 14

이 연습을 위해 비합리적 신념 반박하기(DIBS) REBT 양식을 채울 수 있다. 자세한 설명은 이 책 뒷부분에 실린 '부록 3'에 나와 있다.

비합리적 신념 중 하나를 선택해 몇 가지 중요한 반박 질문을 자신에게 던진 다음 실제로 그 신념을 포기하고 그 신념이 틀렸다는 것을 강하게 믿고 느끼게 될 때까지 노력하자.

당신이 가진 비합리적 신념을 반박하는 질문에는 다음과 같은 여섯 가지 예가 있다.

1. 반박해서 없애고 싶은 비합리적 신념은 무엇인가?
2. 이 신념을 합리적으로 증명할 수 있는가?
3. 이 신념을 반증할 증거를 찾을 수 있는가?
4. 이 신념이 참이라는 증거가 존재하는가?
5. 이 신념을 버리고 이에 반하는 행동을 할 때 실제로 나에게 일어날 수 있는 최악의 사건은 무엇인가?
6. 이 신념을 버리면 어떤 좋은 일이 일어나는가, 또는 일어나도록 만들 수 있는가?

불안정한 생각, 감정, 행동을 바꿀 때까지 열심히, 꾸준히 REBT 연습을 실천하고 노력하는 것에 대해 좌절인내력이 낮은 편이라면 다음과 같은 '비합리적 신념 반박하기 기법'을 이용해 개선할 수 있다.

1. 반박해서 없애고 싶은 비합리적 신념은 무엇인가?

예시 답변 "합리적 정서행동치료를 통해 나를 바꾸는 건 힘들지 않고 쉬워야 해! 그런 수고를 감내하는 것은 너무 힘들어. 아무도 나를 위해 그 일을 해주지 않는다니 최악이야!"

2. 이 신념을 합리적으로 증명하거나 뒷받침할 수 있는가?

예시 답변 "그럴 수 없다."

3. 이 신념을 반증할 증거를 찾을 수 있는가?

예시 답변 "꽤 많은 증거가 있다(a~f)."

a. "합리적 정서행동치료를 통해 나 자신을 바꾸려고 열심히 노력하면 안 될 이유는 없다. 힘들게 애쓰지 않아도 되는 일이라면 나를 바꾸는 것은 아주 쉬울 것이다. 하지만 누가 봐도 이 일은 쉽지 않다. 그러니 나를 바꾸고 싶다면 꾸준히, 열심히 노력하는 편이 훨씬 낫다는 것을 인정하자."

b. "합리적 정서행동치료를 이용해 나를 바꾸는 것이 쉬워야 한다는 근거는 어디에도 없다. 오로지 내 거창한 소망과 어리석은 머릿속에만 있을 뿐이다. 내가 쉽게 바뀌는 것이 아무리 바람직하더라도 바란다고 해서 저절로 이뤄지지는 않는다."

c. "합리적 정서행동치료로 나를 바꾸려고 노력하는 것이 어떻게 너무 힘든 일인가? 아주 힘들 수는 있지만 불가능할 정도로 힘들지는 않다. '너무 힘들다'고 말하는 것은 마법 같은 사고에 기대는 것이다. 내 바람보다 더 힘들어서 '너무' 힘들다는 뜻이기 때문이다. 이것은 내가 쉬웠으면 하고 바라는 모든 일이 정말 쉬워야만 한다고 말하는 것이며, 내가 이 세상을 운영한다는 뜻이다. 정말 그런가? 그럴 리는 없다!"

d. "합리적 정서행동치료로 나를 바꾸는 것은 힘든 일이다. 그런데 원래 힘든 일이라는 이유로 내가 지금 이토록 힘들어야 하나! 정말 힘들다. 얼마나 힘든 일인지 안다고 해도 힘들기는 마찬가지다."

e. "물론 나를 바꾸는 것은 힘든 일이지만 바꾸지 않으면 훨씬 더 힘들다는 사실을 직시해야 한다. 평소의 불안과 우울이 계속 남아 있고 어쩌면 영원히 지속될 수도 있다. 그것이 얼마나 힘든지 알지 않는가!"

f. "누군가 나를 쉽게 변화시키지 않으면, 또는 나 대신 REBT를 실천해서 나를 변화시키지 않으면 끔찍하다는 증거가 어디에 있는가! 내가 사용하는 '끔찍하다'는 말은 나쁜 것 이상을 의미하므로 정말 끔찍하다는 뜻은 아니다. 나를 바꾸기 위해 REBT를 실천해야 하는 것이 나쁘거나 불편한 일일 수 있지만, 그 불편함이 101퍼센트 또는 120퍼센트 나쁘다고는 할 수 없다. 99퍼센트에 가깝다고 보기도 힘들다. 더 나쁘게 볼수록 내가 부여한 불쾌감이 더욱 부풀려지고, 나는 더 큰 좌절감을 느껴서 나를 바꾸는 데 더 큰 걸림돌이 될 것이다. 그러므로 그것을 그냥 나쁘거나 불편한 것으로 보는 게 낫다."

4. "합리적 정서행동치료로 나를 바꾸는 것은 힘들지 않아야 한다"는 비합리적 신념이 참이라는 증거가 있는가?

예시 답변 "내가 아는 한 없다. 나를 바꾸려고 노력하는 것은 힘든 일이고, 현실이 그러하므로 지금은 힘들 수밖에 없다는 증거는 꽤 많다. 하지만 합리적 정서행동치료를 알고 있고, 그것이 얼마나 좋은지 생각하는 것만으로 쉽고 빠르게 변화할 수 있다면 정말 좋겠지만 그런 행운은 세상에 존재하지 않는다. 지금 REBT를 열심히, 꾸준히 실천하다 보면 나중에 쉽게 저절로 이뤄질 수 있을 것이다. 하지만 지금은 이것이 힘든 일이므로 힘들 수밖에 없다. 따라서 더 나은 방법이 없다면 더 큰 번거로움을 만들지 않고 REBT 과제를 순순히 실천하는 편이 나을 것이다."

5. "REBT로 나를 바꾸려고 노력하는 게 너무 힘들다"는 신념을 버리면 실제로 나에게 일어날 수 있는 최악의 사건은 무엇인가?

예시 답변

a. "나는 REBT를 계속 실천할 것이고, 이것은 아주 귀찮은 일이 될 것이다. 그러므로 이 일이 가장 골치 아픈 일이라고 할 수 있다! 하지만 그렇게 노력하지 않으면 지금 겪고 있는 모든 번거로움과 장애를 계속 끌어안고 있게 될 것이고, 어쩌면 평생 그렇게 살아갈 수도 있다!"

b. "문제를 극복하기 위해 REBT를 활용하지 않고 노력도 하지 않으면 그 문제는 그대로 남아 있을 뿐만 아니라 더 커질 것이다. 그러면 훨씬 더 힘들어질 것이다. 하지만 아무 노력도 하지 않아서 문제가 더 커지더라도 불편하고 불쾌할 뿐이다. 여전히 끔찍하지는 않

을 것이며, 평소보다 더 나쁘거나 전적으로 나쁘지도 않을 것이다. 그저 상황이 나쁠 뿐이다!"

c. "REBT를 실천할 때 일어날 수 있는 최악의 사건은 내가 전혀 나아지지 않고 모든 노력이 헛수고가 되는 것이다. 하지만 적어도 내가 나아지려고 최선을 다했다는 것은 알 수 있을 것이다. 그런 노력과 시도 없이는 내가 얼마나 나아질 수 있는지 가늠할 수조차 없을 것이다. 그러므로 그렇게 노력해서 내가 얼마나 잘할 수 있는지 확인하는 게 낫다."

d. "REBT를 실천했는데 전혀 나아지지 않더라도 좌절과 고통을 안고 그냥 살아갈 수 있다. 노력하면 분명 어느 정도 나아질 것이므로 그럴 가능성은 낮다. 하지만 전혀 나아지지 않더라도 어쩔 수 없다. 인생에서 무슨 일이 일어나든(일어나지 않든) 그저 귀찮고 불편한 일일 뿐이다. 불편하다고 투덜거리고 소리 지르지 않는다면 그 자체로 불필요한 귀찮음을 덜 수 있을 것이다. 그러므로 노력하는 게 낫다."

6. 내 문제에 REBT를 적용하면 어떤 좋은 일이 일어나거나, 일어나도록 만들 수 있는가?

예시 답변

a. "REBT를 활용하면 정말 문제를 극복할 수 있다. 지금은 불안하고 우울하지만 REBT를 활용하면 불안과 우울이 훨씬 줄어들 수 있다. 또는 불안과 우울을 완전히 떨쳐낼 수 있을 것이다."

b. "이 문제에 대한 낮은 좌절인내력을 극복하면 보다 포괄적으로 절제할 수 있게 되어 과식이나 미루는 습관 등 삶의 다양한 측면에서 좌절인내력을 키울 수 있다."

c. "REBT를 열심히 실천하고, 미래의 이익을 위해 현재의 즐거움을 포기하면서 삶을 살아가는 것은 나에게 큰 도전이다. 어느 정도의 박탈을 겪으면서도 화내지 않으려는 도전은 내가 인생에서 시도할 수 있는 최고의 도전이다."

d. "낮은 좌절인내력을 개선하려고 노력하면 어떤 일을 성취하는 데 시간이 오래 걸리더라도 점점 더 나아질 것이고, 때로는 그 활동을 즐길 수도 있다. 그리고 자립심과 감정 통제능력이 점점 커가는 것을 알게 될 것이다. 내 삶을 스스로 운영하는 것보다 더 보람된 일은 없다."

비합리적 신념을 가볍게 반박하면 바꾸지 못할 것이다. 그러므로 강력하고 끈질기게 반박하고 그것이 거짓임을 스스로 납득해야 한다. 부정적인 생각에 더 단호하게, 더 자주 이의를 제기하고 반박할수록 더 빠르고 완벽하게 그 생각이 만들어내는 부정적인 감정을 크게 줄이고 멀리할 수 있다.

C H A P T E R   15

REBT 통찰 10

신념, 감정, 행동을
바꾸기

"극도로 부정적인 생각에
더 단호하게, 더 자주 이의를 제기하고
반박할수록 더 빠르고 완벽하게
그 생각을 없앨 수 있다."

- 앨버트 엘리스 -

더 단호하게, 더 자주 이의를 제기하라

생각, 감정, 행동은 가볍게 또는 강하게, 부드럽게 또는 격렬하게 표현할 수 있다. 상실을 겪을 때 가볍게 또는 격하게 슬퍼할 수 있다. 운동을 격렬하게 또는 가볍게 할 수 있다. 흡연이나 과식 습관에 심하게 또는 적당히 중독될 수도 있다.

생각도 약하거나 강할 수 있을까? 로버드 아벨슨(Robert Abelson), 로버트 자욘스(Robert Zajonc)를 비롯한 여러 심리학자들은 그렇다고 말한다. 수년 전 아벨슨이 지적했듯이 사람은 '차가운' 인식과 '뜨거운' 인식을 가질 수 있다. 합리적 정서행동치료에 따르면 '뜨거운' 생각은 '차가운' 생각보다 더 많은 영향을 미치고, 더 강력한 감정을 만들어낸다.

취업을 위해 시험에 합격해야 한다면 "이런 직업은 시험을 치러야 하는 경우가 많아"라는 차가운 생각을 할 수 있다. 차갑고 설명적인 생각은 감정을 거의 또는 전혀 느끼지 않게 할 것이다.

시험과 직업에 대해 따뜻하거나 우호적인 생각(합리적 정서행동치료에서 합리적 신념에 속한다)을 할 수도 있다. "이 시험에 합격해서 꼭 취직하고 싶어. 시험이 너무 어려워 보이지 않아서 좋아." 이런 따뜻한 생각은 낙관적인 마음을 갖게 하고, 시험을 잘 치르는 데 도움이 될 것이다.

마지막으로 뜨겁거나 매우 비판적인 생각도 할 수 있다. "이 시험을 통과하고 취직해야 인생을 즐기고 나 자신을 좋은 사람으로 받아들일 수 있어! 시험이 생각보다 어려워서 떨어진다면 끔찍한 일이고, 나는 절대 번듯한 직장을 구하지 못할 멍청이라고 증명하는 셈이 될 거야!" 이것은 뜨거운 생각(합리적 정서행동치료에서 비합리적인 신념에 속한다)으로 극심한 불안을 느끼게 하고, 시험을 잘 치르는 데 방해가 될 수 있다.

우리가 갖는 어떤 뜨거운 생각은 강하고 엄격하고 강렬한 반면, 또 어떤 뜨거운 생각은 가볍고 덜 생생하다. 우리는 시험에 꼭 붙어야 하고 그렇지 못하면 정말 한심한 사람이라고 (a) 이따금 또는 항상, (b) 막연히 또는 간절히, (c) 가볍게 또는 강하게, (d) 단조롭게 또는 생생하게, (e) 살며시 또는 요란하게, (f) 제한된 방식으로(하나의 상황에 대해) 또는 일반적으로(많은 상황에 대해) 믿을 수 있다.

보다시피 뜨거운 생각에는 다양한 종류의 '온도'가 있다. 따뜻한 생각과 달리 뜨거운 생각은 아주 강렬한 감정, 특히 불안정한 감정을 만든다. 뜨거운 생각은 해로운 감정과 행동을 부추길 때가 많으며, 이런 감정과 행동은 더 오래 지속되고 바꾸기도 더 힘들다.

중요한 시험에 항상 합격해야 하고 지원하는 직장마다 붙어야 한다고 광적으로 믿고, 어떤 식으로든 실패하면 자신이 가망 없는 멍청이라고 믿는다면 시험이나 면접 보러 갈 때 극도로 불안해질 것이다. 이런 불안은 삶 전체를 방해할 수 있으며, 여기에서 벗어나는 데 기나긴 시간이 걸릴 수 있다. 또한 극심한 혼란과 불편함을 느끼고 두려움에 떨게 될 수도 있다. 그러면 '불안에 대한 불안'이라는 강한 2차적 증상이 나타난다.

뜨거운 생각은 강렬하고 지속적인 불안과 우울을 유발하므로 'REBT 통찰 10'이 필요하다.

> **REBT 통찰 10**
>
> "비합리적 신념을 가볍게 반박하면 바꾸지 못할 것이다. 그러므로 강력하고 끈질기게 반박하고 그것이 거짓임을 스스로 납득하는 편이 낫다."

예를 들어 비합리적인 신념을 반박하는 단계에서 "왜 항상 중요한 시험에 꼭 붙어야 하는가?"라고 스스로에게 묻는다면 다음과 같이 강력하게 대답하는 게 좋다. "꼭 그럴 필요는 없어! 나는 시험에 합격하고 싶으니까 그러기 위해 열심히 노력할 거야. 하지만 떨어지면 떨어지는 거지, 뭐. 나는 이 직장을 정말 원하지만 절대적으로 필요로 하지는 않아. 합격하지 못해도 (합격한 것만큼은 아니지만) 행복할 수 있어. 이 시험에 떨어지더라도 다른 시험에 붙어서 다른 직장을 구할 수 있어. 나는 이번에 실패한 사람일 뿐이지 가망 없는 실패자가 되는 것은 아니야!"

극도로 부정적인 생각에 더 단호하게, 더 자주 이의를 제기하고 반박할수록 더 빠르고 완벽하게 그 생각을 없앨 수 있으며, 그 생각이 만들어내는 불안정한 감정을 크게 줄이고 멀리할 수 있다.

그러므로 REBT 통찰 10을 다시 살펴보자. 당신을 불안하게 하는 (그리고 불안에 대한 불안을 불러오는) 비합리적 신념을 추적할 때 당신은 비합리적 신념에 합리적인 대답을 강력히 제시하는 열정적인 과학자가 될 수 있다.

비합리적 신념을 맹렬히 반박하라

톰의 사례를 살펴보자. 그는 키가 크고 잘생긴 35세의 성공한 의사였다. 매력적인 여성들과 끊임없이 사랑에 빠졌지만 이내 상대를 싫증나게 했다. 그 여성들은 톰이 너무 불안정하고 애정 결핍이라고 생각했다. 애정이 결핍된 사람을 원하는 사람은 거의 없다. 톰이 만난 여성들도 마찬가지였다.

톰은 합리적 정서행동치료를 이해했고, 자신이 매력적인 여성을 만났을 때 어떻게 스스로를 불안정하게 만들었는지 정확히 알았다. "나는 그녀를 깊이 사랑하고 그녀도 나와 똑같은 감정을 느껴야만 해. 그렇지 않다면 나의 박탈감이 너무 클 거야. 꼭 반드시 그렇게 돼야 해!"

이런 강박적인 사고를 알아채고, 또 아는 것만으로는 소용이 없음을 이해한 톰은 합리적 정서행동치료를 통해 이런 사고를 물리치기 위해 자신에게 계속 물었다. "왜 내가 좋아하는 여성을 쟁취해야만 하지? 꼭 그녀의 마음에 들어야 할까? 그녀의 사랑이 없으면 내가 죽기라도 할까?"

그는 이런 '반박하기'에 올바르고 합리적인 답변을 제시했고, 어느 정도 노력도 했다. 하지만 이내 심한 애정 결핍과 불안정한 상태로 되돌아갔다.

나는 톰에게 자신과 합리적인 대화를 나누고 그 대화를 녹음하라는 REBT 과제를 내주었다. 그는 그 과제를 하려고 노력했으며, 얼마 뒤 녹음테이프를 사서왔다. 그 테이프에는 특별한 여성의 사랑을 얻어야 한다는 자신의 비합리적 신념을 멋지게 반박한 내용이 담겨 있었다.

하지만 집단치료에서 그 내용을 들은 다른 환자들과 나는 그의 주장이 훌륭하긴 했지만 어조가 우유부단하다고 판단했다. 톰은 자신의 애정결핍을 반박하는 합리적 질문들을 알고 있었지만 확실히 믿지는 않았다.

그래서 나는 톰에게 비합리적 신념을 더욱 맹렬히 반박하라고 요청하면서 다시 녹음하라고 했다.

하지만 두 번째 녹음테이프는 첫 번째보다 어조만 조금 더 단호해졌을 뿐이었다. 그는 여전히 사랑에 서툴렀다.

그의 세 번째 테이프는 훨씬 나았다. 그 일부는 다음과 같이 진행되었다.

- 비합리적 목소리: "몇 년 만에 만난 최고의 상대인 코라가 나를 사랑하지 않는다면 어떤 멋진 여성이 나를 사랑하겠어? 아무도 없을 거야!"
- 합리적 목소리: "아무도 없다고? 헛소리하지 마! 만날 수 있는 멋진 여성이 그렇게 많은데? 분명 나를 좋아하는 여성도 있을 거야. 나를 좋아하는 게 바보 같더라도!"

- 비합리적 목소리: "하지만 그들이 단지 어리석어서 나를 좋아하는 거라고 생각해봐. 그건 내가 매력 없는 얼간이라는 뜻일 거야!"
- 합리적 목소리: "말도 안 돼! 최악의 경우에 안타깝게도 내가 장점이 부족하다는 것이 입증될 수 있어. 하지만 완전히 매력 없는 사람이라는 뜻은 절대 아니야. 나를 원하는 여성이 전혀 없다고 해도 그게 내가 얼간이라는 뜻도 아니야. 나는 단지 그 문제에서 실패를 겪었을 뿐이야."

- 비합리적 목소리: "그래, 무엇보다 중요한 문제지. 그러니까 나는 정말 형편없는 실패자가 될 거야!"
- 합리적 목소리: "아니, 사랑에 실패했을 뿐이지 모든 일에서 그렇지는 않아. 인생에 실패한 것도 아니고! 멋진 여성을 만나는 데는 실패했지만 내 삶의 실패자는 아니야!"

- 비합리적 목소리: "또 합리화하네! 진정한 사랑을 얻지 못하면 인생에 무슨 의미가 있어? 대단한 의사 났셨네. 쳇!"
- 합리적 목소리: "그래, 나는 좋은 의사가 되고 싶어. 운동도 잘하고 싶고 좋은 책도 많이 읽고 싶어. 좋은 배우자를 만나지 못하더라도 내가 즐길 수 있는 일들은 많아."

- 비합리적 목소리: "영원히 만나지 못하더라도?"
- 합리적 목소리: "그래, 영원히 못 만나더라도! 임마누엘 칸트는 평생 짝을 만난 적이 없고 어쩌면 데이트도 한 번 안 해봤을걸. 그러고도 잘 살았어! 사랑 없이 행복하게 산 다른 뛰어난 사람들도 많았어. 하지만 그들과 상관없이 나는 행복할 거야! 스스로 '매력 없는' 존재라고 징징거리는 것을 멈추기만 한다면!"

톰은 스스로 허튼소리라고 일축한 비합리적 신념을 열띠게, 강력하게 반박하는 요령을 터득하자마자 그 과정을 여러 차례 반복하기 시작했다. 톰이 녹음한 위의 대화를 들은 집단치료 참가자들과 나는 반박이 충분히 강력했다고 말해줄 필요도 없었다. 불안과 우울에서 벗어나 커다란 안도감을 느끼는 톰의 표정이 그 사실을 보여주고 있었다. 톰은 여전히 사랑을 갈망하기는 했지만 이내 절대적으로 필요한 것은 아니라고 깨달았다. 그리고 이후 몇 주 동안 그 상태를 유지했다.

톰은 스스로를 사랑에 서툰 얼간이라고 생각하지 않기 위해 치열하게 싸웠고, 그 결과 애정 결핍이 훨씬 덜해졌고, 4개월 뒤에는 거의 완전히 나아졌다. 그 덕분에 데이트했던 여성들은 종종 그를 계속 만나고 싶어 했으며, 그중 매력적인 여성 몇 명은 그와 결혼까지 하고 싶어 했다.

1년 뒤 그는 가장 좋아하는 여성과 함께 살기 시작했고, 3년 뒤에는 그녀와 결혼했다. 이제 그는 쓸모없는 감정을 적극적으로 몰아내는 방법을 아내에게 가르치고 있다.

버리고 싶은 비합리적 신념을 하나 선택하자. 그 신념을 붙잡고 있으면
자신을 심각하게 좌절시키는 것을 알았으니 한편으로는 가볍고 온건하
게 반박하고, 다른 한편으로는 격렬하고 강력하게 반박해보자.

비합리적인 신념을 적은 다음, 종이를 반으로 나누어 한 쪽에는 가볍
게 반박하고 이를 바꾸는 방법을 쓰고, 반대쪽에는 격렬하게 반박하고 이
를 바꾸는 방법을 쓰는 것이다. 또는 비합리적 신념을 녹음한 다음, 거기
에 담긴 자신의 목소리와 대화하는 방법도 있다. 비합리적 신념을 버리고
강력한 합리적 철학으로 바꾸는 데 실질적인 진전을 이루었다고 느낄 때
까지 온건하게 그리고 강력하게 이의를 제기하는 것이다.

글로 쓰는 반박은 다음과 같이 전개될 수 있다.

비합리적 신념

예시 "이 시험에 꼭 붙어야 해. 그렇지 않으면 내 경력 전체가 물거품
이 되고 평생 하찮은 일만 하면서 돈도 거의 못 벌게 될 거야. 그건 정
말 끔찍할 거야! 그러면 난 벌레나 다름없어."

위의 예시처럼 비합리적 신념을 종이에 써서 강력하게 반박하는 대신,
미리 녹음한 자신의 목소리와 가벼운 또는 강력한 대화를 나눈 뒤 녹음

된 강력한 주장을 확실히 믿고 느끼는 것으로 끝낼 수 있다. 예를 들어 다음과 같이 자신과 대화를 나눌 수 있다.

가벼운 반박과 합리적 답변

예시

"이 시험에 떨어지더라도 나중에 다른 시험에 응시해 합격할 수 있다. 그러니 왜 걱정하겠는가?"

"모든 경력이 물거품이 되지는 않을 것이다. 원하는 것을 얻는 과정에서 그 속도가 조금 더뎌질 뿐이다."

"조만간 이 시험에 합격해서 좋은 직장을 얻게 될 것이다."

"하찮은 일을 계속 한다고 해서 죽지는 않는다."

"평생 돈을 적게 벌더라도 그럭저럭 살아갈 수 있다."

"평생 돈을 많이 벌지 못하면 꽤 불편하겠지만 그렇다고 세상이 끝나지는 않는다."

"이 시험에 떨어져서 평생 돈을 적게 벌더라도 나는 실패한 사람일 뿐이지 참담한 낙오자는 아니다."

강한 반박과 합리적 답변

예시

"이 시험뿐만 아니라 다른 모든 시험에 실패하더라도 나는 여전히 좋은 일자리를 구할 수 있다. 만약 실패하더라도 어쩔 수 없는 일이다. 그래도 행복할 수 있다."

"모든 경력이 물거품이 되더라도 즐겁고 보수가 좋은 다른 직장을 구할 수 있다."

"언젠가는, 어쩌면 이번에 시험에 붙을 것이다! 어쨌든 나는 좋은 직장을 구하기로 굳게 결심했다."

"어떤 일을 하든 나는 그 일로 반드시 좋은 결과를 얻을 것이다. 혹여 그 일을 즐기지 못하더라도 인생의 다른 측면에서는 언제나 큰 즐거움을 찾을 수 있을 것이다."

"평생 돈을 적게 벌더라도 그럭저럭 살아갈 수 있을 뿐만 아니라 어떻게든 좋은 경험을 할 것이다. 돈이 중요하긴 하지만 분명 전부는 아니다."

"평생 돈을 조금밖에 벌지 못하면 아주 불편하겠지만 어떻게든 더 많이 벌려고 열심히 일할 것이다. 혹여 성공하지 못하더라도 지출을 줄이고 아주 적은 돈으로 살아가는 행복한 사람이 될 것이다!"

"인생에서 많은 시험에 떨어지거나 돈을 적게 벌더라도 나는 하찮거나 완전히 무능한 사람은 아니다. 항상 실수할 수 있는 인간이고 앞으로도 그럴 테지만, 어떤 면에서 아무리 못나게 행동하더라도 항상 나를 온전히 받아들일 수 있고, 인생에서 얻을 수 있는 모든 즐거움을 찾을 수 있다. 나는 나다. 내가 살아 있고 나 자신이라는 이유만으로 살면서 늘 최고의 시간을 보낼 자격이 있다. 그렇다면 어떻게 해야 그토록 좋은 시간을 보낼 수 있을까? 바로 노력하는 것이다!"

비합리적 신념

예시 "친구 노베르트가 내게 돈을 빌려가면서 빨리 갚겠다고 했다. 그런데 몇 개월이 흘렀지만 아직 돈을 갚지 않고 있다. 게다가 내가 그 돈을 그냥 주어서 마치 갚지 않아도 되는 것처럼 행동한다. 큰돈이 생기면 돈을 갚겠다고 말하지만, 내게 정말 빚이 있어서가 아니라 단지 마음에서 우러난 선의 때문에 갚을 생각이란다. 어떻게 내게 이럴 수 있을까? 정말 나쁜 녀석이다! 이것은 그가 선하지 않다는 뜻이다. 그는 가혹하게 저주받고 벌 받아 마땅하다. 나는 그 녀석에게 복수할 생각이다. 나를 함부로 대하면 안 된다는 것을 보여줄 것이다!"

예시 대화

- 비합리적인 나: "그는 어떻게 그런 짓을 할 수 있지?"
- 온건한 대답: "그냥 그럴 수 있어. 그는 종종 그렇게 행동하잖아. 이게 그 녀석의 문제야."
- 강력한 대답: "그 녀석은 쉽사리 그러고도 남아! 이런 식으로 행동하는 게 이번이 처음도 아니고 앞으로도 또 그럴 거야! 그러지 않았으면 좋겠지만 이런 일이 종종 있어. 힘들지만 받아들여야지!"

- 비합리적인 나: "결국 내가 그를 위해 한 일이잖아! 힘들게 돈을 빌려줬는데 그는 여전히 내가 돈을 그냥 줬다고 우기고 있어. 완전히 나쁜 놈이야!"
- 온건한 대답: "그에게 돈을 빌려주려고 정말 애를 썼지만, 그렇다고 그가 무리해서 돈을 갚아야 한다는 뜻은 아니야. 그는 이따금 못되게 행동하긴 하지만 완전히 나쁜 놈은 아니야."
- 강력한 대답: "내가 무리해서 돈을 빌려준 것은 맞지만 솔직히 그렇다고 해서 그도 무리해서 내게 돈을 갚아야 한다는 뜻은 아니야. 내 일은 내가 결정하는 것이고 노베르트 일은 노베르트가 결정하는 거야. 그는 분명 치사한 짓을 했어. 나는 앞으로 절대 그를 믿지 않을 것이고 다시는 돈을 빌려주지 않을 거야. 하지만 그는 완전히 나쁜 놈은 아니고 많이 나쁜 놈도 아니야. 누구나 그렇듯이 실수할 수 있

는 인간일 뿐이고, 이번 일은 그의 큰 잘못 중 하나야. 그가 이런 잘못을 저지르는 게 마음에 들지 않지만 분명 이 일을 감수할 수 있고, 여전히 돈을 돌려받기 위해 노력할 수 있어. 혹여 돌려받지 못하더라도(돌려받은 만큼은 아니지만) 행복할 수 있어. 아주 친한 '친구'가 알고 보니 호의적이지 않다는 것은 너무 안타까워."

- 비합리적인 나: "나는 여전히 그가 완전히 나쁜 놈인 것 같아. 그런 짓을 할 수 있는 사람이라면 됨됨이가 좋은 사람은 아니야."
- 온건한 대답: "그건 과장된 생각 아닐까? 누구나 그렇듯이 그에게도 장점은 있어. 단지 그의 이런 측면이 나쁠 뿐이야."
- 강력한 대답: "말도 안 돼! 물론 그에게도 장점은 있겠지. 누구에게나 있어. 히틀러도 몇 가지 장점은 있었을걸. 하지만 그의 모든 장점에도 불구하고, 그가 내게 꽤 잘해준 적이 있다는 것을 인정하더라도, 그가 내 돈을 빌린 사실을 인정하지 않고 내가 줬다고 부당하게 우기는 것은 정말 나쁜 행동이야. 바로 그게 내가 그에게 애써 알려주려 하는 사실이야. 그가 나쁘다는 게 아니라 그의 정직하지 못한 행동이 나쁘다는 거야. 그에게 이 사실을 알려주기 위해 계속 노력할 거야. 하지만 그럴 수 없다면 어쩔 수 없지, 뭐. 최악의 경우 나는 돈도 잃고 친구도 잃는 거야."

- 비합리적인 나: "반드시 절교할 거야. 내가 저 따위 녀석과 친하게 지낸다고? 절대 안 돼! 그 녀석은 벌을 받아 마땅해. 나는 정말 복수할 생각이야."
- 온건한 대답: "복수하는 게 무슨 소용이 있어? 그러느라 시간만 더

허비할 거야. 그냥 포기하는 게 나아. 정말 형편없는 녀석이야."

- 강력한 대답: "그에게 복수하려고 하다니 정말 바보 같아! 그를 상대하느라 이미 충분한 시간과 돈을 허비했어. 그런데 지금 그를 생각하고 그에게 복수하려고 시간과 에너지를 낭비하면서 이런 허튼 짓을 계속하고 있어. 이론적으로 철저하게 정의로운 세상에서 나에게 나쁜 짓을 한 것에 대해 처벌을 받아 마땅할지는 몰라도, 저주받고 천벌을 받아 마땅한 건 아니야. 인간 이하의 인간은 없으며 저주받아 마땅한 인간도 없어. 내가 어리석게 그의 물건을 훔쳤다고 해도 우주가 나를 감시하며 저주와 벌을 받아야 한다고 명령하지는 않을 거야. 그러니까 그가 꼭 돈을 갚을 의무는 없지. 나는 그에게 돈을 갚으라고 압력을 가하겠지만 화를 내지는 않을 거야. 그를 원망하면서 시간을 헛되이 보낼 수는 없어!"

- 비합리적인 나: "아무리 많은 시간과 에너지가 소모되더라도 나에게 그런 식으로 행동하면 안 된다는 것을 보여줄 거야. 복수할 거야! 내친김에 그의 아내와 가족에게 앙갚음할 수 있는 방법도 있을 거야!"
- 온건한 대답: "나에게 그런 식으로 행동하면 안 된다는 것을 확실히 보여줄 수 있는 방법은 없어. 그도 사람이니까 명백히 잘못한 경우에도 자신이 원하는 대로 행동할 권리가 있고, 나도 마찬가지야. 다 내려놓고 잊는 게 상책이야."
- 강력한 대답: "물론 그는 나에게 그런 식으로 행동할 수 있어. 당연히 그럴 수 있지! 사실 그는 그렇게 얄밉게 행동하는 데 대단한 재주가 있고, 이제 나도 그 사실을 알았으니 쓰라린 현실을 받아들이

는 게 상책이야. 내게 그러면 안 된다고 보여줄 방법도 없을 거야. 내가 아무리 앙심을 품고 그의 아내와 가족에게 상처를 주더라도 왜 나에게 그러면 안 되는지 보여주지 못할 거야. 오히려 내가 얼마나 '못난' 사람인지 그의 눈앞에서 보여주는 꼴이고, 그러면 그는 일부러 돈을 갚지 않을 수도 있어. 어쩌면 앙심을 품고 나와 내 가족에게 상처를 주려고 할 거야. 어리석게 그를 골탕 먹이려다가 내가 골탕 먹는 수가 있어. 그러면 지금보다 훨씬 더 힘들어지겠지. 내가 정말 바보짓을 했어! 그가 잘못을 저질렀다고 해서 나도 평생 복수심을 불태우며 잘못 살아야 하는 것은 아니야. 분노나 보복심 없이 그와 다시 이야기해보고 내가 할 수 있는 일을 생각해보자. 만약 아무것도 할 수 없다면 어쩔 수 없지, 뭐! 잊는 게 상책이야. 신경 쓰지 말고 내 일이나 잘해야지!"

비합리적 신념을 강력하게 반박하고 토론하는 것을 글로 적거나 녹음한 뒤 그 내용을 검토하고 훨씬 더 강력하게 논박해보자. 친구나 동료들과 함께 검토하는 것도 좋다. 강력하되 격해지지 않도록 주의하자.

해로움을 주는 불안을 오래 끌지 않아야 한다. 어리석은 생각을 '강히게' 반박하는 연습을 하자!

수많은 사람이 심리치료를 받고 바뀌지만 대부분이 원상태로 돌아간다. 때로는 우울한 감정에서 완전히 벗어났다가 이내 어두운 수렁으로 되돌아오기도 한다. 오래 간직했던 부정적인 감정이 완전히 치유될 수도 있지만 또다른 부정적인 감정이 새롭게 만들어지기도 한다. 따라서 나아진 상태를 유지하기 위해서는 많은 노력을 기울여야 한다.

REBT 통찰 11

바뀐 감정을 유지하는 게
더 힘들다

"스스로에게 살아가야 할 이유를 부여해
즐겁고 행복한 삶을 살도록 하자.
그러면 심각한 걱정에서 벗어나
정신 건강을 지키는 데 보탬이 될 것이다."

- 앨버트 엘리스 -

치료된 듯하지만 원래로 다시 돌아가다

소설가 마크 트웨인은 말했다. "담배를 끊기는 쉽다. 나는 금연을 천 번은 했다." 이는 다이어트의 역사도 마찬가지다. 다양한 다이어트 방법으로 15킬로그램 넘게 감량한 사람은 십중팔구가 원래 상태로 돌아가기 때문이다.

심리치료도 마찬가지다. 수많은 사람이 치료받고 바뀌지만 그들 다수가 원상태로 돌아간다. 불안, 우울, 분노가 한동안 사라졌다가 되돌아오는 것이다.

고통스러운 감정을 지우려고 노력하다 보면 두 걸음 앞으로 나갔 다가 한 걸음만 물러나기도 한다. 그 반대일 때도 있다. 때로는 우울 한 감정에서 완전히 벗어났다가 이내 어두운 수렁으로 되돌아오기 도 한다. 대중 연설에 대한 두려움 같은 오래된 문제를 다시는 마주하지 않을 수도 있지만, 구직에 대한 두려움 같은 완전히 새로운 문제가 생길 수도 있다.

이것은 'REBT 통찰 11'로 이어진다.

REBT 통찰 11

"한동안은 감정을 바꾸는 게 쉽다고 생각할 수 있다. 하지만 치료 효과를 유지하기 위해서는 노력하고 또 노력해야 한다."

나아진 상태를 유지하기 위한 방법들

불행에서 완전히 또는 영원히 벗어나는 사람은 거의 없다. 당신도 예외는 아니다. 그렇다면 나아진 상태를 유지하고 이전으로 퇴보하는 것을 막기 위해 무엇을 할 수 있을까? 방법은 많다.

뉴욕 앨버트 엘리스 연구소에서는 이 문제에 대해 정말 많은 고민을 한 끝에 소책자를 만들어서 모든 환자들에게 나눠주고 있다. 나는 '합리적 정서행동치료 효과를 유지하고 강화하는 법'(이 책의 '부록 2'에 실림)의 요점 몇 가지를 보여주면서 'REBT 통찰 11'을 설명하고자 한다.

치료 효과를 유지하기 위해 기억해야 할 중요한 사항은 무엇일까? 다음과 같은 열두 가지 사항을 기억하고 실천해야 한다.

1. 예전의 불안이나 우울, 자괴감이 되돌아올 때는 예전에 자신을 개선하기 위해 바꿨던 생각, 감정, 행동에 집중한다. 다시 우울한 기분이 든다면 이전에 합리적 정서행동치료를 통해 어떻게 그 감정을 없애려고 했는지 떠올려보자. 예를 들면 다음과 같은 기억을 떠올릴 수 있다. "나는 쓸모없는 사람이고 원하는 것을 결코 얻지 못할 것이라고 스스로에게 말하는 것을 멈추었다.""직장에서 어떤 일을 잘 해냈고 성공할 능력이 있음을 스스로에게 증명했다.""면접을 피하지 않고 억지로 여러 차례 보러 다니면서 면접에 대한 두려움을 이겨냈다." 자신을 바꿈으로써 스스로에게 도움이 되었던 생각, 감정, 행동을 떠올려보자.

2. 다음과 같은 합리적 신념 또는 '자기 다짐'을 계속 염두에 둔다. "성공하는 것도 좋지만 실패하더라도 나를 한 인간으로 온전히 받아들이고 인생을 즐겁게 살 수 있어!" 이런 나심을 앵무새처럼 입으로만 되뇌지 말고 여러 차례 신중하게 새겨야 한다. 진정으로 참이라고 느껴질 때까지 깊이 생각해보자.

3. 자신을 다시 속상하게 하는 비합리적 신념을 계속 찾아내서 반박한다. "가치 있는 사람이 되려면 반드시 성공해야 해!" 같은 중요한 비합리적 신념을 하나씩 떠올리며 자신에게 계속 물어보자. "이 믿음이 왜 참인가?""인간으로서 나의 가치가 성공에

달려 있다는 증거는 어디에 있는가?" "중요한 일에 실패하면 나는 어떤 식으로 하찮은 사람이 되는가?" 비합리적 신념이 슬금슬금 되돌아오는 것이 느껴질 때마다 이런 물음을 통해 계속해서 강력하게 이의를 제기한다. 그리고 스스로를 괴롭히지 않을 때에도 그런 신념이 다시 돌아올 수 있다는 사실을 기억하자. 그러므로 스스로에게 그런 믿음이 무엇인지 물어보고 충분히 인식한 뒤 강력히 반박해야 한다.

4. 고속 엘리베이터 타기, 사교 활동, 구직 활동, 창작 활동 등 비합리적으로 두려워하는 일에 계속 불편함을 감수하고 도전해보자. 비합리적 두려움을 극복하는 동안 정기적으로 그 두려움을 거스르는 생각과 행동을 해야 한다. 두려워하는 일을 자주 시도해보자. 비합리적으로 두려워하는 일을 억지로 시도할 때 불편함을 느끼더라도 이에 아랑곳하지 않아야 한다. 회피함으로써 두려움을 평생 안고 가지 않아야 한다. 두려움을 없애고 나중에 안정과 안락함을 얻기 위해 자주 자신을 불편하게 만들도록 하자.

5. 자신이 원하는 중요한 것을 얻지 못했을 때 느끼는 '이로운 나쁜 감정(슬픔, 후회, 불만 등)'과 무언가 박탈당했을 때 느끼는 '해로운 나쁜 감정(우울, 불안, 자기혐오, 자기연민 등)'을 명확히 구별할 수 있어야 한다. 지나친 걱정(혼란)이나 쓸데없는 불행(우울)을 느낄 때마다 매우 흔하지만 해로운 감정을 느끼고 있으며, 독단적인 '당위적 사고'가 그런 감정을 일으키고 있다는 사실

을 인정하자. 해로운 감정(또는 강박적인 당위적 사고)을 건강한 감정(또는 바람직한 감정)으로 바꿀 수 있는 능력이 우리에게 있다는 사실을 알아야 한다. 우울한 감정을 떨치고 안타까움과 아쉬움만 느끼도록, 그리고 불안을 떨치고 걱정과 경계심만 느끼도록 노력하자. 합리적·정서적 상상하기를 활용해 불쾌한 선행사건이 일어나기 전에 그 일이 일어난 상황을 생생하게 떠올려보자. 불쾌한 일을 상상하면서 해로운 감정(불안, 우울, 분노, 자괴감 등)을 느끼려고 해보자. 계속 최악의 상황을 상상하면서 그 감정을 건전한 감정(걱정, 슬픔, 짜증, 후회 등)으로 바꾸려고 애써보자. 실제로 감정이 바뀔 때까지 포기하지 않아야 한다.

6. 할 일을 미루지 말자. 하기 싫은 일을 오늘 빨리 해버리는 게 낫다. 여전히 미루고 있다면 쉽게 피해버리는 일들을 실천한 뒤에만 '음식, 휴가, 독서, 사교 활동' 등 자신이 좋아하는 것으로 스스로에게 보상하는 방법이 도움이 될 수 있다. 그래도 효과가 없다면 해야 할 일을 미룰 때마다 '지루한 사람과 두 시간 동안 이야기하기, 100달러 기부하기' 등 스스로에게 벌칙을 주는 방법도 있다.

7. 어떤 불행이 닥치더라도 정서적 건강과 행복한 삶을 유지할 수 있도록 흥미로운 도전과 모험을 시도한다. 불행을 없애는 것을 삶의 중요한 목표로 정하곤 반드시 이루겠다고 결심하자. 생각하고 느끼고 행동하는 방법에 대한 선택권은 늘 자신에게 있음을 충분히 이해하고 자신을 위한 결정에 적극적으로 뛰어들자.

8. 1962년 『심리치료의 이성과 감정』에 처음 소개된 합리적 정서 행동치료의 주요 통찰 세 가지를 기억하고 활용하자. 첫 번째 통찰은 '우리는 살면서 일어나는 속상한 사건에 대해 주로 스스로를 괴롭히는 쪽을 선택하고, 대체로 자신이 생각하는 대로 느낀다. 불쾌하고 실망스러운 선행사건(A)이 일어나면 의식적 또는 무의식적으로 슬픔이나 후회를 느끼게 하는 합리적 신념을 선택하고 또 불안, 우울, 자기혐오를 느끼게 하는 비합리적 신념도 선택한다'이다. 두 번째 통찰은 '언제, 어떻게 비합리적 신념과 습관을 갖게 되었든 지금 우리는 그것을 유지하는 쪽을 선택했기 때문에 불안정한 것이다. 과거와 현재의 불행한 환경은 우리에게 영향을 미치기는 하지만 우리를 불안하게 하지는 않는다. 현재의 신념이 현재의 불안을 만들어낸다'이다. 마지막으로 세 번째 통찰은 '성격과 쉽게 화내는 성향을 바꿔주는 비법 따위는 없다. 우리는 노력과 실천을 통해 바뀔 수 있다. 스스로 노력하고 실천해야 한다'이다.

9. 독서, 여가 활동, 운동, 취미 활동, 예술, 과학, 기타 흥미로운 관심사 등 개인적인 즐거움을 꾸준히, 그리고 차분하게 찾아보자. 건강한 정서와 진정한 즐거움 찾기를 인생의 주요 목표로 삼자. 진정으로 몰입할 수 있는 장기적인 목표나 관심사에 관여하려고 노력하자. 스스로에게 살아가야 할 이유를 부여해 즐겁고 행복한 삶을 살도록 하자. 그러면 심각한 걱정에서 벗어나 정신 건강을 지키는 데 보탬이 될 것이다.

10. 합리적 정서행동치료에 대해 알고 있고, 함께 검토하는 데 도움을 줄 수 있는 사람들과 연락을 유지하자. 그들에게 자신의 문제를 털어놓고 이를 극복하기 위해 합리적 정서행동치료를 어떻게 활용하고 있는지 알려주도록 하자. 비합리적 신념을 없애려는 자신의 해법에 그들이 동의하고 추가적인 방법을 제시할 수 있는지 알아보자.

11. 도움을 받고자 하는 친구, 동료들과 함께 REBT 과제 활용법을 연습하자. 다른 사람들과 함께 더 자주 활용하고, 그들이 해로운 생각에서 벗어날 수 있게 대화를 시도할수록 우리는 합리적 정서행동치료의 주요 원칙을 보다 깊이 이해하고 스스로 활용할 수 있게 된다. 다른 사람들이 비합리적으로 행동하고 속상해하는 것을 보면 그들의 주된 비합리적 신념이 무엇인지 파악하고 적극적으로, 맹렬하게 반박할 수 있는 방법을 알아보자. 이것도 자신의 비합리적 신념을 없애는 연습이 된다.

12. 합리적 정서행동치료 관련 자료를 꾸준히 읽도록 하사. 관련 자료를 다양하게 읽고, 특히 나의 책『인본주의 심리치료(Humanistic Psychotherapy)』『개인의 행복을 위한 안내서(A Guide to Personal Happiness)』『긍정의 심리학』『더 나은 기분으로 더 나은 삶을 살아가기』『미루는 습관 이겨내기(Overcoming Procrastination)』와 폴 호크의『왜 나는 계속 남과 비교하는 걸까』, 하워드 영(Howard Young)의『합리적 상담 입문(A Rational

Counseling Primer)』 등을 읽어보기 바란다. 주된 합리적·정서적 행동 원칙을 잊지 않도록 관련 자료를 꾸준히 살펴보는 것이 좋다.

다시 나빠진다면 검토하고 실천할 것들

34세의 회계 담당직원 조지아나가 상담을 받으러 왔다. 남편 데이비드와 함께 외출할 때마다 그가 매력적인 젊은 여성들을 계속 쳐다봐서 심하게 질투하고 화가 났기 때문이다. 남편은 부인했지만 조지아나는 부부관계를 할 때마다 그가 낮에 본 가슴 큰 여성을 상상했다고 우겼고(조지아나는 가슴이 작았다), 그렇게 확신하고 있었다.

그녀는 이 문제 때문에 몹시 화가 나서 남편과 관계를 할 때 두 사람이 절정에 이르기 직전에 종종 중단해버렸다. 남편은 그 일 때문에 화가 났다고 했고, 아내를 사랑하기는 했지만 곧 떠날 생각을 하고 있었다.

조지아나는 나를 찾아와 개인 상담을 여러 번 받은 뒤 8개월 동안 정기적인 집단치료에 참여했다. 그녀는 남편이 자신에게만 성욕을 느껴야 하고 다른 여성은 생각조차 하지 않아야 한다고 절대적으로 요구하고 있었다는 사실을 깨달았다. 그리고 남편이 때때로 다른 여성들을 쳐다보고, 부부관계를 할 때 그들을 떠올렸다고 해도 그것이 자신의 외모나 성적 매력과는 전혀 상관없다는 사실도 깨달았다. 그래서 남편이 다른 여성들에게 관심을 보이더라도 가벼운 질투만 하게 되었다.

하지만 몇 개월 뒤 조지아나는 다시 극심한 질투와 불안감을 느꼈다. 그래서 치료집단과 함께 진행할 과제를 몇 가지 정한 뒤 몇 주동안 검토하고 실천했다.

1. 조지아나는 질투심을 극복하는 가장 좋은 방법은 남편을 성적으로 만족시키는 능력과 인간으로서 자신의 가치를 연결 짓지 않는 것이라고 되새겼다. 남편에게 큰 만족감을 주지 못하더라도 자신을 온전히 받아들일 수 있다고 이해하게 되었다.

2. 합리적 신념을 계속 강력하게 되뇌었다. "데이비드가 가슴 큰 여자들에게 욕망을 느끼더라도 나는 그에게 사랑받고 행복한 결혼생활을 할 수 있어!"

3. 비합리적 신념에 계속 도전하고 이의를 제기했다. "데이비드는 나에게만 관심을 가져야 해!"

4. 매력적인 여성들을 볼 수 있는 식당이나 기타 장소에 일부러 남편과 함께 자주 갔다. 남편이 그 여성들을 쳐다보는 것 같을 때 자신에게 이렇게 말했다. "저렇게 다른 여자들을 갈망하는 사람이야. 그래도 참을 수 있어!"

5. 남편이 다른 여성들을 쳐다볼 때 자신이 안타까움을 느끼는 것과, 극심한 혼란과 우울에 빠지는 것의 차이를 이해했다. 합리

적·정서적 상상하기를 통해 남편이 연신 다른 여성을 쳐다보는 모습을 상상하며, 불안과 자기비하가 아닌 안타까움과 실망만 느끼려고 애썼다.

6. TV에 나오는 미스 아메리카 선발대회를 보지 않으려고 자신이 구실을 만들고 있음을 깨달았다. 그래서 남편과 함께 미인 대회를 보지 않으면 1분에 10달러씩 기부하는 벌칙을 스스로 정했다. 그녀는 그 프로그램을 처음부터 끝까지 시청했고 지갑을 열 필요는 없었다.

7. 남편이 가슴 큰 여성을 쳐다보고 있다는 확신이 들 때조차 비참하게 느끼는 것을 거부했을 뿐만 아니라 남편과 외출하는 것을 즐기려고 노력했다.

8. REBT 통찰 1, 2, 3을 거듭 되뇌었고, 특히 REBT 통찰 3을 염두에 두었다. "질투심을 줄이려면 노력과 실천이 필요하다. 그러므로 어리석은 질투심에 맞서려고 노력하고 또 노력해야 한다!"

9. 자신의 옷을 직접 디자인하고 만드는 일에 푹 빠졌다. 자신의 가슴이 얼마나 빈약하고 '못생겼는지'가 아니라 얼마나 멋져 보이는지에 초점을 맞췄다.

10. 다시 질투 어린 분노에 빠졌을 때는 같은 집단치료 참여자 몇 명과, 합리적 정서행동치료에 대해 알고 있는 동성 친구들과 이야기를 나누었고, 그들의 도움으로 그녀는 다시 마음을 다잡을 수 있었다.

11. REBT를 이용해 친구들, 직장 상사와 동료들을 돕다보니 자신에게도 득이 되었다.

12. 집단치료에서 자신의 상담 내용을 녹음하고, 다른 참여자들과 내가 제시한 '반박'과 조언을 반복해서 들었다. 이미 여러 차례 읽은 합리적 정서행동치료 관련 서적과 안내 책자를 꾸준히 읽었다. 그렇게 해서 기억이 가물가물한 부분을 계속 일깨웠다.

조지아나는 합리적 정서행동치료 유지 훈련을 엄격하게 실천한 결과 심한 질투와 분노를 거의 느끼지 않는 수준에 이르렀다. 집단치료 참여자들에게 만장일치로 동의를 얻어 치료를 멈추었고, 혼자서 자신의 문제를 성공적으로 해결할 수 있었다.

그 부부는 내가 금요일 밤마다 진행하는 합리적 정서행동치료 라이브 공개상담에 지금도 가끔씩 찾아온다. 데이비드는 아내의 호전에 무척 기뻐했고, 그 자신도 뉴욕 앨버트 엘리스 연구소의 다른 치료사를 찾아가 식업에 대한 물안을 치료받았다.

REBT
연습
16

하고 싶은 일, 해야 한다고 알고는 있지만 피하거나 미루고 있어서 아주 더디게 진행되고 있는 일을 찾아보자. 다음과 같은 예가 있다.

- 논문이나 보고서를 마무리하기
- 월별 은행 명세서 확인하기
- REBT 과제 실천하기
- 전화를 걸거나 직접 찾아가서 업무 해결하기
- 어김없이 정시에 출근하기
- 새로운 이력서 쓰기
- 친구의 메일에 밀린 답장하기
- 쓰고자 하는 책의 개요를 작성하기
- 강연이나 워크숍을 준비하기

스스로에게 피하거나 미루라고 말하고 있는 일이 있는지 찾아보자. 다음과 같은 예가 있다.

- 꼭 해야 해: "이렇게 어려운 논문은 쓰지 말아야 해!" "REBT 과제는 쉬워야 해."

- 정말 끔찍해: "빌어먹을 은행 명세서를 확인하는 일은 정말 끔찍해." "이 지긋지긋한 전화 통화는 최악이야!"
- 참을 수 없어: "파티에 가려고 옷을 차려입는 게 못 견디게 싫어! 이런 멍청한 파티는 참을 수 없어!"
- 너무 힘들어: "책의 개요를 작성하는 일은 그냥 힘든 정도가 아니라 너무 힘들어! 생각보다 더 힘들어!"
- 못났어: "다른 사람들은 미루지 않고 준비하는데 나는 연설 준비를 안 하고 있으니 근본적으로 문제가 있어, 나는 무능하고 못난 사람이야!"
- 항상 그럴 거야, 절대 못할 거야: "REBT 실천에서 퇴보하면 안 되는데 이렇게 되었으니 항상 시원찮을 테고 나는 아무것도 잘하지 못할 거야."
- 가망 없어: "지각하면 안 되는데 셀 수 없이 늦었으니 가망이 없어. 나는 절대로 제 시간에 출근할 수 없어!"

아주 해롭지만 어리석게 빠져있는 행동이나 습관을 다음 예에서 찾아보자.

- 흡연
- 과식
- 자기비하
- 과음
- 과소비
- 과제를 하는 대신 TV 시청 같은 흥미 위주의 일을 하는 것

- 사람들의 어리석음, 비효율성에 계속 분노하는 것
- 어리석은 공포증에 빠지는 것(예: 에스컬레이터나 엘리베이터 사용을 피하기)

스스로 부추겨서 즉각적인 만족을 추구하고 해로운 습관에 중독되는 일은 없는지 찾아보자.

- 꼭 해야 해: "담배는 아주 해롭지만 지금 당장 이 담배가 주는 위안이 꼭 필요해. 긴장을 풀기 위해 담배가 절대적으로 필요해."
- 정말 끔찍해: "나를 바꾸려고 꾸준히 노력하느라 인생을 즐기지 못하는 게 괴로워. 나중에 수확하기 위해 현재의 고통을 겪어야 한다는 게 정말 끔찍해!"
- 참을 수 없어: "이렇게 맛있는 음식을 밀어내야 하다니 참을 수 없어. 이 특별한 음식이 당장 필요해!"
- 너무 힘들어: "술과 약물이 주는 쾌락과 위안을 포기하는 것은 그냥 힘든 게 아니라 너무 힘들어! 이렇게 힘들면 안 되는 거잖아!"
- 못났어: "해야 할 과제는 열심히 하지 않고, 가까이 하면 안 되는 즉각적인 쾌락만 탐닉하고 있으니 나는 계속 고통 받아 마땅한 아주 못난 사람이야."
- 항상 그럴 거야, 절대 못 할 거야: "어리석게도 일시적인 쾌락을 얻기 위해 쓸데없이 돈을 낭비하고 있으니 나는 절대 바뀌지 않을 것이고 항상 씀씀이가 헤픈 얼간이가 될 거야."
- 가망 없어: "과제를 하는 대신 쉽고 즉각적인 만족감을 주는 일을 선택했고 스스로를 바꾸려고 노력하지 않았으니 나는 가망이 없어.

쉬운 것에 탐닉하는 행동을 멈출 수 없으니, 본성에 굴복하고 나를 바꾸는 일은 잊는 게 나을지도 몰라."

좌절을 참지 못하게 하고 탐닉에 빠지게 만드는 비합리적 신념을 찾은 뒤에는 위와 같은 모든 부정적 요소를 적극적으로 반박하자.

- 반박: "REBT 과제가 왜 쉬워야 할까? 왜 과제를 하는 게 계속 힘들면 안 되는 걸까?"
- 대답: "과제가 쉬워야 할 이유는 없고, 힘들 수밖에 없는 이유는 여러 가지가 있다. (a) 원래 힘든 일이다. (b) 아직 익숙하지 않아서 그렇고 계속 하다보면 쉬워질 것이다. (c) 내가 어리석게 행동하는 것은 자연스러운 일이고 이따금 현명하게 행동하는 것이 오히려 부자연스러운 일이다. 그러니 현명하게 행동하는 것이 더 자연스러워질 때까지 계속 잘 처신해야 한다."

- 반박: "계좌 명세서를 계속 확인하는 게 왜 끔찍한 일일까?"
- 대답: "그 자체가 아주 귀찮은 일일 뿐이지 끔찍할 이유는 없다. 다만 내가 어리석게도 그런 식으로 정의함으로써 끔찍한 일로 만든 것이다. 그러니 그런 허튼소리는 집어치우고 있는 그대로, 즉 '어쩔 수 없는 골칫거리'로만 보는 게 좋을 것이다."

- 반박: "술과 약물이 주는 쾌락과 안식을 포기하는 게 너무 힘들다는 증거가 어디에 있는가? 포기하는 게 그렇게 힘들면 안 된다는 이유를 증명해보자!"

- 대답: "정말 너무 힘들다면 이 쾌락을 전혀 포기할 수 없을 것이다. 하지만 유치하게 징징거리거나 심하게 부풀리지 않고 그 어려움을 받아들인다면 당연히 포기할 수 있다. 징징거리고 투덜대는 것은 오히려 더 쉬운 일이다. 그러니 짜증내면서 실제보다 더 힘든 일로 과장하는 짓은 그만두는 게 좋겠다. 힘들지만 끔찍하지는 않다."

- 반박: "나는 이 연설 준비를 미루고 있는데 다른 사람들은 쉽고 빠르게 준비한다면, 자꾸 미루는 잘못된 행동이 나를 완전히 무능한 사람으로 만들까?"
- 대답: "물론 그렇지 않다. 지금 당장 무능하게 행동한 사람일 뿐이며 스스로 밀어붙이면 앞으로 더 유능하게 행동할 수 있는 능력이 있는 사람이다. 내가 완전히 무능한 사람이라면 실제로 아무것도 잘할 수 없을 것이다. 물론 나는 아무 문제없이 많은 일을 해내고 있기 때문에 그 말은 틀린 말이다. 그러므로 '부족한 인성'이 아니라 무능한 행동에 초점을 맞춰야 한다. 나는 실수할 수 있고 앞으로도 그럴 가능성이 높다. 어떻게 하면 미루는 습관을 고치고 잘못을 덜 저지르는 사람이 될 수 있을까? 역시 나 스스로를 다그치는 수밖에 없다."

- 반박: "어리석게도 일시적인 쾌락을 얻어야 한다고 생각하고 필요하지도 않은 곳에 계속 돈을 쓰더라도, 그게 어떻게 내가 바뀔 가망이 없고 항상 돈을 헤프게 쓰는 바보가 될 것이라는 뜻인가?"
- 대답: "아니다! 어리석게 과소비를 하더라도 현재와 미래에 그런 행동을 고치고 멈출 가능성이 높다. 과거의 실수들이 내가 그것을 결

코 되돌릴 수 없다는 증거였다면 나는 구구단도 익히지 못했을 것이다. 과거의 잘못은 많은 사람이 그렇듯이 나도 쉽게 실수할 수 있음을 증명할 뿐이다. 하지만 항상 그런 것은 아니다! 그리고 내가 절대 성공할 수 없는 운명인 것도 아니다!"

- 반박: "REBT 과제를 하다가 여러 번 미뤘고, 더 쉽고 즉각적인 만족감을 주는 쪽을 택하며 나를 바꾸려고 노력하지 않은 것을 인정하자. 그렇다고 해서 내가 가망이 없고, 쉬운 일에 빠지는 것을 멈출수 없는 사람이라는 근거는 없다. 태평스러운 성격에 굴복하고 스스로를 변화시키려고 노력하는 것을 포기해야 한다고 어떻게 증명할 수 있을까?"

- 대답: "증명할 수 없다! 나는 태평한 성격을 타고났을 뿐이고, 그 탓에 REBT 과제를 계속 미뤘다. 그러므로 과제를 실천하는 '습관'을들이고, 쉽게 실천할 수 있을 때까지 더욱 열심히 노력하는 편이 낫다. 어떤 일을 하는 것을, 또는 어떤 충동에 굴복하지 않는 것을 아무리 힘들어하더라도, 내가 가망이 없고 바뀔 수 없는 사람이라는 뜻은 아니다. 불가능에 가까운 일이라도 결국 해낼 수 있는 경우가 많다. 운 좋게 유전과 환경의 큰 혜택을 입었음에도 불구하고 나는 자신을 이렇게 만들었다. 내가 꾸준히 노력하면 더 나은 방식으로 행동할 수 있다는 뜻이다."

모든 일에서 자신의 후퇴를 계속 관찰하고 인정하며, 장기적인 이익과 행복보다는 즉각적인 만족감을 얻는 데 얼마나 자주, 쉽게 중독되는지 계속 알아내야 한다. 낮은 좌절인내력을 탓하며 자신을 비하하는 것을 단호히 거부하고, 이를 없애기 위해 계속 노력하자. 중독, 강박, 탐닉에 쉽게 빠지는 행동을 멈추라고 자신을 다그치자. 나중에 다시 그런 행동에 빠지면(종종 그럴 테지만) 아무리 힘들어도 멈추려고 거듭 노력해야 한다.

우리가 선호하는 거의 모든 해로운 습관은 일종의 즉각적인 쾌감이나 보상을 제공한다. 그러므로 이런 습관을 없애기 위해 보상이나 강화, 또는 B. F. 스키너의 조작적 조건화(자발적인 행동에 상과 벌을 활용해 바람직한 방향으로 이끄는 방법 – 옮긴이)를 이용할 수도 있다. 조건화로 자신을 강화할 때는 끊으려고 하는 습관보다 훨씬 더 즐거운 행동이나 행위를 선택해야 한다. 끊으려고 하는 습관적인 행동을 거부한 뒤 보상으로 그 즐거움을 누릴 수 있도록 하자.

예를 들어 담배를 끊고 싶거나 칼로리 섭취를 하루에 1,500칼로리 미만으로 제한하고 싶다고 가정해보자. 음악 듣기, 신문 읽기, 수다 떨기, 운동, TV 시청 등 자신이 가장 즐겨하는 일, 거의 매일 하는 즐거운 활동을 찾아보자. 그런 다음 담배를 참거나 1,500칼로리를 넘기지 않았을 때만 그 즐거움을 누릴 수 있도록 허용한다.

이런 강화 또는 보상에 아주 엄격하지 않으면 효과가 없을 것이다. 변명은 통하지 않는다! 담배를 한 개비라도 피우거나 50칼로리라도 더 먹으면 음악, 신문, TV, 그 밖에 스스로 설정한 어떤 보상도 받을 수 없다.

제대로 활용한다면 엄격한 벌칙이 훨씬 효과적일 것이다. 나쁜 습관을 적극적으로 고치려고 할 때 큰 고통이나 불편함을 느낄 것이기 때문이다. 그러므로 해로운 습관을 버리지 못하거나 일시적으로 버렸다가 어리석게 다시 빠질 때마다 훨씬 더 불편한 일을 골라서 억지로 하도록 하자.

흡연이 명백히 해로운 것을 알면서도 담배를 계속 피우고 있다고 가정해보자. 또는 건강에 해로울 정도로 체중이 계속 늘고 있어서 하루에

1,500칼로리를 넘기지 않아야 하는데도 하루에 1,800이나 2,000, 심지어 2,400칼로리까지 섭취한다고 가정해보자. 금연이나 칼로리 제한을 어길 때마다 자신에게 어떻게 벌칙을 줄 것인가?

방법은 아주 간단하다. 강력하고 고통스러운 벌칙을 정하는 것이다. 이를테면 담배를 한 개비 피울 때마다 20달러씩 벌금을 내거나 한 시간 동안 지루한 책을 읽는 식이다. 1,500칼로리를 넘길 때마다 (달리기를 싫어하는 사람이라면) 3킬로미터를 달리거나, 매우 맛없는 음식을 먹는 것으로 정하는 방법도 있다.

나쁜 습관에 빠지거나 좋은 습관들이기(운동, 책읽기 등)를 거부할 때마다 즉각적인 강화와 신속한 벌칙 원칙을 적용하더라도 낮은 좌절인내력과 해로운 행동에 빠지는 성향이 완전히 사라지지 않을 수도 있다. 하지만 분명 도움이 될 것이다!

합리적 정서행동치료를 진행하면서 부정적인 감정을 개선하는데도 이전의 부정적인 감정이 되돌아올 때는 처음 단계로 돌아가서 다시 시도하자. 부정적인 감정이 다시 돌아오는 것을 극복하기 위해 합리적·정서적 상상하기를 이용할 수 있다. 먼저 자신에게 일어날 수 있는 최악의 상황을 상상해 불안정한 감정을 온전히 받아들이고 마주해보자.

CHAPTER 17

REBT 통찰 12

원래대로
돌아가더라도
다시 시도하기

"자신의 합리적 대답에 만족하지 말고
그 합리적 대답을 정말 확신할 때까지,
그리고 불안과 우울, 분노가
실제로 사그라질 때까지 계속 반박하자."

- 앨버트 엘리스 -

이전 감정으로 후퇴했을 때의 대처 방법

앞장에서 언급했듯이 인간은 더 나은 방향으로 나아갔다가 다시 퇴보하기도 한다. 우리도 마찬가지다!

합리적 정서행동치료로 불행을 이겨내고 다시는 그 불행에 빠지지 않는다면 정말 좋은 일일 것이다. 하지만 퇴보를 두려워하지 말자. 누구나 때때로 후퇴할 수 있다!

앨버트 엘리스 연구소에서는 이에 대비해 〈합리적 정서행동치료 효과를 유지하고 강화하는 방법〉이라는 소책자를 환자들에게 나누어준다. 이 소책자의 두 번째 파트는 '후퇴에 대처하는 방법'에 관한 것으로 'REBT 통찰 12'를 강조한다.

REBT 통찰 12

"감정 문제를 개선할 때 후퇴하지 않는다면 기적일 것이다. 이전 감정이 되돌아올 때는 합리적 정서행동치료의 처음 단계로 돌아가서 다시 시도하자!"

소책자에서 이전 감정으로 후퇴했을 때의 대처 방법을 다룬 부분은 다음 사항을 강조한다.

1. 이전 감정 문제의 재발은 '처음에 정서적으로 호전된 거의 모든 사람에게 일어나는' 정상적인 일이다. 실수할 수 있는 인간의 일부로 받아들이자. 이전 문제가 재발하더라도 자책하지 말고, 전적으로 혼자서 해결해야 한다고 생각하지 않아야 하며, 남의 도움을 구하는 것이 잘못되거나 나약한 행동이라고 생각하지 않도록 하자.

2. 이전 감정의 상태로 퇴보했을 때는 자기 패배적 행동을 나쁘고 불행한 일로는 여기되 그런 행동을 하는 자신을 결코 비하하지 않도록 노력하자. 즉 나 자신, 나의 존재를 평가하지 말고 합리적 정서행동치료의 원칙에 따라 오직 나의 행위와 특성만 판단하자.

우리는 옳거나 그른 행동을 하는 사람일 뿐이지, 좋은 사람 또는 나쁜 사람이 아니다. 아무리 심하게 퇴보하고 다시 화를 내더라도 자신의 잘못된 행동을 그대로 받아들일 수 있으며, 이 행동을 고치려고 계속 노력할 수 있다.

3. 합리적 정서행동치료의 ABC 모델로 돌아가서 무엇 때문에 이전의 불안이나 우울이 재발했는지 살펴보자. A(선행사건 또는 역경)에서 실패나 거부를 다시 경험했을 수 있다. B(합리적 신념)에서 실패하거나 거부당하고 싶지 않다고 자신에게 속삭였을 수도 있다. 이 합리적 신념을 고수한다면 안타까움, 후회, 실망감을 느낄 뿐이다. 하지만 다시 우울한 기분이 들었다면 다음과 같은 비합리적 신념으로 넘어갔을 것이다. "절대 실패해선 안 돼! 끔찍할 거야!" "나는 인정받아야만 해. 그렇지 않으면 매력 없고 쓸모없는 사람이 되는 거니까!" 그러고는 이런 비합리적 신념을 확신한 뒤 C(감정적 결과)에서 또 다시 우울과 자괴감에 빠졌을 것이다.

4. 다시 자신을 괴롭히는 비합리적 신념을 찾으면 처음에 그것들을 반박(D)하고 포기했던 것처럼 즉시 같은 방법을 꾸준히 실천한다. "왜 절대 실패하면 안 되는가? 실패하면 정말 최악인가?"라고 자문해보자. 그리고 다음과 같이 대답할 수 있다. "실패가 왜 바람직하지 않은지 몇 가지 이유를 생각할 수 있지만 실패하면 안 될 이유는 없다. 실패하더라도 최악은 아니며 아주 불편할 뿐이다."

또한 다음과 같은 질문으로 다른 비합리적 신념을 반박할 수 있다. "상대가 나를 꼭 받아들여야 한다는 근거가 어디에 있는가? 거절당하면 어떻게 매력도, 쓸모도 없는 사람이 되는가?" 그러면 이렇게 대답할 수 있다. "나를 받아들이는 것이 더 좋긴 하지만 꼭 그래야 한다는 법칙은 없다. 거절당하면 이번에 한 번 거절당한 사람이 될 뿐이다. 내가 정말 좋아하는 사람에게 늘 거절당한다고 하더라도 내가 매력도, 쓸모도 없는 사람이 되 지는 않는다."

5. 비합리적 신념을 계속 찾아서 적극적으로 반박하자. 운동 방법 을 익히고 꾸준히 운동해서 몸의 근육을 키우듯이 정서적 근육 을 키울 때까지 이 과정을 몇 번이고 되풀이한다.

6. 말만 바꾸면 언제든 생각도 바꿀 수 있다고 믿으면서 자신을 기 만하지 말자. "반드시 성공해서 인정받아야 해"라고 스스로에 게 신경증적으로 말하다가 나중에는 이를 "성공해서 인정받는 게 더 좋아"라고 분별력 있게 바꾸어 말할 수 있다. 하지만 마 음속으로는 여전히 "그래도 정말 잘해야 하고 진정으로 호감을 얻어야 해"라고 믿고 있을 수 있다. 자신의 합리적 대답에 만족 하지 말고 그 합리적 대답을 정말 진심으로 확신할 때까지, 그 리고 불안과 우울, 분노가 실제로 사그라질 때까지 계속 반박 하자.

그런 다음 새로운 효과적인 철학(E)이 견고해질 때까지 같은 과 정을 되풀이한다. 꾸준히 고치고 반복하면 신념은 견고해지기 마련이다. 새로운 효과적인 철학을 가볍게(또는 머리로만) 납득한 다면 그 철학은 오래 지속되지 않을 것이다. 강력하게 거듭 생각하고 여러 번 되뇌자. 그래서 새로운 철학을 실제로 믿을 때까지 자신을 강력하게 설득할 수 있다. "내가 원하는 것이 꼭 필요한 것은 아니야! 아무리 간절히 성공하길 바라더라도 꼭 그럴 필요는 없어!" "좋아하는 사람에게 거절당하더라도 견딜 수 있어. 그렇다고 내가 죽는 것도 아니고 여전히 행복하게 살 수 있어." "나를 비롯해 그 어떤 사람도 못나거나 쓸모없는 존재는 아니야."

가벼운 합리적 신념을 끈질기게 반박하자

창의적인 합리적 정서행동 치료사인 윈디 드라이든(Windy Dryden)은 가벼운 합리적 신념을 강력하고 견고한 정서적 신념으로 바꾸는 기법을 개발했다. "내가 원하는 것이 꼭 필요한 것은 아니야! 아무리 간절히 성공하길 바라더라도 꼭 그럴 필요는 없어!"라고 자신에게 가볍게 말하고, 스스로 그렇게 느낀다고 확신하지 못한다면 '합리적 신념'을 반박해 더욱 설득력 있는 대답을 찾아낼 수 있을 것이다. 예를 들면 다음과 같다.

- 가벼운 합리적 신념: "내가 원하는 것이 그렇게 꼭 필요한 것은 아니야."

- 반박: "왜 내가 원하는 것이 필요한 것이 아닌가?"
- 대답: (a) "내가 원하는 것 없이도 살 수 있다." (b) "운명이나 우주가 내가 원하는 것을 내줘야 하는 것은 아니다." (c) "원하는 것을 얻지 못하더라도 내게 행복을 주는 일은 여전히 많다." (d) "내가 원하는 모든 것을 절대적으로 필요로 하고 성취하더라도 그 모든 것을 즐길 시간이 없을 것이다."

- 가벼운 합리적 신념: "아무리 간절히 바라더라도 꼭 성공할 필요는 없어."
- 반박: "아무리 간절히 성공하길 바라더라도 꼭 성공할 필요가 없는 이유는 무엇인가?"
- 대답: (a) "성공하려고 아무리 노력해도 분명 언제든 실패할 수 있다." (b) "내가 반드시 성공해야 한다는 우주의 법칙 따위는 없다." (c) "나는 실수할 수 있는 인간이므로 당연히 쉽게 실패할 수 있다." (d) "질병과 장애 같은 모든 종류의 불행한 환경이 나를 실패로 이끌 수 있다." (e) "지금과 달리 초인적인 존재가 되어야만 매사에 성공할 수 있다."

가벼운 합리적 신념-감정-행동을 강력하고 끈질기게 반박하면 그 신념이 어설프다는 것을 깨닫고, 이를 더욱 강력하고 확실한 신념으로 바꾸어 실현할 수 있을 것이다.

노력하면 치료 효과를 되돌릴 수 있다

46세의 소매상인 토니는 앞장에서 언급한 조지아나와 같은 집단치료에 참여했다. 조지아나가 지독한 질투심을 잘 이겨낸 것을 지켜본 그는 자신에게 재발한 감정 문제를 극복하기 위해 그녀와 비슷한 과제를 정했다. 그는 사업 때문에 심한 불안과 우울 증세를 겪고 있었다. 특히 크리스마스 시즌에는 전년도보다 판매 실적을 올려야 하는 절박한 상황이었다. 판매가 부진하자 이후 몇 개월 동안 우울증에서 벗어나지 못했다.

1년 동안 함께한 집단치료에서 환자들과 나는 토니가 불확실성을 받아들이고 매출에 대한 걱정을 내려놓도록 도왔다. 하지만 그는 새로운 혼란에 다시 빠져들곤 했다. 조지아나가 마침내 나아지고 그 상태를 유지하는 모습을 지켜본 그는 자신에게 똑같은 기법을 적용하기로 했다. 다음 사항에 초점을 맞췄다.

1. 처음에 소매점 때문에 다시 심각한 혼란에 빠진 자신을 크게 자책했다. 하지만 이전 상태의 재발은 자신이 정상이고(건전하지는 않지만) 실수할 수 있는 인간이라는 것을 보여줄 뿐이라고 이해하려고 노력했다. 다시 찾아온 불안을 집단치료에서 떳떳하게 이야기했고, 가족과 친구들에게도 털어놓았다.
2. 이전 상태의 재발을 나쁘게 보았지만 그렇게 만들었다는 이유

로 자신을 나약한 사람으로 여기지는 않았다. 이런 자기수용 덕분에 다시 불안을 극복하려고 노력할 수 있었다.

3. 극심한 혼란이 다시 찾아왔을 때 주로 다음과 같은 비합리적 신념을 유지하고 있음을 깨달았다. "올해는 매출을 크게 올려야 해! 매출이 떨어지면 최악일 거야. 그 뒤에 닥칠 어려움을 견딜 수 없어!"

4. 강력하고 끈질기게 자신의 신념을 반박하고 대답했다.

- 반박: "올해 매출이 올라야 한다는 근거가 어디에 있는가?"
- 대답: "바보 같은 내 머릿속에만 있다! 매출이 오르면 좋겠지만 꼭 그럴 필요는 없다."
- 반박: "매출이 떨어지면 어떤 면에서 끔찍하다는 것인가?"
- 대답: "전혀 끔찍하지 않다! 지독하게 실망스러울 뿐이다. 그런다고 내 인생이 끝나지는 않는다!"
- 반박: "매출 부진으로 인한 어려움을 정말 견딜 수 없을까?"
- 대답: "당연히 견딜 수 있다! 나는 망하지 않을 것이고, 가족을 굶기지도 않을 것이다. 그리고 내년에는 상황이 더 나아지도록 노력할 수 있다."

5. 비합리적 신념을 반박하는 것이 쉬워질 때까지, 그리고 새로운 효과적인 철학에 예외 없이 도달할 때까지 적극적이고 맹렬하게 이의를 제기했다.

6. "안타깝지만 매출이 부진하면 부진한 거지, 뭐!"라고 생각하면서 다음과 같이 물었다. "나는 실제보다 더 '나쁜 일'로 받아들

이는 것일까, 아니면 실제로 '끔찍한 일'로 생각하는 것일까?" 그리고 대답했다. "제기랄, 내가 인정하든 안 하든 매출이 부진한 것은 너무 나쁜 일이야. 하자만 끔찍한 일도, 참을 수 없는 일도 아니야! 그저 아주 나쁜 일일 뿐이야."

7. 자신에게 여러 차례 강력히 말했다. "꼭 매출이 올라야 하는 것은 아니야. 지난해보다 부진하더라도 행복하게 살 수 있어. 수입이 줄어드는 것은 절대 지독한 공포가 아니야!"

토니는 이런 과제를 자주 실천하면서 가끔씩만 다시 극심한 혼란에 빠지는 상태에 이르렀다. 다행히도(이렇게 말할 수 있다면) 소매점은 최악의 크리스마스 시즌을 맞았다. 그는 비록 실망하고 안타까워하기는 했지만 그 일로 좀처럼 불안해하지도, 우울해하지도 않았다. 그는 집단치료에서 다음과 같이 말했다. "이번 크리스마스에 매출이 떨어져서 금전적인 손해를 봤어요. 하지만 저를 되찾았고 불안을 통제할 수 있게 되었어요. 그게 돈보다 훨씬 소중해요." 치료집단의 생각도 같았다.

토니는 성욕 감퇴 등 다른 문제들도 해결하려고 노력했다. 난생처음 소매점의 부진한 판매 실적을 수월하게 받아들였다.

위의 합리적 정서행동치료 계획에 따라 계속 노력하면 이전 상태의 재발을 막을 수 있고 일시적으로 후퇴한 치료 효과를 되돌릴 수 있다.

감정 장애가 이전 수준으로 되돌아가는 것에 대한 감정적 혼란을 극복하기 위해 합리적·정서적 상상하기를 이용할 수 있다. 불안, 우울, 분노 등거의 모든 문제에 이 방법을 적용해보자.

합리적·정서적 상상하기를 실행할 때는 먼저 자신에게 일어날 수 있는 최악의 상황을 상상한다. 예를 들면 대중 연설에 대한 두려움이나 담배 중독을 극복하기 위해 열심히 노력했는데 지금 다시 이전 상대로 돌아와 전보다 더 심한 두려움을 느끼거나, 어느 때보다 더 많은 담배를 피우고 있는 상황을 상상하는 것이다.

이전에 두려움이나 중독을 극복하기 위해 열심히 노력했는데 다시 원래 상태로 돌아간 것에 대해 불안, 우울, 자기혐오를 느낀다고 상상하자. 일어날 수 있는 최악의 상황을 생생하게 상상하면서 이전 상태로 돌아간 것에 대해 극도의 창피함과 자책, 자괴감을 느낀다고 가정하자. 이제 불안정한 감정을 온전히 받아들이고 잠시 동안 '충분히' 느껴보자. 죄책감이나 자괴감을 피하지 말자. 오히려 그런 감정을 마주하고 진심으로 느껴보자.

한동안 이 불안정한 감정을 느낀 뒤에는 건전한(하지만 여전히 강력한) 감정만 느끼도록 스스로를 밀어붙이자. 그렇게 해서 자신의 행동에 대해 (원래의 두려움이나 중독으로 되돌아가는 잘못된 행동을 했으므로) 실망이나 후회, 짜증을 느끼되 수치심이나 죄책감, 우울, 자괴감 등 해로운 감정은 없애거나 바꾸도록 하자.

앞에서 지적했듯이, 자신의 감정을 바꿀 수 없다는 생각은 하지 않기 바란다. 분명히 바꿀 수 있기 때문이다. 애초에 불안한 감정을 만든 것은 배후의 다른 인물이 아니라 자기 자신이라는 사실을 잊지 말자. 따라서 우리는 언제든지 직감 수준의 감정에 다가가 다른 감정을 경험하도록 스스로를 밀어붙일 수 있다. 우리에게는 분명 그럴 능력이 있으니 집중해서 시도해보자.

수치심, 죄책감, 우울, 자괴감 대신 안타까움, 후회, 실망, 짜증만 느끼도록 스스로를 몰아붙였다면 이렇게 새롭고 건전한 (여전히 부정적인) 감정을 갖기 위해 머릿속에서 무슨 일을 했는지 살펴보자. 자신을 자세히 들여다보면 신념체계(또는 비합리적 신념이나 허튼소리)가 바뀌었고, 그로 인해 감정적 결과가 바뀌어서 이제 해로운 감정 대신 이로운 감정을 느끼는 것을 알게 될 것이다. 자신이 상상한 불쾌한 선행사건에 대해 새로운 건전한 감정적 결과를 만드는 데 사용한 합리적 신념을 완전히 인식해야 한다.

위 경우의 선행사건은 이전 공포증이나 중독으로 돌아간 것을 인식한 것이었다. 불합리한 신념(iB)을 짚어내는 단계에서 "원래 상태로 돌아가지 말았어야 했어! 다시 중독에 빠지다니 정말 끔찍하고 창피한 일이야! 나는 그런 어리석은 짓을 저지른 무능한 사람이야!"라고 자책했을 것이다. 그리고는 우울, 죄책감, 자기혐오에 빠졌을 것이다. 합리적·정서적 상상하기를 제대로 진행하면 다음과 같은 새로운 합리적 신념으로 바꿀 수 있다. "원래 상태로 돌아간 것은 몹시 불행하고 불쾌한 일이지만 두 걸음 전진했다가 한 걸음 후퇴하는 것은 나를 비롯한 모든 인간의 본성이야.

두세 걸음 후퇴할 때도 있어! 나는 내 자신이 그런 어리석은 짓을 하도록 내버려둘 수 있는 무능한 사람이 아니라 가끔 무능하게 행동하는 꽤 유능한 사람이야. 그리고 때때로 어리석게 행동하는 것도 내 본성이야! 하지만 앞으로는 분명 이보다 더 잘할 수 있고, 이전의 나아졌던 상태로 당장 돌아갈 수 있어. 좋아, 다시 시작하자!"

이런 새로운 합리적 신념이 당신의 감정을 변화시킨다는 것을 관찰하고 이해하자. 합리적 신념을 되새기고 불안정한 감정을 바꾸는 연습을 몇 번이고 반복하자.

보다 건전한 감정을 느끼려고 노력해도 불안한 감정이 바뀌지 않는다면 똑같은 불쾌한 경험이나 사건을 계속 상상하고, 자신의 감정이 건전한 감정으로 바뀔 때까지 머리와 가슴으로 계속 노력해야 한다. 자신이 감정을 만들고 통제하므로 언제든지 감정을 바꿀 수 있다는 사실을 잊지 않아야 한다.

이전 상태로 돌아간 것(또는 다른 해로운 감정과 행동)에 대해 불안, 우울, 죄책감, 자기비하 대신 안타까움, 후회, 실망, 짜증, 불만을 느끼는 것에 성공하고, 어떤 신념을 바꾸어서 기분은 상하되 화를 내지 않게 되었는지 정확히 이해했다면 그 과정을 계속 반복한다. 매우 불안정한 상황을 상상하면서 불안 대신 불쾌감 정도만 느끼려고 애써야 한다. 이제 감정을 바꾸기 위해 머릿속에서 어떤 생각을 했는지 확인하고 이런 과정을 반복해서 연습한다. A에서 매우 불행한 경험을 떠올리고, C에서 속상함을 느낀 뒤 이 감정을 실망과 안타까움으로 바꾸고, B에서 감정을 만들고 유지하는 신념체계를 바꾸기 위해 무엇을 하고 있는지 이해할 때까지 계속 연습한다. 이후 몇 주간 매일 한 번 이상(가능하면 두세 번) 합리적·정서적 상상하기를 연습하면 같은 종류의 불쾌한 사건을 생각하거나 실제로 삶에서 그런 일이 일어날 때마다 해로운 우울감이나 자괴감 대신 무의식적으로(저절로) 불쾌감이나 안타까움을 느끼는 수준에 이를 것이다.

합리적·정서적 상상하기는 불행한 일이 일어나기 전에 상상력을 발휘해 실행할 수 있다. 또 실제로 그런 일이 일어날 때 동시에 실행할 수도 있다. 불행한 일이 일어났을 때 합리적·정서적 상상하기를 미처 실행하지 못했다면 한 시간 뒤, 또는 하루나 이틀 뒤에 시도할 수도 있다. 어떤 경우든 죄책감이나 수치심, 우울, 불안감을 느끼게 만든 다음 스스로를 몰아붙여서 실망이나 불만은 느끼되 진정으로 화를 내지는 않도록 한다.

합리적 정서행동치료 효과가 후퇴하는 것(또는 자신을 화나게 하는 모든 것)에 대해 하루에 한 번 이상 합리적·정서적 상상하기를 실천하기로 자신과 약속했는데, 이를 계속 미루다가 결국 하지 못했다고 가정해보자. 그럴 때는 자신과 약속한 횟수만큼 합리적 상상하기를 실천한 뒤, 자신이 정말 좋아하는 것(독서, 음식, TV 시청, 사교 활동 등)으로 보상함으로써 강화를 활용할 수 있다. 또한 약속을 어기고 합리적·정서적 상상하기를 실행하지 않았을 때는 자신이 무척 싫어하는 일(역겨운 음식 먹기, 싫어하는 단체에 기부하기, 아침에 30분 일찍 일어나기 등)을 벌칙으로 줄 수도 있다.

이런 종류의 보상이나 벌칙 없이 합리적 정서적 상상하기를 실행할 수도 있지만 그렇게 하는 것에 어려움이 있다면 강화 기법에 기대어 도움을 얻을 수 있다. 이와 마찬가지로 다른 중요한 일을 미루는 경우 그 일을 한 뒤에는 스스로 보상을 주고, 하지 않았을 때는 벌칙을 줄 수 있다. 이런 방법이 당신이 원하는 일을 반드시 하게 만들지는 않을 것이다. 하지만 종종 도움이 될 수 있다!

자신을 화나게 하는 기본적인 비합리적 신념을 이해했다면, 이 이해를 바탕으로 현재와 미래의 다른 감정 문제를 탐색하고 반박해서 극복할 수 있다. 합리적 정서행동치료를 통해 불안정한 증상을 줄여나갈 때마다 이를 어떻게 사용할 수 있는지 알아보자. 그리고 다양한 영역의 감정 문제에서 합리적 정서행동치료를 연습해보자.

C H A P T E R   18

REBT 통찰 13

불행에 대한 거부를
확대할 수 있다

"거의 모든 감정 문제는 부분적으로
자신의 비합리적 신념에 의해 만들어진다.
비합리적 신념은 끈질기게, 강력하게 반박하고
이에 맞서 행동함으로써 없앨 수 있다."

- 앨버트 엘리스 -

감정 문제의 원인은 비합리적 신념이다

합리적 정서행동치료는 감정 문제에 대한 두 종류의 해법을 제시한다. (a) 즉각적이고 제한적이며 일시적인 해법과 (b) 오래 지속되고 확장 가능하며 명쾌한 해법이다. 덜 명쾌하고 일시적인 해법도 제법 쓸 만하다. 불안, 우울, 자기혐오, 적대감, 자기연민이라는 감정을 빠르게 없애는 방법을 알려주기 때문이다. 무기력과 무능, 미루는 습관, 공포증, 강박증, 중독을 줄이는 방법도 알려준다.

하지만 확장 가능하고 오래 지속되는 해법이 더 낫다. 다음과 같은 방법을 알려주기 때문이다.

- 치료 효과를 유지하는 방법
- 같은 방식으로 다시 화를 내지 않는 방법

- 이전 상태로 돌아갔을 때 빠르게 회복하는 방법
- 원래의 불안을 자신이 경험할 수 있는 다른 문제로 일반화하는 방법
- 남은 인생 동안 모든 종류의 신경증적 문제를 극복하고 그 효과를 유지하는 방법
- 어떤 상황에서도 불행을 자초하는 것을 단호히 거부하는 방법

우리는 신경증적 문제가 기본적인 세 가지 종류의 절대적·강박적 사고에서 비롯되고, 비현실적이고 비과학적인 독단을 버리더라도 모든 감정 문제가 비슷한 다른 비합리적 신념에서 생겨나는 것을 알 수 있다. 그렇다면 다른 비합리적 행동에 대해서도 똑같은 합리적 정서행동치료 해법을 확대해서 적용할 수 있다. 따라서 합리적 정서 행동치료는 감정적 고통에 구체적이고 일반적인 해결책을 제공한다고 볼 수 있다.

이것이 'REBT 통찰 13'이다.

REBT 통찰 13

"자신을 화나게 하는 기본적인 비합리적 신념을 이해했다면, 이 이해를 바탕으로 현재와 미래의 다른 감정 문제를 탐색하고 반박해서 극복할 수 있다."

치료 효과를 확장할 수 있는 방법들

일련의 감정 문제를 해결하는 것에서 다른 불행을 줄이는 데까지 합리적 정서행동치료의 활용 범위를 넓히려면 어떻게 해야 할까? 치료 효과를 확장할 수 있는 방법은 다음과 같다.

1. 현재의 속상함과 그 속상함을 느끼는 방식이 특별하지 않다는 것을 스스로에게 입증한다. 거의 모든 감정 문제는 부분적으로 자신의 비합리적 신념에 의해 만들어진다는 사실을 인정하자. 따라서 그런 비합리적 신념은 끈질기게, 강력하게 반박하고 이에 맞서 행동함으로써 없앨 수 있다.

2. 불안을 느낄 때는 대개 다음과 같은 비합리적 신념 때문이라는 사실을 인식하자

   a. "나는 다 잘해야 하고 중요한 사람들에게 꼭 인정받아야 해." 이 비합리적 신념은 불안, 우울, 자기혐오를 느끼게 하고, 실패할 것 같은 일을 회피하게 만들며, 결과가 좋지 않을 수 있는 관계에서 도망치게 한다.

   b. "다른 사람들은 나를 공정하고 상냥하게 대해야 해!" 이 신념은 자신을 화나고 분노하게 하며, 폭력적이고 지나치게 반항적으로 만든다.

   c. "내가 살아가는 환경은 안락해야 하고 크게 성가신 일이 없

어야 해!" 이 신념은 낮은 좌절인내력, 자기연민을 느끼게 하며 때로는 분노와 우울을 불러온다. 또한 미루는 습관, 강박, 중독으로 이끌기도 한다.

3. 이 세 가지 독단적인 당위적 사고를 적용하면 다음과 같이 다양한 비합리적 결론을 얻기 쉽다는 사실도 인식해야 한다.

   a. "나는 마땅히 해야 할 일을 잘하지 않고 있으므로 무능하고 쓸모없는 사람이야!"(못났어)

   b. "중요한 사람들에게 인정받지 못해서 괴롭고 끔찍해! 세상도 끝났어!"(끔찍해, 최악이야)

   c. "나를 공정하고 친절하게 대하지 않기 때문에 그들은 아주 형편없는 사람들이고 저주받아 마땅해!"(저주받아야 해)

   d. "내가 처한 환경이 충분히 안락하지 않고, 내 인생에 성가신 일도 많기 때문에 참을 수 없어! 나는 사는 게 비참해!"(참을 수 없어)

   e. "절대 그러면 안 되는데 실패하고 거절당했으므로 나는 항상 실패할 것이고 절대 인정받지 못할 거야! 그래서 내 인생은 영원히 절망적이고 기쁨도 없을 거야!"(항상 그럴 거야, 절대 못할 거야)

4. 이런 비합리적 신념이 자주, 그리고 일반적으로 자신을 화나게 한다는 사실을 이해하도록 하자. 여러 가지 바람직하지 않은 상황에서 스스로 이런 신념을 불러일으킨다는 것도 알아야 한다. 불안과 우울을 느끼고 어리석게 행동하는 거의 모든 경우

에 의식적 또는 무의식적으로 하나 이상의 비합리적 신념을 몰래 끌어들이고 있음을 깨달아야 한다. 따라서 한 가지를 거부했는데도 여전히 불안정하다면 새로운 영역에서 동일한 합리적 정서행동치료 원칙을 이용해 비합리적 신념을 찾아내서 없앨 수 있다.

5. 경직되고 독단적인 당위적 사고를 버리고 융통성 있는(여전히 강력하지만) 소망과 선호로 바꾸면 어떤 식으로든 자신을 불안하게 하는 것이 거의 불가능하다는 사실을 스스로에게 계속 보여주자.

6. 과학적 방법을 강력하게 활용함으로써 비합리적 신념을 바꿀 수 있다는 사실을 끊임없이 인식해야 한다. 자신의 감정과 행동에 대한 성찰을 포함하는 과학적 사고를 통해 비합리적 신념이 사실이 아닌 가정일 뿐임을 스스로에게 보여줄 수 있다. 다음과 같이 다양한 방식으로 논리적이고 현실적으로 이의를 제기할 수 있다.

  a. 비합리적 신념이 목표 도달과 행복을 방해하는 해로운 요소임을 스스로에게 보여줄 수 있다. "나는 중요한 일을 성공해야 하고, 만나는 모든 중요한 사람들에게 인정받아야 해"라고 굳게 믿더라도 때때로 실패하고 인정받지 못할 것이며, 그로 인해 안타까움과 실망감 대신 불안과 우울한 감정을 느낄 것이다.

  b. 비합리적 신념은 현실에 부합하지 않으며, 특히 인간이 불

완전하고 실수를 저지를 수 있는 존재라는 사실과 맞지 않는다. 만일 우리가 언제나 성공해야 하고 또 우주가 우리에게 반드시 그렇게 해야 한다고 명령했다면 우리는 분명 늘 성공했을 것이다. 하지만 누구나 종종 실패한다! 항상 다른 사람의 인정을 받아야 한다고 정해져 있다면 결코 실망할 수 없을 것이다. 하지만 우리는 종종 실망한다! 우리가 요구하는 모든 것을 우주가 항상 들어주지는 않는다. 그러므로 우리의 소망은 대개 현실적이지만 '절대적 요구'는 현실과 동떨어져 있다!

c. 비합리적 신념은 합리적 전제나 가정에서 비롯된 것이 아니므로 비논리적이고 모순적이다. "정말 성공하고 싶어"라는 간절한 바람은 "그러니 꼭 성공해야 해!"라는 결론으로 이어지지 않는다. 정의가 아무리 바람직한 것이라도 반드시 존재해야 하는 것은 아니다. 과학적 방법이 절대적으로 확실하거나 신성한 것은 아니지만 자신의 신념 중 어떤 것이 비합리적이고 자기 패배적인지, 그 신념을 없애기 위해 사실과 논리적 사고를 어떻게 활용하는지 알아가는 데 도움이 된다. 과학적으로 생각하면 독단을 피할 수 있고, 자신과 타인, 세상에 대한 가설을 늘 변화에 열려 있는 상태로 유지할 수 있을 것이다.

7. 간절히 이루고 싶지만 반드시 이뤄야 한다고 생각하지 않는 인생의 주요 목표를 세워보자. 이 목표를 잘 따라가고 있는지 계

속 점검하고, 때로는 수정해야 한다. 목표를 이루었을 때 어떤 기분이 드는지 살펴보자. 꼭 장기적인 목표를 세울 필요는 없지만 그런 목표가 도움이 될 것이다.

8. 곤경에 빠져 비참하거나 힘겨운 삶을 살기 시작했다면 여기에서 제시한 요점을 다시 살펴보고 활용하려고 노력해보자. 고통이 없으면 성과도 없는 법이다.

보다 확장되고 명쾌한 해법으로 나아가자

나를 찾아오는 많은 환자들은 자신을 힘들게 한 문제를 빠르게, 때로는 '기적적으로' 극복하는 데 합리적 정서행동치료가 도움이 되었음에도 불구하고 이를 확대해서 적용하기를 거부한다. 좌절인내력이 낮은 까닭에 보다 확장되고 명쾌한 해법으로 나아가기를 거부하기 때문이나.

멜비나는 예외였다. 멜비나가 처음 합리적 정서행동치료를 받으러 찾아왔을 때 그녀는 20세의 매력적인 역사학도였다. 똑똑하고 특히 음악에 재능이 뛰어났지만 사회성이 떨어졌다. 너무 숫기가 없다보니 이성과 데이트를 하지 못했고, 친한 동성 친구도 없었다. 스스로 평범하고 별로 똑똑하지 않다고 생각했다. 심한 우울증에 시달렸고, 자살을 자주 생각했다. 뚜렷한 직업적 목표도 없었다. 부모(둘 다 자신처럼 심한 우울증을 앓고 있는)를 미워했고, 자신의 문제를 늘 부모의 탓으로 돌렸다.

3년 동안 받은 정신분석 치료는 멜비나에게 거의 도움이 되지 않았다. 오히려 가족에게 더욱 적대적으로 대하고 정신분석가에게 더 의존하게 만들 뿐이었다. 친구들은 그녀를 정신분석가에게서 떼어놓으려고 최선을 다했지만 아무 소용이 없었다. 그러다가 정신분석가가 심장마비를 일으켜 퇴직하고 플로리다로 옮겨갔다. 멜비나는 그와 전화로 계속 연락하려고 애썼지만 그가 전화를 거부했다. 그녀가 나를 만나기로 한 유일한 이유는 당시 51세였던 내가 그 정신분석가와 동갑이었고 얼굴도 조금 닮았기 때문이었다.

몇 달 동안 나는 부모의 '끔찍한 양육'이 아니라 멜비나의 비뚤어지고 자책하는 생각이 주로 우울감을 만들었다고 알려주려 노력했지만 아무 성과도 얻지 못했다. 처음에 그녀는 합리적 정서행동치료의 가설을 받아들이지 않았다.

나는 그녀에게 몇 가지 강력한 비합리적 신념이, 특히 "나는 언제나 매우 아름답고 똑똑하고 매력적이어야 해. 그러지 못하면 쓸모없는 존재야!"라는 믿음이 있음을 끊임없이 보여주었다. 그녀는 마침내 인정했다. "선생님 말씀이 맞는 것 같아요. 저는 바보같이 스스로 우울하게 만들고 있었어요." 하지만 그런 신념을 포기하려고 노력하는 대신 곧바로 "멍청하고 비이성적"이라고 자신을 질책하기 시작했고 오히려 더 우울해졌다.

멜비나가 자살에 대해 여러 차례 이야기해서 나는 그녀에게 항우울제 복용과 입원하는 것을 고려해보라고 권유했다. 그녀는 약물치료를 거부했고 입원도 원하지 않았기에 합리적 정서행동치료를 받아들이고 실천하기로 했다.

먼저 멜비나는 불안정한 자신을 질책하는 것을 멈추었다. 속상함 때문에 속상해하는 것을 멈추기 위해 무던히 노력했고, 우울증에 걸린 자신을 받아들이기 시작했다.

멜비나는 불안 때문에 자책하는 것을 멈춘 뒤 정말 편안해 보이는 우울증 환자가 되었다. 멜비나는 여전히 코가 너무 커서 못생겼다고, 수학에서 A가 아니라 B를 받아서 멍청하다고, 직업적인 목표가 없다고 자주 자신을 탓했다. 하지만 이제는 합리적 정서행동치료의 ABC 모델을 진정으로 이해했다. 우울해서는 안 된다는 비합리적 신념을 없애는 데 반박하기가 얼마나 도움이 되었는지 깨달았으므로 모든 자괴감을 이겨내기 위해 노력하기로 마음먹었다.

멜비나는 마음먹은 대로 실천했다. 먼저 못생긴 자신을 있는 그대로 받아들인 뒤 자신이 꽤 매력적이라고 생각했다. '멍청함'에 대한 자책을 멈춘 뒤에는 자신이 꽤 똑똑하다는 것을 깨달았다. 직업적 목표가 없는 것이 퍽 안타깝기는 하지만 끔찍한 일은 아니라고 스스로를 설득한 뒤 목표를 찾기 위해 계획을 세우기 시작했다.

이제 멜비나는 자신이 매력적이고 똑똑하다는 것을 깨달았다. 그러고는 합리적·정서적 상상하기를 활용해 못생기고 멍청한 자기 모습을 생생하게 떠올렸다. 그때 우울함 대신 안타까움과 아쉬움만 느낄 수 있었다. 이런 암울한 상황에서도 자신을 받아들이고 행복하게 살기 위해 노력할 수 있고, 또 그럴 것이라고 스스로에게 말했기 때문이다.

자신을 비하하는 것을 거부하면서 몇 개월을 보낸 멜비나는 난생처음으로 우울한 기분을 느끼지 않았다. 더 잘된 일은 모든 자기비하를 강력하게 반박함으로써 다른 불안감과 수치심도 줄일 수 있다는 사실을 깨달은 것이었다.

멜비나는 치료 효과를 더욱 견고히 하기 위해 '끔찍하다'는 생각을 반박하고 "수학을 못하는 것은 끔찍한 게 아니라 짜증나는 일일 뿐"이라며 결론지었다. "큰 코를 절대 좋아하진 못하겠지만 참을 수 있어"라고 납득할 때까지 '참을 수 없다'는 신념에 맞섰다. 더 나아가 '가망 없다'는 생각에 강경하게 맞섰고, "아직 적절한 직업을 찾지 못했지만 못 찾을 이유는 없어. 진정 좋아하는 일을 찾기는 어렵지만 절망적이지는 않아!"라고 생각을 바꾸었다.

멜비나는 과학적 사고로 독단적인 당위적 사고를 강력히 공격하면서, 친구들이 저마다의 비합리적 신념을 깨닫고 반박하도록 돕기 시작했다. 그 역할을 잘 수행했고 마침내 자신의 커리어를 찾았다. 대학원에 진학해서 임상심리학을 공부한 뒤 지난 15년 동안 뛰어난 합리적 정서행동 치료사로 활동했다. 자신의 일을 즐겼고, 친한 친구도 여럿 생겼다. 편안함을 주는 상대와 몇 년간 데이트한 끝에 결혼에 성공했으며, 아홉 살배기 딸을 둔 행복한(그리고 합리적인) 엄마가 되었다.

멜비나는 이제 성공한 심리학자이자 아내, 엄마, 친구로 행복하게 살고 있을까? 물론이다. 한 학술 모임에서 만난 그녀는 그런 역할에 실패하더라도 우울하고 불안해하지 않을 것이라고 내게 말했다. 자신이 느끼는 모든 불안과 우울에 합리적 정서행동치료의 ABC 모델을 확장해 적용하는 데 특히 열심히 노력한 그녀였기에 나는 그 말을 믿었다. 그녀는 그렇게 해서 명쾌한 합리적 정서행동치료 해법에 도달했다.

합리적 정서행동치료를 통해 주요 문제를 극복한 사람은 멜비나만큼 열심히 노력하지 않아도 다른 감정 문제로 일반화해 확장할 수 있을 것이다. 'REBT 통찰 13'을 따르다 보면 한 가지 문제를 극복하는 데 도움이 된 합리적인 아이디어를 다른 신경증적 문제를 극복하는 데 활용할 수 있다. 이번에도 그렇게 하려고 당신이 노력한다면 말이다.

글쓰기, 대중 연설, 부진한 업무 성과 등에 대한 두려움 등 커다란 불안한 가지를 극복했다고 상상해보자. 이제 이런 문제에 대해서는 괜찮아졌지만 파티나 기타 사교 모임에서 사람들과 대화하는 것에 대한 새로운 두려움이 생겼음을 깨달았다고 가정하자.

먼저 이 새로운 불안에 대해 정말 속상함이나 자괴감, 우울한 기분이 드는지 살펴보자. 만약 그렇다면 힙리적·정시적 싱싱하기를 통해 자신의 행동에 대해 실망만 느끼고, 원래 상태로 돌아간 자신을 끔찍하다고 여기지 않도록 하자. 해로운 감정을 바꾸려면 다음과 같이 합리적인 자기다짐을 해보자.

"바보같이 원래 상태로 되돌아가서 새로운 비합리적 두려움을 만들어낸 것은 싫지만, 그렇다고 내가 완전히 바보가 되지는 않아."

"미련하게 또 다른 불안을 만들어낸 것은 안타깝지만, 그런 면에서 나는 여전히 실수할 수 있는 인간이야. 실수를 줄이려고 노력할 수는 있어도 결코 완벽하지는 않아."

새로운 비합리적 행동에도 불구하고 자신을 받아들이기 시작한 뒤에는 새로운 불안을 만드는 비합리적 신념과 이전 불안의 원인이었던 비합리적 신념 사이의 공통점을 찾아본다. 예를 들어 이전에는 직장에서 일을 제대로 못하는 것을 두려워했는데, 지금은 사교 모임에서 사람들과 어울리는 것을 두려워한다고 가정해보자.

이때 이전의 비합리적 신념은 "동료들에게 좋은 인상을 줘야 해"였을 것이고, 새로운 비합리적 신념은 "사교 모임에서 만나는 사람들에게 좋은 인상을 줘야 해"일 수 있다.

또한 이전의 비합리적 신념은 "동료들은 나를 깎아내리지 않아야 해. 그들이 나를 무시하는데도 아무 말도 하지 않으면 나는 정말 바보야!"였을 수 있고, 새로운 비합리적 신념은 "모임에서 만나는 사람들은 나를 비웃거나 조롱해선 안 돼. 그들이 나를 비웃는데도 재치 있게 대꾸하지 못하면 나는 정말 바보야!"일 수 있다.

자신이 극복한 원래의 불안을 일으킨 공통적인 비합리적 신념을 찾고 그 신념이 또 어떻게 새로운 불안을 만드는지 알게 되면, 이전의 비합리적 두려움을 극복하는 데 도움이 되었던 것과 동일한 종류의 반박하기와 REBT 기법을 적용해 새로운 두려움을 이겨낼 수 있다. 성공할 때까지 끈질기게 노력하자.

불안, 우울, 죄책감, 적대감, 자기비하를 불러오는 기본적인 비합리적 신념은 몇 가지밖에 없다. 그러므로 새로운 불안이나 이전 감정 중 하나가 변형되어 되살아난 것을 발견했다면 새로운 증상을 일으키는 데 이용된 비합리적 신념을 다시 찾아낼 수 있다고 가정해보자. 이런 비합리적 신념을 찾아내면 이전 감정 문제에 효과가 있었던 반박하기 및 기타 REBT 기법을 활용할 수 있다. 포기하지 않고 계속 노력하면 거의 항상 비슷한 신경증적 증상이 비슷한 비합리적 신념에서 비롯된다는 사실을 알게 될 것이다. 이런 식으로 일반화해서 비합리적 신념을 다시 물리칠 수 있다.

자기 패배적 행동도 마찬가지다. 예를 들어 과식하는 데 강박적으로 중독된 사람은 "이 맛있는 음식이 내게 꼭 필요하고, 이 음식을 빼앗기는 것은 견딜 수 없어!" 같은 비합리적 신념을 찾아내고 바꿈으로써 중독을 이겨냈을 수 있다. 이제 그는 담배나 카페인에 강박적으로 중독되었을 수 있으며, 중독에 이르게 한 비슷한 '욕구'와 '참을 수 없는 일'을 찾아낼 수 있다.

이전에 맛있는 음식이 꼭 필요하지는 않으며 음식을 빼앗겨도 견딜 수 있다는 것을 스스로에게 증명했다면, 지금도 마찬가지로 담배나 카페인이 꼭 필요하지는 않으며 그것들이 없어도 견딜 수 있다는 것을 스스로에게 증명할 수 있다. 이전에 지나치게 많은 음식을 불편하게 밀어냈듯이 이제는 불필요한 담배와 커피를 억지로 밀어낼 수 있다. 처음에 중독을 이겨낼 때 불편했지만 죽을 만큼은 아니었다. 이번에도 죽을 만큼 불편하지는 않을 것이다.

정서적인 REBT 기법을 성공적으로 사용한 경험을 일반화할 수도 있다. 매주 본가나 처가를 방문하지 않는 것에 대해 죄책감을 느끼는 사람은 다음과 같이 강력하게 되뇌면서 죄책감을 덜어냈을지도 모른다. "부모님이 요구하는 만큼 내가 자주 찾아가지 않아서 그분들이 속상한 게 아니야. 부모님이 속상한 것은 그분들 책임이야. 정말 안타깝지만 부모님이 나를 미워해도 어쩔 수 없어. 그 정도는 감수할 수 있어. 최악의 경우 나는 부모님에게 못된 자식이 되지만 그렇다고 해서 내가 못된 사람인 것은 아냐!"

사람들에게 약점을 드러내는 것, 최고의 부모가 되지 못하는 것 등에 대한 수치심이나 죄책감을 극복하기 위해 과거의 REBT 성공 경험을 일반화하고, 비슷한 정서적 기법을 사용해 새로운 자기비하 문제를 극복할 수 있다.

합리적 정서행동치료를 통해 불안정한 증상을 하나씩 줄여나갈 때마다 다른 증상을 이겨내기 위해 이를 어떻게 사용할 수 있는지 스스로에게 물어보자. 그리고 다양한 영역의 감정 문제에서 REBT 기법을 이용하는 것이 습관처럼 자연스러워질 때까지 비슷한 환경에서 활용하는 연습을 반복해보자.

사람은 자신의 감정을 바꿀 수 있다. 어떤 일이 일어나든 그 일에 대해 느끼는 감정들을 스스로 결정할 수 있다. 부정적인 생각, 감정, 행동이 나타나면 합리적 정서행동치료의 통찰 방법을 적용해서 원인이 되는 문제 상황에 합리적으로 대응하고 긍정적인 생각, 감정, 행동을 유지하기 위해 노력해보자.

REBT 통찰 14

어떤 상황에서도 심각한 불안이나 우울을 단호히 거부할 수 있다

"힘들지만 끔찍하지도 않고 최악도 아니다.

그냥 힘들 뿐이다.

이제 더 큰 즐거움을 찾기 위해

어떤 준비를 할 것인가?"

- 앨버트 엘리스 -

사람은 자신의 감정을 바꿀 수 있다

당신에게 최악의 상황이 벌어졌다고 가정해보자. 어떤 상황에서도 심각한 불안이나 우울을 당신이 단호히 거부할 수 있을까? 분명히 그럴 수 있다.

우리는 창의적인 인간이라는 사실을 잊지 말자. 가장 불행한 상황에서 창의성을 일부만 발휘하더라도 불행하지 않고 때로는 행복할 수 있다.

오래전 미국의 유명한 음악가가 들려준 극단적인 사례를 예로 들어 설명하겠다. 그는 은퇴한 노부부를 알고 있었다. 그 부부에게는 똑똑하고 잘생긴 아들이 하나 있었지만 여섯 살 때 폐렴으로 세상을 떠났다. 부부는 아이 잃은 슬픔을 잘 견뎌냈다. 다시 아이를 갖기 위해 노력했지만 실패한 뒤에도 꿋꿋하게 견뎠다.

아들이 죽은 뒤 수년 동안 사람들은 그들에게 이렇게 말하곤 했다. "그렇게 예쁜 아이를 잃었으니 얼마나 슬프겠어요. 그 애가 살아 있다면 얼마나 좋을까요. 두 분에게 큰 위안이 되었을 거예요. 지금쯤이면 결혼해서 손주도 안겨줬겠죠. 나이가 들면서 아이들 보는 재미가 쏠쏠했을 텐데요. 당연히 상심이 크고 무척 슬프겠죠!"

그 부부는 곧바로 이렇게 대답했다. "아뇨. 우리 아들 마비와 그 아이의 죽음을 생각할 때 우리는 전혀 슬프지 않아요."

사람들은 깜짝 놀라서 되물었다. "슬프지 않다고요?"

"그럼요. 우리와 사는 동안 정말 좋은 아이였고 행복한 삶을 살았어요. 이제 천국으로 갔으니 하나님이 아주 잘 돌봐주시고, 그곳에서 항상 행복하게 지낼 기라고 확신해요. 그래서 우리는 아이에게 생긴 일이 전혀 슬프지 않아요."

부부는 암울한 상실감에도 불구하고 진심어린 미소를 지으며 자신들이 얼마나 행복한지 모든 사람을, 특히 자신들 스스로를 설득하곤 했다.

그 이야기를 들은 나는 슬픔을 감추거나 방어적으로 부정하는 것은 아니었을까 하는 의심이 들었다. 아마도 그랬을 것이라고 생각한다. 이 부부는 근원적인 슬픔과, 심지어 우울함마저 억눌렀을 것이다. 나는 그들처럼 극심한 상실감을 부정하는 것을 결코 권장하지 않는다. 사실 그들의 행동은 방어적인 부정이었을 가능성이 매우 크다.

이 사례를 소개하며 내가 하고 싶은 말은, '사람은 자신의 감정을 바꿀 수 있다'는 것이다. 어떤 일이 일어나든 그 일에 대해 이런저런 감정을 느끼도록 창의적으로 결정할 수 있다. 게다가 선택할 수 있는 감정의 범위가 꽤 넓다.

암울한 상황에서도 REBT로 개선할 수 있다

———

삶에서 이런 선택의 자유를 시험해보고 싶다면 함께 시도해보자. 당신에게 일어날 수 있는 최악의 상황을 상상해보자. 분명히 싫어하고 쉽게 불안, 우울, 분노를 느낄 수 있는 상황을 말한다. 나는 이런 암울한 상황을 보여주고 질문을 던지려고 한다.

이 책에서 논의한 REBT 통찰을 성실하게 적용함으로써 그 문제에 합리적으로 대응하고, 적당히 슬프고 불쾌하고 짜증나는 감정을 느끼되 해로울 정도의 극심한 혼란을 느끼지 않으며, 망가지지 않을 수 있는지 물으려는 것이다. 자, 이제 시작해보자.

- 질문: 오랜 구직 활동 끝에 딱 맞는 일자리를 찾았는데 한심하게도 회사에 지각하고 게으름을 피우고 상사에게 무례하게 구는 바람에 해고당했다고 가정하자. 스스로에게 합리적으로 무슨 말을 할 수 있겠는가?
- REBT 대답: 다음과 같이 대답할 할 수 있다. "너무 아쉬워! 이번엔 내가 확실히 잘못했어. 그렇다고 해서 내가 멍청하거나

무능한 사람은 아냐. 단지 쓸데없이 자신을 망친 사람일 뿐이
야. 이제 어떻게 하면 다시 좋은 직장을 구하고 열심히 일해서
상사에게 잘 보일 수 있을까? 다시는 이렇게 좋은 직장을 구하
지 못하더라도 내가 할 수 있는 최선을 다하고, 더 열악한 환경
에서도 되도록 쓸모 있고 행복한 사람이 되려고 노력할 거야."

- 질문: 큰 사고로 팔이나 다리, 또는 시력을 잃었다고 가정해보
  자. 이런 장애를 안고 어떻게 삶을 꾸려나갈 수 있을까?
- REBT 대답: 쉽지는 않을 것이다. 분명 커다란 박탈감과 좌절
  감을 느낄 것이다. 하지만 꼭 우울해할 필요는 없다. 이렇게 다
  짐해보자. "능력과 즐거움이 심각하게 제한되었지만 나는 여전
  히 흥미롭고 즐거운 일을 할 수 있고, 장애를 보완하는 방법을
  찾을 수 있어. 내가 할 수 없는 일에 초점을 맞추며 침울해하는
  대신, 다양하게 누릴 수 있는 흥미와 즐거움에 집중하면 돼. 그
  러면 행복한 삶을 보장받을 수 있을 거야."

- 질문: 주식을 저가에 매수했는데 얼마나 더 오를지 몰라 불안
  한 마음에 아주 조금 올랐을 때 팔았다고 가정하자. 조금만 더
  오래 가지고 있었으면 큰 수익을 낼 수 있었는데 말이다. 그래
  도 스스로 불행하다고 느끼지 않을 수 있을까?
- REBT 대답: 틀림없이 그럴 수 있다! 남들은 큰 수익을 낼 때
  까지 버틴 반면, 나는 바보같이 잘못된 타이밍에 주식을 팔아

서 손해를 봤다면 손실에 대해 실망감은 느낄 수 있어도 나 자신을 미워하지는 않아야 한다. 스스로 이렇게 설득할 수 있다. "첫째, 무엇이든 도박을 하기로 결정했다면, 그것이 도박이고 돈을 딴다는 확실성이 없다는 사실을 인정해야 해. 둘째, 주식을 사고팔면서 항상 최대 수익을 얻는 사람은 없어. 나도 마찬가지야! 셋째, 조금이나마 수익을 남겨서 다행이야. 넷째, 내가 이 거래에 대해 얼마나 한심하게 불안해하는지, 또 앞으로 어떻게 하면 불안을 덜 수 있는지 알 수 있는 기회였어. 다섯째, 큰돈을 버는 것은 좋은 일이고 나를 더 행복하게 할 거야. 하지만 적게 번다고 자책하지만 않는다면 적은 돈으로도 분명 행복할 수 있어."

- 질문: 사랑하는 배우자나 정말 아끼는 친구 중 한 명이 세상을 떠났다고 가정하자. 크나큰 슬픔에 어떻게 합리적으로 대응할 수 있을까?
- REBT 내담. 내가 바꿀 수 없는 것을 좋아하지는 못하더라도 꿋꿋하게 인정하는 것이다. 스스로에게 단호하게 말해보자. "죽음은 우리 모두가 피할 수 없는 거야. 나도 이 죽음을 막을 수 없었어. 그 사람이 무척 그리울 테고, 그와 함께한 즐거움을 박탈당한 기분일 거야. 그래도 우리가 함께 보낸 좋은 시간들을 떠올릴 수 있어. 그 사람이 나에게 큰 기쁨을 준 것은 알지만, 내가 느낀 감정은 내 감정이니까 다른 사람들과도 비슷한

감정과 즐거움을 느낄 수 있을 거야. 이제 사랑하는 마음을 키우고 적당한 상대를 찾으려면 무엇을 해야 할까?"

- 질문: 운동, 일, 낭만적인 연애 등 예전에 즐겨하던 활동을 더 이상 즐기지 못하게 되었다고 가정하자. 우울한 기분이 들지 않을까?

- REBT 대답: 절대 그렇지 않다! 분명 삶이 덜 만족스럽고 덜 즐겁긴 할 것이다. 하지만 완전히 그렇다는 뜻은 아니다. 어리석게 '이전의 즐거움을 계속 누려야만 해'라고 생각하면서 스스로를 우울하게 만들지 않는 이상 그럴 리는 없다. 그렇게 생각하면 인생을 망치고 거의 아무것도 즐기지 못할 것이다. 하지만 운동, 일 등 모든 일에서 더 이상 흥미를 느끼지 못하더라도 살아 있는 한 내가 좋아하는 일을 틀림없이 찾을 수 있다. 그러기 위해서는 탐색하고 실험하고 찾아내야 한다. 생각하는 것만으로도 즐거울 수 있다. TV 시청에서도 즐거움을 찾을 수 있다. 특정한 즐거움이 없는 삶은 전혀 만족스럽지 않다고 확신하는 것을 멈추기만 한다면 말이다.

- 질문: 말기 암 등으로 끊임없는 육체적 고통을 겪고 있어서 아무것도 즐기지 못하며 이 고통스러운 생활이 죽을 때까지 이어질 것이라고 확신한다고 가정해보자. 그렇다면 진짜 불행을 피하기 위해 무엇을 할 수 있을까?

- REBT 대답: 신체적으로 할 수 있는 일은 거의 없다. 정서적으로도 행복하지 않을 것이다. 내가 그렇게 안타까운 상황에 처했고, 사랑하는 이들을 돕거나 중요한 프로젝트를 마무리하는 것처럼 계속 성취해야 할 중요한 목표가 없다면, 합리적으로 그리고 차분하게 고통 없는 자살을 결심할지도 모른다. 분명 사는 편이 낫다고 생각하지만 삶이 신성한 것은 아니며 모든 상황에서 좋은 것은 아니기 때문이다. 그러므로 고통이 모든 만족을 가로막는다면 살아가는 의미가 거의 없을 것이다. 하지만 절망적으로 떠나지는 않을 것이다. 지금까지 살아온 삶에 감사하고, 이토록 고통스러운 삶이 안타까울 뿐이고, 이 삶을 빨리 마감하는 방법을 생각할 수 있어서 다행이라고 느낄 것이다. 또 다른 선택은 집필중인 중요한 책을 마무리하는 등 내가 할 수 있는 중요한 일에 집중하고, 적어도 이 일을 마칠 때까지 고통을 견디는 것이다. 어떠한 경우든 나는 합리적으로 생각해서 '최악'의 상황조차도 '끔찍한' 상황이 아니라는 것을 스스로에게 보여줄 것이다.

- 질문: 함께 있으면 행복한 특별한 연인을 찾았는데, 당신이 아주 비열하게 행동해서 그 사람이 다른 누군가에게로 떠나버렸다고 가정하자. 스스로를 우울하게 만드는 것을 어떻게 단호히 거부할 수 있을까?
- REBT 대답: 말 그대로 스스로를 우울하게 만드는 것을 단호히

거부하면 된다. 스스로에게 이렇게 말할 수 있다. "그건 비열한 행동이었지만 그렇다고 내가 비열하고 못난 사람이 되는 건 아니야! 내가 이번에 못되게 행동했고 좋은 관계를 망쳤다는 사실을 인정해야 해. 하지만 이 어리석은 행동으로 내가 완전히 사랑받지 못하는 사람이 되는 것은 아니야. 커다란 상실을 인정하고 진심으로 후회한다면 앞으로는 덜 비열하고 더 배려하는 사람이 되도록 애쓰고, 연인의 사랑을 되찾기 위해 힘껏 노력할 수 있을 거야. 혹시 그게 불가능하다면 다른 짝을 찾도록 분발하고, 다음에는 훨씬 더 좋은 모습을 보여서 좋은 관계를 맺도록 노력할 수 있어."

- 질문: 당신이 곧 원자폭탄 대학살로 죽게 될 예정이고, 사실상 당신을 포함한 인류 전체가 멸망해 완전히 사라질 것이라고 가정하자. 어떤 감정을 느끼고 어떤 행동을 하겠는가?
- REBT 대답: 이번에도 내 생각을 제시하겠다. 한동안 나는 엄청난 슬픔과 좌절감을 느낄 것이다. "인간은 얼마나 어리석은가! 얼마나 어리석고 무용한 존재인가!" 나는 스스로에게 이렇게 말할 것이다. "하지만 인간은 원래 그런 존재야." 그러고는 단 한 번뿐인 인생의 마지막 며칠 또는 몇 분을 즐겁게 보내기 위해 최선을 다할 것이다. 멋진 음악을 들으며 먹고 마시고 사랑을 나눌 것이다.

이 모든 질문과 대답이 무엇을 의미할까? 이런 불편함, 고통, 실패, 거절, 상실은 대부분 피하거나 없애는 것이 불가능하다. 흔히 말하듯이 인생 자체가 곧 '성가신 일'이다. 그래도 그중 상당 부분은 사색과 노력으로 크게 개선할 수 있다. 모든 것을 완벽하게 개선할 수 있다는 뜻은 아니다!

힘들지만 끔찍하지 않고 최악도 아니다. 그냥 힘들 뿐이다.

이제 더 큰 즐거움을 찾기 위해 어떤 준비를 할 것인가?

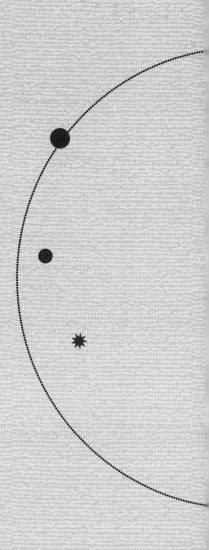

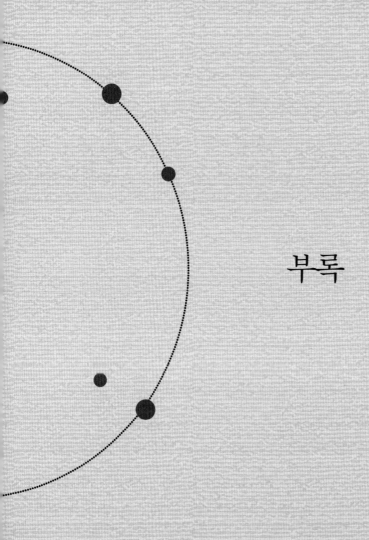

부록

"사는 동안 어떤 불행이 닥치더라도
건강한 정서와 행복을 유지하는 것이
즐거운 도전이자 모험이라는 것을
스스로에게 보여주자."

- 앨버트 엘리스 -

인간의 비합리성의
생물학적 토대

인간의 비합리성의 토대에 대한 가설을 밝히기 전에, 이 부록에 사용된 주요 용어인 '생물학적 토대'와 '비합리성'을 정의해야겠다.

 '생물학적 토대'를 지녔다는 것은 인간이 어떤 특성을 명확히 선천석으로 타고 났다는 뜻이다(물론 후천적으로 습득하기도 한다). 즉 일부는 인간이 특정한 방식으로 행동하는 '타고난 성향'에서 비롯되었다는 뜻이다. 이런 성격이나 특성이 순전히 본능적인 토대를 지녔다는 뜻도, 큰 변화를 받아들일 수 없다는 뜻도 아니다. 또 이런 특성이 없으면 인간이 멸망하거나, 적어도 극심한 불행 속에 산다는 뜻도 아니다. 그저 유전적이거나 선천적인 특징, 혹은 두 가지 모두 때문에 인간은 이런 특성을 쉽게 발전시키며, 이 특성을 고치거나 없애기가 어렵다는 뜻이다.

그리고 '비합리성'이란 자기 패배적이거나 해로운 결과를 불러오는 모든 생각, 감정, 행동을 의미하며 인간의 생존과 행복에 커다란 걸림돌이 된다. 보다 구체적으로 말하면 비합리적 행동에는 대개 다음과 같은 다양한 측면이 있다.

1. 인간은 비합리적 행동이 현실의 원리와 일치한다고 굳게 믿지만 일부 중요한 측면은 실제 그렇지 않다.
2. 비합리적 행동을 고수하는 사람들은 자신을 크게 폄하하거나 인정하지 않으려 한다.
3. 비합리적 행동은 개인이 기본 사회집단 구성원들과 만족스럽게 잘 지내는 것을 방해한다.
4. 개인이 원하는 대인관계를 맺지 못하게 한다.
5. 생산적인 노동에서 성과를 내면서 즐겁게 일하는 걸 방해한다.
6. 다른 중요한 측면에서 최선의 이익을 얻지 못하게 한다.

인간은 비합리적으로 행동한다

———

부록 1의 주요 가설은 다음과 같다. "인간은 많은 중요한 측면에서 언제, 어디서나 비합리적으로 행동한다. 거의 모두가 평생 그렇게 행동하고, 일부는 다른 사람보다 훨씬 자주 그렇게 행동한다. 그들이 자연스럽게 비합리적으로 행동하고, 종종 가족과 문화의 가르침에 어긋나게 행동하며, 자주 그들 자신의 의식적인 소망과 결정에 어긋나게 행동한다고 믿을 만한 이유가 몇 가지 있다. 그들의 비합리적 성향은 고칠 수는 있지만 대체로 뿌리가 깊은 것 같고, 본질적으로 그들의 생물학적, 사회학적 본성과 일치한다.”

이 가설은 일부 초기 역사가들과 철학자들의 주장으로 거슬러 올라가며, J. G. 프레이저(J. G. Frazier), 클로드 레비스트로스(Claude Levi-Strauss), 에릭 호퍼(Eric Hoffer), 월터 B. 피트킨(Walter B. Pitkin), O. 라클레프(O. Rachleff)와 같은 권위자들에 의해 수년간 충분히 검증되었다. R. S. 파커(R. S. Parker)는 “대다수 사람들은 자기 파괴적이고, 자신들의 최선의 이익에 명백히 위배되는 방식으로 행동한다”고 지적했다. 그럼에도 불구하고 내가 심리학자나 심리치료사들을 대상으로 강연하면서 이렇게 명확한 결론을 언급하고, 비이성적으로 행동하는 인간의 생물학적 성향에서 비합리성이 비롯된 것이라고 설명하거나 암시할 때마다 많은 골수 환경론자(경험에 의해 인간의 자질과 능력이 변화한다고 주장하는 이들-옮긴이)들은 대개 흥분해서 나를 ‘객관적이고 과학적인 사고의 반역자’라고 불렀다.

그런 까닭에 이 부록을 쓰게 되었다. 이어지는 내용은 인간의 비합리성이 근본적인 인간 본성 자체에 뿌리를 내리고 있다는 학설의 주요 근거를 간략히 요약(뒷받침하는 근거의 양이 압도적으로 많고 제대로 요약하면 말 그대로 여러 권의 책이 될 것이므로)한 것이다. 이 요약은 주요 비합리성의 다양성을 개괄적으로 설명하고, 생물학적 기원의 근거를 논리적, 심리학적으로 제시한다.

인간의 주된 비합리성에 대한 목록

먼저, 오랫동안 수집한 수천 가지의 자료 가운데 몇 가지 두드러진 비합리성을 나열했다. 다음과 같은 인간 행동이 완전히 비합리적으로 보이지는 않는다. 그 행동에는 몇 가지 뚜렷한 장점도 있기 때문이다(그렇지 않은 행동은 없겠지만). 에릭 호퍼가 '맹신자들'이라고 일컫는 사람들은 심지어 비합리적 행동이 대개 해로움보다 이로움을 훨씬 더 많이 가져다준다고 믿을 것이다. 하지만 인간사를 꽤 객관적으로 관찰한 사람이라면 누구나 비합리적 행동에는 어리석음, 비현실성, 생존이나 행복에 대한 위험이 다수 포함되어 있다는 것에 동의할 것이다.

1. 관습과 순응에 관한 비합리성
  a. 낡고 경직된 관습
  b. 끊임없이 변화하는 값비싼 패션
  c. 유행과 대중적인 열풍
  d. 왕족, 귀족과 관련된 관습

e. 공휴일, 축제와 관련된 관습

f. 관례적인 선물 주고받기

g. 사교 모임, 데이트와 관련된 관습

h. 연애와 결혼, 결혼식 관습

i. 사춘기 통과의례, 성인식 등

j. 학업 관련 의례와 의식

k. 학교, 남학생 단체 등의 신고식

l. 종교 의식과 의례

m. 과학 논문에 관한 관례

n. 할례 관습과 의식

o. 예의범절에 관한 엄격한 규칙

p. 청교도적인 엄격한 규칙

q. 부당한 요구를 당할 때조차 권위에 복종하려는 강한 성향

2. 자아에 관한 비합리성

a. 스스로 신격화하는 경향

b. 남보다 우월해야 한다는 절박한 요구

c. 자신을 총체적, 포괄적으로 평가하는 경향

d. 필사적으로 사회적 지위를 추구하는 경향

e. 즐겁게 살기보다 능력을 증명하려는 경향

f. 인간으로서 자신의 가치가 중요한 일에서의 역량에 달려 있
다고 믿는 경향

g. 가문의 평판에 따라 자신의 가치를 매기는 경향

h. 자신이 속한 학교나 이웃집단, 지역사회, 국가의 평판이나
  지위에 따라 자신의 가치를 매기는 경향

i. 자신을 폄하하거나 악마화하는 경향

3. 편견에 관한 비합리성

a. 강력한 편견

b. 독선

c. 인종적 편견

d. 성 편견

e. 정치적 편견

f. 사회적, 계층적 편견

g. 종교적 편견

h. 외모에 관한 편견

4. 비논리적 사고의 일반적인 유형

a. 지나친 일반화

b. 확대와 과장

c. 불합리한 추론

d. 반 경험적 진술에 대한 맹신

e. 절대자에 대한 맹신

f. 쉽게 속는 기질과 유도에 잘 넘어가는 성향(지나친 피암시성)

g. 모순적 진술에 대한 강한 믿음

h. 이상주의에 대한 맹신

i. 비현실성에 대한 강한 집착

j. 증명할 수 없는 진술에 대한 강한 믿음

k. 근시안적 사고

l. 지나친 신중함

m. 한 극단적인 주장을 버리고 또 다른 극단을 좇는 것

n. 당위적 사고에 대한 강한 믿음

o. 확실성에 대한 절실한 요구

p. 부질없는 희망적 기대

q. 자기 관점의 부재

r. 학습 장애

s. 기존 지식을 버리는 폐기학습과 새로운 지식을 익히는 재학
   습의 어려움

t. 자신이 강력히 믿는 대상은 객관적 실체와 진정성이 있어야
   한다는 깊은 확신

u. 자신과 다른 신념을 지닐 수 있는 타인의 권리를 존중해야
   하므로 그들의 신념이 참이라는 확신

5. 경험적, 감정적 비합리성

   a. 어떤 것을 깊이 경험하고 진정성을 '느꼈기' 때문에 그것이
      객관적인 실체와 진정성을 가지고 있어야 한다는 강한 확신

b. 어떤 것을 더 강렬하게 경험할수록 그것이 더 객관적 실체와 진정성을 지녔어야 한다는 강한 확신

c. 누군가 진실되고 솔직하게 느끼는 일은 현실에서 분명 객관적 진정성을 지녔어야 한다는 강한 확신

d. 진정성 있고 깊이 있게 경험한 모든 감정은 타당하고 이로운 감정에 해당한다는 강한 확신

e. 우주의 삼라만상을 이해한다는 신비주의적 느낌 같은 강력한 생각이나 감정이 존재한다면, 그것이 합리적인 생각이나 감정보다 더 깊고 중요하고, 사실상 더 진정성 있는 생각이라는 강한 확신

6. 습관을 만드는 비합리성

a. 비생산적이고 해로운 습관에 무의식적으로 쉽게 물드는 것

b. 비생산적이고 해로운 습관의 비합리성을 의식적으로 인식하고 있음에도 불구하고 무의식적으로 그 습관을 유지하고 고집하는 것

c. 나쁜 습관을 고치기 위한 의식적인 결단을 따르지 않는 것

d. 나쁜 습관을 버리지 않는 것에 대해 합리화하고 구실을 찾는 것

e. 나쁜 습관에서 일시적으로 벗어났다가 원래 상태로 돌아가는 것

7. 해로운 행동에 대한 중독

a. 과식 중독

b. 담배 중독

c. 알코올의존증

d. 마약중독

e. 신경안정제 및 기타 약물중독

f. 삶의 즐거움을 앗아가는 일중독

g. 인정과 사랑에 대한 중독

8. 신경증과 정신병적 증상

a. 자만과 분열적인 불안

b. 우울증과 좌절감

c. 적대감과 분노

d. 극단적인 자기비하와 마음의 상처

e. 극심한 자기연민

f. 유치한 과대망상

g. 현실 수용 거부

h. 편집증적 사고

i. 망상

j. 환각

k. 정신이상

l. 조증

m. 심각한 침잠과 긴장증(정신혼미와 흥분이 주된 증세인 조현병의 한

형태 – 옮긴이)

9. 종교적 비합리성

a. 사실에 근거하지 않은 독실한 믿음

b. 종교적 교리에 대한 맹목적인 지지

c. 초자연적 힘이 분명 존재한다는 깊은 확신

d. 초자연적 힘이나 존재가 자신에게 특별하고 개인적인 관심

을 두고 있다는 깊은 확신

e. 천국과 지옥에 대한 깊은 확신

f. 종교적 편협함

g. 다른 종교집단에 대한 박해

h. 종교집단 간의 분쟁

i. 종교적 규율, 의식, 금기에 대한 철저한 준수

j. 종교적인 이유로 성 표현을 반대하는 것과 극단적인 청교도

주의

k. 모든 쾌락이 곧 죄악이라는 종교적 신념

l. 신이 자신의 기도에 응답할 것이라는 확신

m. 사람의 육신에서 완전히 분리된 영혼이나 정신이 존재한다

는 절대적 믿음

n. 사람의 영혼이 영원히 존재할 것이라는 절대적 확신

o. 어떤 유형의 초인적인 힘도 존재할 수 없다는 절대적 신념

10. 인구 비합리성

a. 세계 곳곳의 인구 폭발

b. 피임 방법에 대한 교육 부족

c. 가족이 부양할 수 있는 수보다 더 많은 아이 출산

d. 산아 제한과 낙태에 대한 규제

e. 의도적으로 인구 폭발을 조장하는 일부 국가들

11. 보건 비합리성

a. 대기오염

b. 소음 공해

c. 약물 광고와 홍보

d. 열악한 보건교육

e. 유해한 식품 첨가물

f. 통제되지 않는 의료비용과 그에 따른 부실한 보건 시설

g. 불필요한 수술

h. 진단과 의료 처치가 필요한 사람늘이 의사를 피하는 행위

i. 의료 연구 경시

12. 비현실성 수용

a. 어처구니없는 신화를 폭넓게 수용하고 따르는 것

b. 극단적인 낭만주의를 폭넓게 수용하고 따르는 것

c. 어리석고 비인간적인 동화를 폭넓게 수용하고 따르는 것

d. 비현실적인 영화, 라디오와 TV 프로그램을 폭넓게 수용하
고 따르는 것

e. 널리 퍼진 낙관주의와 이상주의

13. 정치적 비합리성

a. 전쟁

b. 선전포고를 하지 않은 전쟁과 냉전

c. 내란

d. 정치적 부패와 뇌물수수

e. 어처구니없는 선거와 투표 절차

f. 정치적 폭동

g. 테러리즘

h. 정치적 탄압과 고문

i. 극단적 애국심과 민족주의

j. 지속적인 국제적 논쟁

k. 세계의 협력 시도를 방해하는 행위

14. 경제적 비합리성

a. 환경 폐기물과 오염

b. 천연자원의 부적절한 사용과 미흡한 개발

c. 경제 보복과 전쟁

d. 불필요한 노사 분쟁과 파업

e. 극단적인 부당이득 추구

f. 사업적 뇌물수수, 부패, 도용

g. 극단적인 경제적 지위 추구

h. 노동조합의 뇌물수수, 부패

i. 오해의 소지가 있는 허위 광고

j. 비즈니스와 노동에 대한 어리석은 규제

k. 비즈니스와 산업의 비효율성

l. 무분별한 경제 관행에 대한 중독

m. 불공정하고 비효율적인 세금

n. 도박의 폐해

o. 무분별한 소비주의(사치스러운 장례식과 반려견 장례식, 결혼식, 알
코올 소비 등)

p. 조잡한 제품 생산

q. 분별 있는 소비자 보호 정보와 통제 부족

r. 복지제도의 비효율적 운영

s. 정부 기관의 비효율적 운영

15. 회피에 관한 비합리성

a. 미루는 습관

b. 중요한 일을 전적으로 피하는 행동(무력증)

c. 중요한 현실을 외면하는 행동

d. 충분한 수면 회피

e. 충분한 운동 거부

f. 미래에 대한 생각과 준비 부족

g. 자살행위

16. 의존적 비합리성

a. 타인의 인정과 사랑을 갈구하는 것

b. 자신의 삶을 이끌어줄 권위자를 필요로 하는 것

c. 초인적인 신과 악마를 필요로 하는 것

d. 성숙한 뒤에도 부모를 필요로 하는 것

e. 도우미, 전문가, 치료사를 필요로 하는 것

f. 영웅을 갈망하는 것

g. 문제에 대해 마법 같은 해결책을 필요로 하는 것

17. 적대감에 관한 비합리성

a. 사람들의 행동 중 일부가 바람직하지 않거나 부당해 보인다
는 이유로 전적으로 비난하는 것

b. 사람들에게 반드시 자신이 원하는 대로 행동해야 한다고 요
구하고 그렇지 않을 경우 비난하는 것

c. 완벽주의적 기준을 세우고, 사람들이 이를 따라야 한다고 우
기는 것

d. 세상에는 정의와 공정성이 반드시 존재해야 한다고 주장하
고 그렇지 않을 때 몹시 화를 내는 것

e. 성가시고 힘든 일은 없어야 하며 그런 일이 생기면 삶이 완전히 최악이라고 우기는 것

f. 불행한 상황을 싫어하고, 그것을 이겨내거나 없애기 위해 노력하는 것이 아니라, 그런 상황을 만든 전체 시스템과 그 시스템에 관련된 사람들을 지나치게 반항적으로 미워하는 것

g. 과거에 부당하게 당한 일을 떠올리며 가해자들에게 앙심을 품고 영원히 반목하는 것

h. 과거의 부당함을 아주 세세히 기억하면서 그 일과 가해자들에게 영원히 집착하는 것

18. 자극을 좇는 비합리성

a. 크게 잃고도 강박적으로 도박에 집착하는 것

b. 다른 알찬 즐거움을 희생하면서 향락적인 삶을 사는 것

c. 위험한 조건 아래 등산, 사냥, 스키 등 아슬아슬한 스포츠나 여가활동에 참여하는 것

d. 고의로 피임이나 성병에 대한 예방조치 없이 무질서하게 성관계를 맺는 것

e. 대학의 신입생 신고식이나 다른 위험한 장난에 가담하는 것

f. 장난으로 화재경보기를 울리는 것

g. 위험한 형태의 다툼

h. 자극을 좇아 도둑질이나 살인에 가담하는 것

i. 자극을 좇아 심각한 형태의 싸움, 폭동, 전쟁에 가담하는 것

19. 마법에 관한 비합리성

a. 마법, 마술에 대한 강한 믿음

b. 점성술에 대한 맹목적 믿음

c. 골상학에 대한 믿음

d. 영매와 유령에 대한 믿음

e. 말하는 동물이 있다는 믿음

f. 초감각적 지각에 대한 믿음

g. 악마와 퇴마에 대한 믿음

h. 기도의 힘에 대한 독실한 믿음

i. 초인적 존재와 신에 대한 독실한 믿음

j. 저주와 구원에 대한 믿음

k. 우주가 진정으로 인간을 돌본다는 믿음

l. 우주의 어떤 힘이 인간을 감시하고 그 힘이 정한 '자격'에 따라 인간의 삶을 규제한다는 신념

m. 세상 만물의 일치와 통합에 대한 믿음

n. 불멸에 대한 믿음

20. 비도덕적 비합리성

a. 자신의 강한 도덕규범에 어긋나는 비도덕적 범죄 행위에 가담하는 것

b. 체포되어 중벌을 받을 가능성이 매우 큰 비도덕적 범죄 행위에 가담하는 것

c. 죄를 짓지 않고 잘살 수 있는데도 부도덕한 범죄 행위에 가담하는 것

d. 부도덕한 범죄 행위로 붙잡힐 가능성이 높은데 그렇지 않다고 굳게 믿는 것

e. 범죄 행위를 한 번 저질러도 무사히 빠져나갈 가능성이 크므로 그런 범죄를 되풀이해도 빠져나갈 수 있다고 굳게 믿는 것

f. 부도덕한 행위에 가담해서 심한 처벌을 받았음에도 불구하고 그런 행동을 고집스럽게 고치지 않는 것

g. 무책임하거나 부도덕한 행동이라는 지각 없이 범죄, 폭력, 살인 행위에 가담하는 것

21. 낮은 좌절인내력 또는 근시안적 쾌락주의에 관한 비합리성

a. 현재와 미래가 아니라 오직 그 순간의 쾌락을 선택하라고 우기는 것

b. 어떤 대가를 치르더라도 당장의 만족감에 집착하는 것

c. 다른 이익을 위해 당장의 쾌락을 포기해야 할 때 투덜거리며 자신을 깊이 동정하는 것

d. 즉각적인 즐거움을 좇는 데 따르는 위험을 무시하는 것

e. 보나 나은 만족감을 얻기 위해 일시적인 불편함을 감수하는 대신 편리함과 안락함을 추구하는 것

f. 해로운 중독에서 벗어날 때의 일시적인 불편함 때문에 중독

에서 헤어나기를 거부하는 것

g. 유익하거나 만족스러운 활동의 힘든 측면이 너무 힘들기 때
　문에 그 활동이 존재해선 안 된다고 믿고 중단하는 것

h. 만족스러운 상황이 조성되기를 기다리거나 그렇게 되도록
　노력해야 하는데 성급하게 안달하는 것

i. 나중에 이로운 결과를 얻을 수 있고, 실천하겠다고 다짐한
　활동을 미루는 것

j. 이후에 누군가 몹시 원할 줄 알면서도 부족한 물품을 마음껏
　소비하는 것

22. 방어적 비합리성

a. 자신의 잘못된 행동을 솔직하게 인정하고 바로잡으려 노력
　하는 대신 합리화하는 것

b. 자신이 서툴거나 어리석게 행동한 것이 분명한데도 이를 부
　인하는 것

c. 심각한 문제를 외면하고 덮어버리는 것

d. 창피한 행동을 의식적으로 인정하면 크게 자책할 테니 그런
　행동을 무의식적으로 억누르는 것

e. 자신의 잘못된 행동을 다른 사람에게 투사하고, 그들이 그런
　행동을 했다고 주장하며 그에 대한 책임을 부인하는 것

f. '신 포도' 메커니즘을 적용해, 자신이 원하는 것을 얻지 못하
　는 상황을 직면하는 게 너무 힘든 일이라고 여기며 그것을

전혀 원하지 않는다고 주장하는 것

g. 뛰어난 인물과 동일시하며 자신도 그들과 같은 능력이나 재능을 지녔다고 비현실적으로 믿는 것

h. 감정 전이(transference): 과거에 자신이 크게 영향을 받은 사람과 현재 관심이 있는 사람을 혼동하고, 현재의 인물이 과거의 인물과 유사한 방식으로 행동할 것이라고 추정하는 것

i. 반동형성(reaction formation): 예컨대 미워하는 사람에게 애정을 표현하는 것처럼, 실제 감정을 감추려고 상대에게 상반된 감정을 표현하는 방어기제

23. (어떤 행동의 원인을 누군가에게 귀속시키는) 귀인 비합리성

a. 사람들이 자신에게 품지도 않은 감정을 품고 있다고 생각하는 것

b. 사람들의 행동에 특정한 동기가 없는데 있다고 여기는 것

c. 사람들이 자신에게 특별한 관심이 없는데 있다고 여기는 것

d. 어떤 집단의 일부 구성원이 특정한 특성이나 생각을 가지고 있을 때가 많으므로 구성원 모두 그렇다고 생각하는 것

24. 기억에 관한 비합리성

a. 고통스러운 경험이 끝나면 금세 잊고 미래에 같은 고통을 또 겪는 것

b. 사람들의 행동에 대한 사실을 꾸미고 부풀려서 소문을 만드

는 것

c. 주로 또는 즉각적인 이익이나 손해에만 눈이 어두워서 앞으로 그와 관련해 일어날 수 있는 일을 근시안적으로 무시하는 것

d. 중요한 사건에 대한 책임감이나 수치심을 느끼지 않기 위해 그것에 관한 기억을 억누르는 것

e. 어떤 일들을 너무 또렷이 기억해서 다른 일에서 효과적으로 생각하고 행동하는 것을 방해받는 것

25. 요구에 관한 비합리성

a. 인간으로서 자신을 인정하기 위해 특정 목표를 달성해야 한다고 스스로에게 요구하는 것

b. 중요한 사람들의 인정이나 사랑을 반드시 받아야 한다고 요구하는 것

c. 매사에 완벽해야 하고 거의 모든 사람에게 온전히 인정받아야 한다고 요구하는 것

d. 사람들이 자신을 공정하고 사려 깊고 친절하게 대해야 한다고 요구하는 것

e. 삶의 환경이 안락하게 유지되어야 하고, 애쓰지 않고도 원하는 것을 재빨리 얻어야 한다고 요구하는 것

f. 항상 완벽에 가까운 즐거움이나 쾌락을 누려야 한다고 요구하는 것

26. 성(性)에 관한 비합리성

a. 성행위가 본질적으로 불결하거나 나쁘거나 부도덕하다고 믿는 것

b. 성행위가 사랑이나 결혼 또는 다른 비성적인(nonsexual) 관계를 수반하지 않을 경우 굉장히 나쁘거나 부도덕하다고 믿는 것

c. 오르가슴이 신성하고, 이것 없는 성관계는 진정한 기쁨이나 정당성이 없다고 믿는 것

d. 성행위는 신성하며 삽입이나 성교 시 오르가슴에 도달해야 한다고 믿는 것

e. 성적으로 능숙해야 하고 그렇지 않으면 인간으로서 가치가 없다고 믿는 것

f. 바람직한 성관계는 두 사람이 동시에 오르가슴에 도달하는 것이어야 한다고 믿는 것

g. 자위행위와 유희로 오르가슴에 이르는 것은 정당한 성행위가 아니라 창피한 일이라고 믿는 것

h. 남성이 여성보다 당당하게, 도덕적으로 더 자유롭게 성관계를 할 수 있다고 믿는 것

i. 성적인 능력이 지식이나 연습 없이 저절로 쉽게 생겨나야 한다고 믿는 것

j. 여성은 선천적으로 성에 대한 관심이 적고 수동적이며 성기능이 열등하다고 믿는 것

k. 서로 사랑하는 두 사람은 다른 사람에게 거의 또는 전혀 성적 관심을 갖지 않아야 한다고 믿는 것

27. 과학에 관한 비합리성

a. 과학이 모든 인간 문제에 대한 만능 해결책을 제공한다고 믿는 것

b. 특정한 방법이 인간의 지식을 발전시키는 유일한 방법이라고 믿는 것

c. 모든 기술 발명과 발전이 인간에게 이롭다고 믿는 것

d. 과학의 논리경험적 방법이 모든 문제에 대한 완벽한 해결책을 제공하지 못하고, 그 자체로 한계가 있으므로 거의 또는 전혀 쓸모없다고 믿는 것

e. 과학적 관찰에는 불확실성이 존재하므로 논리경험적 방법이 타당하지 않다고 믿는 것

f. 과학이 원래 인간의 상상 속에만 존재하던 가설(예: 상대성이론)의 근거와 의미를 밝혔으므로, 다른 상상 속의 가설(예: 영혼이나 신의 존재)에 대한 근거와 의미도 밝혀야 한다고 생각하며 틀림없이 그렇게 할 것이라고 믿는 것

g. 과학자들은 물리학에서의 아인슈타인처럼 한 분야의 권위자로 인정받으므로 정치 등 다른 영역에서도 믿을 만한 견해를 지녀야 한다고 믿는 것

h. 매우 유능하고 숙련된 과학자들이 일부 중요한 과학적 시도

에서 매우 편파적이고 어리석게 행동하고, 사생활에서 훨씬 더 어리석게 행동하는 것

i. 응용사회과학자들(임상 심리학자, 정신과 의사, 사회복지사, 상담전문가 등)이 사적, 공적 생활에서 자기 패배적이고 비과학적으로 행동하는 것

인간의 비합리성에 관한 위의 목록은 이 분야를 샅샅이 다루지는 못하지만 행복에 걸림돌이 되는 255가지 주요 특성을 포함한다. 이 중 일부는 내용이 겹쳐서 거듭 언급되었음을 인정한다. 동시에 이 목록은 개략적인 개요로만 구성되었고, 각 소제목 아래 수많은 비합리성을 더 포함시킬 수 있다. 예를 들면 1. h.(연애, 결혼, 결혼식 관습에 관한 비합리성) 항목 아래 수백 가지 어리석은 행동을 포함시킬 수 있었는데, 그중 다수는 역사 속으로 사라졌다. 물론 아직 남아 있는 것도 많다.

심리치료 '조력자들'의 주요 비합리성

이런 측면에서 심리치료는 무척 비극적인 사례를 보여준다. 27. i.(과학에 관한 비합리성)에서 "응용사회과학자들(임상 심리학자, 정신과의사, 사회복지사, 상담전문가 등)이 사적, 공적 생활에 자기 패배적이고 비과학

적으로 행동하는 것"으로 간략히 언급되었다. 이것은 터무니없는 이야기가 아니다.

심리치료는 과학적 탐구와 응용 분야로 이루어져 있으며, 이 분야의 실무자들은 환자들이 비합리적이고 해로운 생각, 감정, 행동을 없애거나 최소화하도록 돕는 데 전념해야 하는 사람들이다. 실제로는 그와 반대인 경우가 대체로 사실인 것처럼 보인다. 대다수의 치료사들은 수많은 비합리적 생각을 지닌 듯하다. 환자들이 비합리성을 유지하거나 심지어 강화하도록 하는 반과학적 활동에 시시때때로 관여하는 것처럼 보이기 때문이다.

심리치료 '조력자들'의 몇 가지 주요 비합리성은 다음과 같다.

1. 포괄적이고 다차원적인 인지적–정서적–행동적 방법을 치료에 적용하는 대신, 도착적, 집착적, 강박적으로 획일화한 방식으로 인식이나 통찰, 정서적·신체적 해방, 과거의 이해, 경험, 합리성 등을 지나치게 강조한다.
2. 환자들에게 인정받기를 간절히 원하고, 의존관계를 확대해 환자들을 자신에게 구속시키는 경우가 많다.
3. 사실에 근거하지 않은 억지스러운 추측에 대해 과학적이고 실증적인 분석을 피한다.
4. 환자들이 어떻게 스스로를 속상하게 만드는지, 앞으로 그것을 멈출 수 있는지 구체적으로 알아가면서 나아지게 돕는 대신 기분을 좋게 만드는 데만 초점을 맞추는 편이다.

5. 자신의 치료 체계나 기법만이 사람들을 도울 수 있다고 독단적으로 넘겨짚고 다른 치료 체계나 기법에는 마음을 닫는다.

6. 치료의 정통성을 내세우고 자신의 독단적 신념에서 벗어날 경우 맹렬히 비난하고 배제한다.

7. 원인과 결과의 상관관계를 혼동한다. 예를 들어 어머니를 미워하고 나중에 다른 여성을 미워하는 남성이 있다면 그의 예전 감정이 이후의 감정을 일으킨 게 확실하다고 추측한다.

8. 대개 인간 행동의 생물학적 토대를 무시하며, 모든 혼란에 특별한 상황적 원인이 분명히 존재한다고 가정한다. 더 심한 경우 이런 특별한 원인을 발견하면 그 혼란이 저절로 사라질 것이라고 생각한다.

9. 행위에 대해 독특하고 기발하며 '깊이 있는' 설명을 찾고(또 찾아내고), 명확하고 '피상적이며' 진실한 많은 설명을 무시하는 경향이 있다.

10. 환자들에게 치료를 무한정 받아야 한다고 말하거나, 쉽고 빠른 기적 같은 치료법이 존재한다는 미신을 퍼뜨린다.

11. 마술, 신앙 치유, 점성술, 타로카드 등 '개인의 이해를 초월한' 비과학적 수단에 점점 더 많이 의존하고 있다.

12. 모호하게 정의된 이상주의적 목표를 이루려고 노력하며 환자를 오도하고 해를 끼친다.

13. 실험적인 성향의 치료사들을 비합리적이고 비과학적 방법으로 공격한다.

14. 감정을 미화하고 이성과 감정 사이의 잘못된 이분법을 만들어 낸다.

이 목록은 완벽하지 않으며 두 배, 세 배로 늘어나기 십상이다. 요점을 거듭 정리하자면 다음과 같다. 인간의 주요 비합리성 목록에 제시된 대다수의 주요 항목과 하위항목은 수많은 세부 항목으로 나눌 수 있다. 더 나아가 각 세부 항목에는 방대한 양의 관찰 및 실험적 증거가 존재한다.

예를 들면 과식하고 미루는 버릇이 있는 사람들, 독단적으로 생각하고 어리석은 도박으로 꽤 많은 돈을 잃은 사람들, 점성술에 푹 빠져 있고 부적절한 행동을 끊임없이 합리화하는 사람들이 무척 많다는 관찰적 증거들은 풍부하다.

또한 자신이 매력적이라고 여기는 사람에게 편파적으로 호감을 느끼고, 과식 같은 습관을 고쳤다가 원래 상태로 되돌아가고, 더 큰 즐거움을 주는 장기적 만족 대신 허울만 그럴 듯한 즉각적인 만족을 추구하고, 수치스러운 사건의 기억을 억누르고, 걸핏하면 다른 사람에게 있지도 않은 감정이 있다고 넘겨짚고, 동료들의 다수 의견이나 권위자로 여겨지는 인물의 의견에 쉽게 넘어가는 사람들에 관한 실험적 증거도 무수히 많다.

비합리성이 본성에서 비롯되었다는 근거

앞서 언급한 인간의 주된 비합리성(과 이와 유사한 더 많은 비합리성)이 존재할지라도 이런 비합리성이 생물학적 토대에서 비롯되었고 또 인간의 타고난 본성에서 비롯되었을 가능성이 크다는 논지를 유지할 수 있을까? 그렇다. 다음과 같이 중요하고 설득력 있는 근거가 몇 가지 있다.

근거 1

인간의 주된 비합리성은 거의 모든 인간에게 어떤 형태로든 존재하는 것처럼 보인다. 물론 똑같지는 않다! 우리 중 일부는 다른 사람보다 훨씬 덜 비합리적으로 행동하기도 한다. 하지만 이런 주요 비합리성에 빠지지 않는 사람이 한 명이라도 있는지 찾아보자.

예를 들면 개인의 자기 패배적 행동에 해당하는 항목을 열 가지만 적용해서 터무니없는 사회 관습에 노예처럼 순응하지 않는 사람을 한 명이라도 꼽을 수 있는가?

전체적이고 포괄적으로 자신을 평가하지 않는 사람, 강한 편견이 없는 사람, 여러 유형의 비논리적 사고에 기대지 않는 사람, 사적 감정이 객관적인 사실을 나타낸다고 믿음으로써 자신을 기만하지 않는 사람, 해로운 습관을 들이거나 고수하지 않는 사람, 유해한 중독에 빠지지 않는 사람, 모든 신경증적 증상에서 완전히 자유로운 사람, 종교적 독단에 결코 동의하지 않는 사람, 건강과 관련된 어리석은 습관에 빠지지 않는 사람을 알고 있는가? 그런 사람이 단 한 명이라도 있는가?

근거 2

오늘날 존재하는 대다수의 주된 비합리성은 역사적, 인류학적 연구가 이루어진 거의 모든 사회, 문화 집단에서 걷잡을 수 없는 영향력을 발휘했다. 규율, 법, 관습, 규범 등은 집단마다 매우 다르지만 이런 규범에 대한 절대주의, 독단, 광적인 신앙, 요구 등이 놀랍도록 비슷하게 남아 있다.

그런 까닭에 서구 문명사회에서는 부모와 문화 환경이 개인에게 특정한 옷을 입으라고 권하거나 가르치고, 남태평양 섬에서는 그곳에 맞는 옷을 입으라고 권하거나 가르친다.

하지만 "너는 사람들이 네 행동을 받아들이고 네게 유리하게 행동하도록 옷을 제대로 또는 적절하게 입는 게 좋을 거야"라는 말을 들을 때 우리는 이 '적절함'의 (그리고 너무 비합리적이지는 않은) 기준을 다음과 같이 비합리적으로 확대해석할 수 있다. "반드시 다른 사람의 인정을 받아야 하니까 옷을 적절하게 입어야 해. 남들이 못마땅해함으로 인해 생길 수 있는 불이익을 나는 견딜 수 없어. 그들이 내 행동을 마음에 들어 하지 않는다면 나를 좋아하지 않는다는 뜻이고, 나를 완전히 형편없는 사람으로 평가한다는 뜻이야!"

부모와 교사들은 이렇게 절대적이고 자기비하적인 방식으로 생각하라고 부추기고, 우리는 (a) 그 말을 곧이곧대로 진지하게 받아들이고, (b) 평생 그런 터무니없는 소리를 실천하고, (c) 혹여 절대성이 상대적으로 약하다면 스스로 만들어내는 습성이 있다.

근거 3

사람들이 열렬히 따르는 다수의 비합리성은 부모와 동료, 대중매체의 가르침과 반대일 때가 많다. 그런데도 사람들은 그런 비합리성을 버리고 싶어 하지 않는다. 과잉 일반화나 반 경험적 진술, 모순적 명제를 지지하도록 부추기는 부모는 거의 없지만 우리는 끊임없이 그런 비합리성을 좇는다. 교육제도는 우리에게 배우고, 잘못된 것을 버리고, 다시 배우도록 강력하게 권장하지만, 여러 중요한 측면에서 그렇게 하는 데는 어려움이 따른다.

과식이나 흡연 등 비생산적이고 자기 파괴적인 습관을 버리라고 강력하게 설득하는 사람들을 마주할 때 우리는 대체로 이런 끊임없는 설득에 저항하는 편이다. 어쩌면 불안이나 우울을 극복하기 위해 자신의 선택에 따라 오랫동안 심리치료를 받을 수도 있나. 하시만 그 진전은 비교적 미미한 경우가 많다.

부모가 극단적 회의주의나 반종교적 성향으로 키운 사람도 있을 수 있다. 하지만 성인이 된 그는 극단적인 종교 신앙을 쉽게 받아들일 수도 있다. 우리는 초등학교 때부터 정기적으로 의사와 치과의사를 방문하는 게 좋다고 교육받지만, 배웠다고 해서 다 그렇게 실천하지는 않는다. 삶의 현실을 알려주는 폭넓은 독서가 낙관주의나 이상주의를 잠재우거나, 지나친 비관주의를 없애줄까? 수많은 책과 영화는 전쟁, 폭동, 테러, 극단적 민족주의의 불평등을 적나라하게 보여주고 있다. 그런 책과 영화가 정말로 정치적 비합리성에 강력하게 맞서도록 우리를 유도했을까?

할일을 미루고 삶의 현실을 외면하라고 부추기는 사람은 아무도 없다. 위험한 흥미 추구로는 다른 사람의 인정을 받지 못한다. 그렇다고 해서 그에 대한 탐닉을 멈출 수 있을까? 수많은 과학자들은 마법적이고 입증이 불가능하며 절대적이고 독실한 사고에 반대한다. 우리는 항상 과학자들의 말을 염두에 두고 있을까?

우리는 대개 자신이 어떤 도덕적, 윤리적 규칙을 따르는지 잘 알고 있으며, 우리가 아는 사람들은 대부분 그 규칙을 따르라고 권유한다. 정말 잘 따르고 있을까? 낮은 좌절인내력과 근시안적 쾌락주의에 따른 행동은 우리가 좋아하는 사람들에게 받아들여지지 않을 때가 많다.

우리는 그들의 못마땅함 때문에 '미래의 이익을 희생하며 즉각적인 만족에 빠져드는 행동'을 멈출 수 있을까? 그럴 때 합리화를 가르치고 부추기는 사람은 누구인가? 어떤 치료사, 친구, 부모가 우리의 방어적인 태도에 동조하겠는가? 그들의 보편적인 반대가 우리를 멈추게 할 수 있을까? 연인이나 배우자가 나 자신이나 그들에게 완벽성을 요구하는 것을 들어줄 수 있을까? 또 상황이 반드시 우리가 원하는 대로 돌아가야 한다고 징징대고 투덜대는 것을 들어줄 수 있을까?

많은 비합리성은 분명 중요한 문화적 요소가 들어 있거나, 적어도 사회집단에 의해 크게 장려되거나 악화된다. 하지만 또 다른 많은 비합리성은 거의 학습되지 않는 것으로 보이고 또 일부는 버려지지만, 여전히 어디서나 영향력을 떨치고 있다.

근거 4

앞에서 언급했듯이 이 부록에 나열된 거의 모든 비합리성은 무지하고 어리석고 몹시 불안정한 개인에게만 해당되는 것이 아니다. 지능이 높고 학식이 있으며 상대적으로 덜 불안정한 개인에게도 해당된다.

예를 들면 물리학, 심리학 박사들도 인종적 편견을 비롯해 다양한 편견을 지녔고, 부질없는 희망적 기대에서 헤어나지 못하며, 누군가 어떤 것을 강력히 믿거나 경험하면 그게 객관적 사실이고 진리라고 믿는다. 또한 중독을 비롯해 모든 종류의 해로운 습관에 빠지고, 어리석게도 스스로 빚을 떠안으며, 반드시 다른 사람들의 인정을 받아야 한다고 믿고, 기도의 힘에 기대며, 다른 사람들에 관한 소문을 만들고 그런 소문을 굳게 믿는다. 특별히 총명하고 학식이 있는 사람들은 일반 대중에 비해 덜 경직된 비합리성을 적게 지녔을 수 있지만 그렇다고 합리적으로만 행동하는 것은 아니다.

근거 5

너무 많은 사람들이 비합리적인 신념을 지니고서 자기 파괴적인 행동을 자주 하므로 오로지 학습으로 이런 방식을 습득한다는 가설은 지지하기 힘들다. 아주 못되게 행동하는 법을 배운다고 가정하더라도 다음과 같은 명백한 질문이 뒤따른다. "우리는 왜 문화의 가르침에 푹 빠져들까? 미숙한 어린 시절에 이런 가르침을 받아들였다면 어른이 되었을 때 왜 이런 어리석음을 없애는 법을 스스로 익히지 않을까?"

거의 모두가 어린 시절에 부모와 제도로부터 중요한 정치적·사회적·종교적 가치를 배운다. 하지만 나중에 대학에 진학하거나 현실을 고찰하는 책들을 읽은 뒤, 또는 꽤 다른 가치를 지지하는 사람들과 친구가 된 후에는 종종 그런 가치들을 포기하기도 한다. 왜 우리는 분명 현실과 일치하지 않고 명백히 우리에게 해를 끼치는 어리석고 터무니없는 생각에는 같은 방법을 적용하지 않을까?

예컨대 다음 생각들은 조금만 고민해봐도 말이 안 된다는 것을 알수 있고, 대개 나쁜 결과를 초래한다.

"어렸을 때 누나 때문에 다친 경험이 있어서 모든 여성이 위험해 보이므로 그들과 친밀하게 지내지 않는 편이 좋아."

"학업성적 등 어떤 분야에서 역량이 부족하면 완전히 쓸모없는 사람이 되기 때문에 행복할 자격이 없어."

"절대 그러면 안 되는데 너는 나를 함부로 대했어. 앞으로는 태도를 바꾸어서 나에게 잘해야 해."

"담배를 너무 좋아해서 포기할 수 없어. 다른 사람들은 담배를 계속 피우다가 심각한 피해를 입더라도 나는 피해 없이 담배를 계속 피울 수 있을 거야."

"흑인은 백인보다 더 많은 범죄로 체포되고 유죄판결을 받아서 그들 전체가 부도덕한 인종으로 평가받고 있어. 그들과 엮이지 않는 편이 좋겠어."

"생물학적·유전적 요인이 감정 문제의 주범이라면 우리는 불안정한 사람들을 돕기 위해 아무것도 할 수 없으며, 그들이 곤경에 처한들 희망이 없어."

이 모든 비합리적 진술과 수백 가지 비슷한 이야기들은 거의 또는 전혀 말이 되지 않고 사회적, 개인적으로 막대한 피해를 입힌다. 그럼에도 불구하고 수백만 가지 사례에서 우리가 이런 진술을 맹목적으로 믿고 있음을 살펴보았다.

이런 믿음의 상당 부분이 사회적 배움에서 생겨난다고 입증할 수 있다고 해도, 왜 우리는 그 믿음을 강력히 흡수하고 계속 붙잡고 있을까? 분명 그렇게 행동하려는 강력한 생물학적 성향이 있기 때문이다.

근거 6

똑똑하고 전반적으로 유능한 사람들이 하나의 비합리성을 버린 뒤에는 다른 우둔함을 받아들이거나 상반되는 극단적인 비합리성을 따르기도 한다. 독실한 종교인은 종종 엄격한 무신론자가 될 수 있다. 정치적 우익 극단주의자는 좌익 극단주의자가 되기도 한다. 미루는 습관을 지녔던 사람이 나중에 강박적으로 일하는 사람이 되기도 한다.

한 가지 비합리적 두려움을 없앤 사람들은 똑같이 비합리적이면서 전혀 다른 두려움을 발견할 때가 많다. 극단주의는 다양한 형태의 어리석음을 취하는 인간의 자연스러운 특성이다.

근거 7

비합리적인 생각과 행동에 영향을 가장 덜 받는 것처럼 보이는 사람도 어느 때는 비합리적으로 행동하고, 때로는 정도가 심각할 때도 있다. 다른 사람에게 거의 화를 내지 않는 어떤 남성은 때때로 크게 격분해서 누군가에게 살의에 가까운 감정을 느낄지도 모른다.

두려움 없이 어려운 과목을 공부하고 복잡한 시험을 치르는 어떤 여성은 면접에 떨어지는 것에 대한 불안감이 너무 커서 적당한 직장을 찾지 못할 수도 있다. 환자들에게 합리적으로 행동하는 법을 객관적이고 냉정하게 가르치는 치료사는 환자가 완강히 저항할라치면 꽤 비합리적으로 행동하고 흥분해서 그 환자를 치료에서 제외시킬 수도 있다.

이런 사례들에서 볼 때 특이한 환경적 조건이 평소에는 멀쩡한 사람들로부터 어리석은 행동을 이끌어내는 경우가 많다. 하지만 이런 사람들은 기본적으로 특정한 스트레스를 받으면 이성을 잃는 성향이 있기 때문에 이런 조건에 반응하는 것이며, 그 성향은 타고난 요소일 수 있다.

근거 8

다양한 비합리성에 강력하게 맞서는 사람들은 종종 그 비합리성의 희생양이 된다. 불가지론자들(신의 존재는 알 수 없고 입증할 수도 없다고 주장하는 이들-옮긴이)은 독실하고 절대적인 생각과 감정에 굴복하기 쉽다. 독실한 종교인들이 비도덕적으로 행동하기도 한다. 죄책감이나 자기비하가 타당하지 않다고 믿는 심리학자들이 죄책감을 느끼고 자신을 비하하는 경우도 있다.

근거 9

비합리적 행동에 대한 지식이나 통찰은 이를 바꾸는 데 부분적으로만 도움이 된다. 담배의 해로움을 잘 알면서도 담배를 더 많이 피울 수 있다. 부모가 금욕주의적으로 가르쳤기 때문에 자신이 성관계를 싫어한다는 것을 깨달았지만 그럼에도 불구하고 계속 싫어할 수 있다. 지나친 이기주의에 대한 명확한 '지적' 통찰을 지닌 사람이 이기주의를 고치는 방법에 대한 '정서적' 통찰은 없을 수도 있다.

이것은 주로 두 가지 모순된 신념(가볍게 가끔씩 갖는 '지적' 신념과 강력하게 지속적으로 갖는 '정서적' 신념)을 동시에 지니는 기본적인 인간 성향에서 비롯되며, 우리는 보통 이 신념에 따라 행동한다. 모순적 신념을 동시에 갖는 이 성향은 인간 삶의 일부인 것 같다.

근거 10

비합리적 생각과 행동을 극복하기 위해 아무리 열심히, 오랫동안 노력해도 비합리성을 극복하거나 뿌리 뽑기가 매우 어렵다는 것을 깨닫고서 어느 정도는 항상 잘못을 저지르는 상태로 남아 있다. 어릴 때 자기 패배적 행동에 익숙해진 뒤에도 학습을 계속하기 때문에 우리 자신을 고치는 게 가장 어렵다는 가설을 세울 수 있다.

하지만 인간은 태생적으로 불완전하고, 문제 있는 행동을 쉽게 익히고 받아들이는 성향 자체가 타고난 '불완전성'의 상당한 부분을 차지한다고 결론짓는 것이 간단하고 논리적인 설명처럼 보인다. 인간은 누군가 자신을 길들이거나 가르친 것만으로 비합리성을 얻지는 않았다.

근거 11

어떤 비합리적 생각은 개인적이며 학습된 적 없는 경험에서 비롯된다. 우리가 머리를 짜내어 매우 독창적인 방식으로 그런 생각을 만들어낸다는 것이 꽤 명확해 보인다.

예를 들면 누군가와 사랑에 빠져서 "내가 너를 영원히 사랑할 것임을 알아!"라고 강렬하게 느끼고 '지각하고' 말한다고 가정하자. 분명 그런 지식은 '배운' 것이 아니다. 〈로미오와 줄리엣〉 이야기를 읽었고, 이혼 통계 같은 다양한 정보를 접했을 뿐이다. 그런 정보들은 사람들이 서로를 낭만적으로 영원히 흠모하는 일은 거의 없다는 사실을 보여준다. 결과적으로 우리는 다양한 영역의 데이터에서 자신의 '지식'을 선택한다. 그리고 인간의 낭만적 사랑은 "너에 대한 내 감정이 진심이고 강렬하니까 영원하리라는 것을 알아"라는 본질적인 착각을 수반하기 때문에 그렇게 했을 가능성이 크다. 대체로 우리는 진정한(그리고 일시적인) 감정과 일치하는 거짓되고 비합리적인 '지식'을 독단적으로 만들어낸다.

또 다른 예로 유대교도나 이슬람교도로 길러진 사람이 기독교로 개종하고 예수를 구세주이자 신의 아들로 존재한다는 것을 확신할 수 있다. 경험이나 환경적 양육이 이 감정과 믿음을 일으켰을까? 혹은 여러 가지 이유로 스스로 지어냈을까? 인간은 선천적으로 자신의 심오한 감정이 우주에서 객관적으로 존재하는 무언가를 입증한다는 독단적인 믿음을 종종 갖는 것으로 보이며, 이는 대개 선천성에 바탕을 둔 망상의 과정으로 보인다.

근거 12

가장 대중적인 비합리적 사고방식을 자세히 살펴보면 인간은 이를 이해하는 것처럼 보인다. 그런 사고는 분별 있거나 현실적인 관찰로 시작해서 그릇된 추론 형태의 결론으로 끝난다. 예를 들어 "제인이 나를 사랑하면 기쁘고 내세 득이 될 서야"라는 추론을 시작한다고 하자. 그런 다음 "그러므로 그녀는 나를 사랑해야 하고 그렇지 않으면 끔찍할 거야"라고 잘못된 결론을 내릴 것이다. "제인이 나를 사랑하면 특별히 기쁠 거야"라는 더욱 강력한 의견에서 출발한다면 "그러므로 그녀는 반드시 나를 사랑해야 해!"라고 결론지을 가능성이 훨씬 크다. 하지만 위 진술의 첫 부분이 아무리 사실로 입증되더라도 두 번째 부분은 전혀 말이 되지 않는 그릇된 추론으로 남는다.

마찬가지로 "질서가 바람직하다고 생각하므로 그렇다는 확신이 필요해" "실패는 전혀 바람직하지 않으므로 ⓐ 절대 실패하지 않아야 해, ⓑ 내가 실패를 자초한 게 아니라 그 사람이 그렇게 만들었어, ⓒ 어쩌면 나는 정말로 실패한 게 아닐지도 몰라" "담배를 끊는 것은 너무 힘들어서 도저히 끊지 못할 거야"라고 비합리적으로 결론 짓는 경향이 있다.

이 모든 그릇된 추론은 독단적이고 과시적인 사고, 즉 자신이 원하는 것은 반드시 존재해야 하고 불쾌한 것은 존재하지 않아야 한다는 명령에서 비롯된다. 이런 독단적 사고는 대부분 선천적으로 나타난다.

근거 13

많은 유형의 비합리적 사고는 주로 터무니없는 과잉 일반화로 이루어졌고, 알프레드 코르치프스키와 그의 추종자들이 입증했듯이 과잉 일반화는 인간 조건의 정상적인(어리석기는 하지만) 부분으로 보인다. 그러므로 이번 경우에도 다음과 같이 상식적으로 시작한다. "나는 그 시험에 떨어졌어." 그런 다음 "나는 늘 떨어질 거야. 그 시험에 붙을 능력이 없어"와 같은 식으로 과잉 일반화한다. 또는 "그들은 때때로 나를 부당하게 대해"로 시작해서 "그들은 늘 나를 부당하게 대하는데 나는 끊임없는 부당한 대우를 견딜 수 없어"라고 과잉 일반화한다.

이것도 정상적인 사람이 자연스럽게 생각하는 방식으로 보인다.

장 피아제(J. Piaget)에 따르면 아이들은 8~9세가 될 때까지 판단력이 부족하다. 어른들은 일평생 시도 때도 없이 판단력이 부족한 것 같다!

근거 14

인간의 사고는 개인의 지적 수준에 따라 크게 다를 뿐 아니라 어떤 유형의 사고는 좌뇌 또는 우뇌의 기능에서 비롯된다. 지능과 좌뇌, 우뇌의 기능은 모두 유전적 영향이 크며 단순히 학습된 경험에서 비롯되는 것이 아니다.

근거 15

낮은 좌절인내력, 장기적 만족감 대신 그럴듯한 즉각적 보상을 추구하는 일부 비합리성은 인간뿐만 아니라 많은 하등 동물에게도 존재한다. 조지 에인슬리(G. Ainslie)는 '허울만 좋은 보상'에 관한 문헌을 검토하고, 선택 시점보다 보상이 지연될 때 동물과 인간 모두에서 보상의 효과가 삼소한다고 보여주었다. 이번에도 생리학적, 유전적 요소가 분명해 보인다.

근거 16

사람들은 자기 패배적이지 않은 행동보다 자기 패배적인 행동을 훨씬 더 쉽게 터득한다는 근거가 있다. 그래서 쉽사리 과식하면서도 몸에 좋은 식단을 유지하느라 여간 고생하는 게 아니다. 대개 어리석은 또래들에게 담배 피우는 것을 배우지만, 다른 또래나 연장자가 담배를 끊으라고 하거나 다른 면에서 더욱 절제된 행동을 하라고 훈계하려 하면 끝까지 저항한다. 인종, 종교에 대한 편견을 쉽사리 받아들이지만 훌륭한 리더의 가르침에는 주의를 기울이지 않는다. 불안, 우울, 증오, 자괴감에 쉽게 빠져들지만 이런 불안정한 감정을 없애는 데 엄청난 시간과 노력을 들여야 한다. 인간이 평생 어리석고 아둔하게 행동할 것이라고 장담할 수는 없지만 꽤 그럴 것 같기는 하다.

결론

'자기 패배 또는 자기 파괴적 결과를 불러오거나, 유기체의 생존과 행복을 크게 방해하는 생각, 감정, 행동'으로 비합리성을 정의하면 모든 사회와 그 사회의 거의 모든 인간에게 수백 가지의 주요 비합리성이 존재한다는 것을 알 수 있다. 이런 비합리성은 이를 바꾸려는 사람들의 의식적인 결단에도 불구하고 지속된다.

(a) 다수의 비합리성은 이를 따르는 사람들의 거의 모든 가르침에 위배된다. 이런 비합리성은 지능과 교육 수준이 높고 감정 문제가 상대적으로 적은 사람들에게도 지속된다. (b) 비합리성을 버린 사람들은 대개 다른 비합리성으로, 때로는 정반대의 극단적인 비합리성으로 대체하기도 한다. (c) 원칙적으로 비합리성에 강력히 맞서는 사람들도 실제로는 이를 유지시킨다. 비합리성이나 그 근원에 대한 예리한 통찰만으로는 이를 없애지 못할 것이다. (d) 많은 비합리성이

독단적 생각에서 비롯된 것으로 보인다. 그것들은 종종 고질적이고 거의 근절할 수 없는 인간의 성향, 즉 인간의 불완전성, 과잉 일반화 경향, 부질없는 희망적 기대, 잘 속는 특성, 편견, 근시안적 쾌락주의 등에서 흘러나오는 것으로 보인다. (e) 부분적으로나마 생리적, 유전적, 기질적 작용과 관련이 있어 보인다.

인간의 비합리성의 생물학적 토대를 아직 확실하게 주장할 수는 없지만 이제 그런 주장을 진지하게 고려할 가치가 있을 만큼 근거는 충분하다. 인간은 쉽고 자연스럽게 합리적이고 자기충족적으로 행동한다. 그렇지 않으면 살아남지 못할 것이다. 하지만 또 쉽고 자연스럽게 자신의 최대 이익에 반하는 행동을 하기도 한다.

어린 시절과 이후의 환경이 어느 정도는 자기 파괴적 행동을 익히도록 부추기기도 한다. 하지만 우리는 반인간적이고 비인간적인 가르침에 귀 기울이고 동의하기도 한다. 더욱 중요한 점은 명백히 어리석고 과학적으로 뒷받침할 수 없는 많은 가르침을 계속 굳게 믿고 바보처럼 따르는 기질을 타고났다는 것이다.

합리적 정서행동치료 효과를
유지하고 강화하는 방법

합리적 정서행동치료 원칙을 실천하면 해로운 생각, 감정, 행동을 바꿀 수 있으며, 치료를 시작할 때보다 기분이 한결 나아질 것이다. 하지만 때로는 원래 상태로 후퇴하기도 하고, 훨씬 더 나빠지는 경우도 있을 것이다.

이 세상에 완벽한 사람은 단 한명도 없으며, 거의 모든 사람이 두세 걸음 나아갈 때마다 한 걸음씩 물러나기도 한다. 앞으로 나아가고 때로는 걸음을 멈추고 때로는 후퇴하는 것이 우리 인간의 본성이기 때문이다.

어떻게 하면 원래 상태로 후퇴하는 것을 늦출 수 있을까? 어떻게 하면 치료 목표를 유지하고 강화할 수 있을까? 다음은 뉴욕 앨버트 엘리스 연구소 클리닉에서 테스트했고, 많은 환자들에게 효과가 있었던 방법들이다.

치료 효과를 유지하는 법

방법 1

기분이 나아졌다가 예전의 불안이나 우울, 자괴감이 되돌아올 때는 어떤 생각, 감정, 행동을 바꾸고 상태가 나아졌는지 떠올리며 정확히 짚어보자. 다시 우울한 기분에 빠진다면 이전에 어떻게 합리적 정서행동치료를 활용해 우울한 기분을 없앴는지 돌이켜보자. 예를 들면 다음과 같은 기억을 떠올릴 수 있다.

"나는 무가치하고, 원하는 것을 절대 얻지 못할 것이라고 되뇌는 것을 멈추었다."

"나는 직장 생활이나 연애 관계를 잘 이끌었고, 어느 정도 유능하고 매력적인 사람이라는 것을 스스로에게 입증했다."

"나는 면접을 피하지 않고 억지로 나가서 면접에 대한 불안을 이겨냈다."

스스로 변화를 일으켜 자신에게 도움이 된 과거의 생각, 감정, 행동을 떠올려보자.

방법 2

다음과 같은 합리적 신념이나 자기 다짐을 거듭 생각하자. "성공하는 것도 좋지만 실패하더라도 나 자신을 온전히 받아들이고 즐거운 경험을 할 수 있어." 이런 다짐을 그저 앵무새처럼 되뇌지 말고, 정말 옳다고 믿고 느끼기 시작할 때까지 신중하게 여러 번 검토하고 충분히 생각하자.

방법 3

자신을 다시 화나게 하는 비합리적 신념을 계속 찾아내서 반박하고 이의를 제기하자. "가치 있는 사람이 되기 위해 꼭 성공해야 해!"와 같은 중요한 비합리적 신념을 하나씩 떠올리며 스스로에게 물어보자.

"이 신념이 왜 참인가?"

"나의 가치와 삶의 즐거움이 전적으로 어떤 일의 성공에 달려 있다는 근거는 어디에 있는가?"

"중요한 일에 실패하면 어떻게 내가 전혀 인정받을 수 없는 인간이 되는가?"

비합리적 신념이 슬금슬금 되돌아오는 것을 인식할 때마다 강력하고 끈질기게 반박하자. 적극적으로 지지하지 않아도 그 신념이 되살아날 수 있다는 사실을 깨닫고 의식적으로 (예방 차원에서) 강력하게 반박해야 한다.

방법 4

고속 엘리베이터 타기, 사교나 구직 활동, 창작 활동 등 비합리적으로 두려워하는 일들을 계속 과감히 시도해보자. 비합리적 두려움 중 한 가지를 어느 정도 극복한 뒤 정기적으로 그 두려움에 맞서보자. 비현실적으로 두려워하는 일을 억지로 해보는 것이 불편하더라도 피하지 않아야 한다. 그렇지 않으면 영원히 불편함을 안고 살아갈 것이다. 비합리적 두려움을 없애고 나중에 불안하지 않고 편안해질 수 있도록 최대한 자신을 불편하게 하는 연습을 해보자.

방법 5

원하는 것을 얻지 못할 때 느끼는 이로운 부정적 감정(슬픔, 후회, 불만 등)과 해로운 부정적 감정(우울, 불안, 자기혐오, 자기연민 등)의 실제 차이를 명확히 파악하려고 노력하자.

지나친 걱정(극심한 혼란)이나 지나친 불행(우울)을 느낄 때마다 자신이 통계적으로는 정상이지만 심리적으로 해로운 감정을 느끼고 있으며, 대체로 독단적인 '당위적 사고'로 스스로를 괴롭히고 있음을 인정하자.

해로운(또는 강박적인) 감정을 이로운(또는 선호하는) 감정으로 바꿀 수 있다는 사실을 깨달아야 한다. 우울한 감정을 찾아서 없애고 안타까움과 후회만 느끼도록 노력해야 한다. 불안한 감정을 찾아서 없애고 걱정과 경계심만 남도록 해야 한다.

합리적·정서적 상상하기를 이용해 불쾌한 선행사건이 일어나기 전에 이를 생생히 떠올려보자. 그때 해로운 감정(불안, 우울, 분노, 자괴감)을 느끼려고 해보자. 그런 다음 최악의 상황이 벌어지는 것을 계속 상상하면서 그 감정을 이로운 부정적 감정(걱정, 슬픔, 불쾌감, 아쉬움)으로 바꾸기 위해 노력하는 것이다. 감정이 실제 바뀔 때까지 포기하지 말자.

방법 6

해로운 미루기 습관에서 벗어나자. 하기 싫은 일들을 당장 해버리자! 여전히 미루고 있다면 회피하기 십상인 일을 끝낸 뒤에만 자신이 좋아하는 일(식사, 휴가, 독서, 사교 활동 등)로 보상한다. 그래도 효과가 없다면 어떤 일을 미룰 때마다 스스로에게 심한 벌칙(지루한 사람과 2시간 대화하기, 벌금 100달러 내기 등)을 내리자.

방법 7

어떤 불행이 닥치더라도 건강한 정서와 행복을 유지하는 것이 즐거운 도전이자 모험이라는 것을 스스로에게 보여주자. 불행을 몰아내는 것을 인생에서 가장 중요한 목표로 삼고 이를 성취하기 위해 꾸준히 노력하자.

생각하고 느끼고 행동하는 방식에 대한 선택권은 거의 항상 자신에게 있음을 충분히 인식하자. 그리고 적극적으로 뛰어들어 자신을 위한 선택을 하자.

방법 8

1962년 『Reason and Emotion in Psychotherapy(심리치료의 이성과 감성)』에 처음 소개된 합리적 정서행동치료의 세 가지 주요 통찰을 기억하고 활용하자.

통찰 1은 "우리는 외부 사건과 사회적 학습에 의해 스스로 불행해지는 쪽을 선택하기도 하고, 불쾌한 사건이 일어났을 때 대개 스스로를 괴롭히는 쪽을 선택한다. 우리는 대체로 생각하는 대로 느낀다. 불쾌하거나 불만스러운 일이 일어나면 의식적 또는 무의식적으로 슬픔과 후회를 느끼게 하는 합리적 신념을 선택하기도 하고, 불안, 우울, 자기혐오를 느끼게 하는 비합리적 신념을 선택하기도 한다"이다.

통찰 2는 "비합리적 신념과 자기 파괴적 습관을 언제, 어떻게 습득했든, 지금 우리는 그 신념과 습관을 유지하는 쪽을 선택했고, 그것이 지금 우리를 불안정하게 만든다. 과거의 역사와 현재 삶의 환경은 우리에게 중요한 영향을 미친다. 하지만 그런 역사와 환경이 우리를 불행하게 하지는 않는다. 우리의 현재 '신념'이 현재 우리를 불안정하게 하는 주요 원인이다"이다.

통찰 3은 "자신의 성격과 쓸데없이 자신을 화나게 하는 강한 성향을 바꿀 수 있는 마법 같은 방법은 없다. 기본적인 성격을 바꾸려면 비합리적 신념, 해로운 감정, 자기 파괴적 행동을 바꾸기 위해 꾸준히 노력하고 실천해야 한다"이다.

방법 9

독서, 오락, 운동, 취미, 예술, 과학, 기타 흥미로운 관심사 등 개인적 즐거움을 꾸준히 차분하게 모색해보자. 정서적 건강뿐만 아니라 진정한 즐거움 찾기를 인생의 주요 목표로 삼자. 진정으로 몰입할 수 있는 장기적 목표와 관심 있는 활동에 참여하려고 노력하자. 행복한 삶은 살아가야 할 이유를 만들어주고, 다른 심각한 걱정으로부터 주의를 분산시키며, 정신 건강을 유지하고 개선하도록 할 것이다.

방법 10

합리적 정서행동치료에 대해 잘 알고 있고, 이 치료법의 여러 측면을 검토하는 데 도움을 줄 수 있는 사람들과 연락을 유지하자. 대처하기 힘든 문제를 그들에게 털어놓고, 그런 문제를 극복하기 위해 합리적 정서행동치료를 어떻게 활용하고 있는지 알려주자. 그들이 자신의 해법에 동의하는지 들어보고, 비합리적 신념에 맞서는 데 이용할 수 있는 더 나은, 또는 추가적인 반박 방법을 제안해줄 수 있는지 알아보자.

방법 11

기꺼이 도움을 받고자 하는 친구, 친척, 동료들과 함께 합리적 정서행동치료 활용법을 연습하자. 다른 사람들에게 합리적 정서행동치료를 더 자주 활용하고 그들의 비합리적 신념이 무엇인지 알아내서 자기 패배적인 생각에서 벗어나게 할수록, 우리는 이 치료의 주요 원칙을 더 잘 이해하고 스스로에게 이용할 수 있을 것이다. 다른 사람들의 비합리적이고 불안정한 행동을 볼 때 (그들과 대화를 나누고 또는 나누지 않고도) 그들의 주된 비합리적 신념이 무엇인지, 이 신념을 어떻게 적극적으로 신랄하게 반박할 수 있는지 알아내려 애써야 한다.

이전 상태로 후퇴했을 때 대처하는 방법

방법 1

정서적으로 호전되었다가 원래 상태로 돌아가는 것은 거의 모두에게 나타나는 정상적인 현상이라고 받아들이자. 인간이 지닌 불완전성의 일부라고 생각하자. 이전 증상이 다시 나타나더라도 창피해하지 않도록 하자. 전적으로 혼자 해결해야 할 문제라고 여기지 말자. 추가적인 치료를 받거나 다시 나타난 문제에 대해 친구에게 이야기하는 것이 잘못되거나 나약한 행동이라고 생각하지 말자.

방법 2

이전 상태로 돌아갔다면 이 행동을 나쁘고 불행한 일로 생각하되, 그런 행동을 한 자신을 비하하지 않도록 한다. 자아 또는 자신의 존재에 대한 평가를 자제하고 자신의 행동, 생각, 특성을 평가하자.

우리는 언제나 옳게 또는 그르게 행동하는 사람일 뿐, 결코 좋은 사람도 나쁜 사람도 아니다. 이전 상태로 후퇴하고 이전의 감정 문제를 다시 일으키더라도 불운하거나 나약하게 행동하는 자신을 온전히 받아들이고, 자신의 행동을 바꾸기 위해 꾸준히 노력하자.

방법 3

합리적 정서행동치료의 ABC 모델에 대입해서 무엇 때문에 이전 증상으로 돌아갔는지 명확히 이해하자. A(선행사건이나 역경)에서 대개 실패나 거절을 경험한다. rB(합리적 신념)에서 실패는 바람직하지 않으며 거절당하고 싶지 않다고 스스로에게 말했을 것이다. 이런 합리적 신념에만 머물러 있다면 그저 안타까움, 후회, 실망, 불만 같은 감정만 느낄 것이다. 하지만 불안한 감정을 느꼈다면 다음과 같은 비합리적 신념으로 넘어갔을 공산이 크다.

"절대 실패해선 안 돼! 그러면 끔찍할 거야."

"반드시 인정받아야 해. 그렇지 않으면 호감을 얻지 못하는 쓸모없는 사람이야!"

만일 이런 비합리적 신념으로 되돌아갔다면 C(감정적 결과)에서 다시 우울해지고 자괴감을 느꼈을 것이다.

방법 4

또다시 자신을 불안정하게 만드는 비합리적 신념을 찾자마자 처음에 이를 없애기 위해 이용한 D(반박하기)를 끈질기게 다시 시도해 보자. 스스로에게 다음과 같이 물어볼 수 있다. "왜 절대 실패하면 안 되는 거지? 만일 실패하면 정말 끔찍할까?" 그리고 이렇게 대답할 수 있다. "실패가 바람직하지 않은 이유는 몇 가지 댈 수 있지만 실패하면 안 되는 이유는 없어. 실패해도 끔찍하지는 않으며 아주 불편할 뿐이야."

또 다음과 같은 질문으로 다른 비합리적 신념을 반박할 수도 있다. "내가 꼭 인정받아야 한다는 근거는 어디에 있지? 거절당하면 어떻게 호감을 얻지 못하는 쓸모없는 사람이 되는데?" 그러면 이렇게 대답할 수 있다. "인정받으면 좋겠지만 꼭 그래야 하는 것은 아니야. 내가 거절당하면 이번에 이 사람에게는 거절당한 사람이 되겠지만, 그렇다고 해서 내가 진정으로 아끼는 모든 사람에게 늘 거절당하고 호감을 얻지 못하는 쓸모없는 사람이 되지는 않아."

방법 5
다시 한번 이전 상대로 후퇴했다면 현재 자신을 불안하고 우울하게 만드는 비합리적 신념을 계속 찾아내서 적극적이고 신랄하게 반박하자. 운동하는 방법을 익히고 계속 연습함으로써 신체적 근육을 키우듯이 지적·정서적 근육을 키울 때까지 이 과정을 여러 번 되풀이하자.

방법 6

말을 바꾸는 것만으로 언제든 생각도 바꿀 수 있다고 믿으면서 자신을 기만하지 말자. "반드시 성공하고 인정받아야 해"라고 스스로에게 신경증 있는 사람처럼 말하다가 "성공하고 인정받는 게 더 좋아"라고 말을 바꾸더라도, 실제로는 "하지만 사랑받으려면 정말 잘해야 해"라고 확신하고 있을 수도 있다. 반박하기를 멈추기 전에, 그리고 그에 대한 자신의 대답에 만족하기 전에 자신의 합리적인 대답을 정말로 확신할 때까지, 불안정한 감정이 실제로 사라질 때까지 계속 이렇게 노력하자. 그런 다음 자신의 E(효과적인 철학)가 견고해지고 습관이 될 때까지(계속 노력하고 깊이 생각하면 그렇게 될 것이다) 같은 과정을 여러 번 되풀이하자.

방법 7

효과적인 새로운 철학 또는 합리적 신념을 가볍게 또는 '머리로만' 납득하는 것은 별로 도움이 되지 않거나 오래 지속되지 않을 것이다. 명확하게 납득하고 이 과정을 여러 번 반복해야 한다. 그러면 정말 다음과 같이 느끼게 될 것이다.

"내가 원하는 것이 꼭 필요한 것은 아니야! 아무리 성공하길 바라더라도 꼭 그럴 필요는 없어."

"내가 아끼는 그 사람에게 거절당하는 것을 나는 견딜 수 있어. 그런다고 해서 내가 죽지는 않을 것이고 여전히 행복한 삶을 살아갈 수 있어."

"나를 포함한 그 어떤 사람도 저주받아야 하거나 쓸모없는 존재는 아니야."

다른 감정 문제 해결로 일반화하는 방법

방법 1

현재의 감정 문제와 이 문제를 일으키는 방식이 특별하지 않으며, 대다수의 정서적, 행동적 문제들은 비합리적 신념에 의해 만들어진다는 사실을 이해하자. 어떤 비합리적 신념을 지녔든 강력하고 끈질기게 반박하고 맞서 행동하면 이를 극복할 수 있다.

방법 2

자신을 불안정하게 만드는 세 가지 주요 비합리적 신념이 있으며, 없애고자 하는 정서적, 행동적 문제들이 아래 범주의 일부 또는 모두에 해당된다는 것을 인식하자.

  a. "항상 잘해야 하고 내가 중요하게 여기는 사람들에게 인정받아
     야 해." 이 비합리적 신념은 불안, 우울, 자기혐오를 느끼게 하
     며, 실패할 것 같은 일이나 결과가 좋지 않을 것 같은 관계를 피
     하게 한다.

  b. "사람들은 나를 공정하고 친절하게 대해야 해!" 이 비합리적 신

넘은 분노, 폭력성, 과도한 반항심을 불러일으킨다.

c. "내가 살아가는 환경은 편안해야 하고 크게 성가신 일이 없어야 해." 이 비합리적 신념은 낮은 좌절인내력과 자기 연민을 불러오고 때때로 분노와 우울을 유발한다.

방법 3

'방법 2'에서 이야기한 세 가지 당위적 사고(또는 수많은 변종들) 중 한 가지를 취할 때 일반적으로 다음과 같은 비합리적 결론이 자연스럽게 도출된다.

a. "마땅히 해야 할 만큼 잘하지 못했으니 나는 무능하고 가치 없는 사람이야."(못났어)

b. "내가 중요하게 여기는 사람들에게 인정받아야 하는데 그러지 못했으니 끔찍하고 최악이야."(끔찍해, 최악이야)

c. "사람들은 나를 공정하고 친절하게 대해야 하는데 그러지 않았으니 정말 못된 사람들이고, 천벌을 받아 마땅해."(벌 받아야 해)

d. "내가 살아가는 환경이 그다지 편안하지 않고, 내 삶에 크게 성가신 일도 여러 가지로 있어서 견딜 수 없어. 존재 자체가 최악이야."(견딜 수 없어)

e. "절대 실패하면 안 되는데 실패하고 거절당했으니 나는 항상 실패하고 절대 인정받지 못할 거야. 내 인생에는 영원히 희망도, 기쁨도 없을 거야!"(항상 그럴 거야, 절대 못 할 거야)

방법 4

이런 비합리적 신념들이 일반적인 생각과 감정의 일부이며, 우리가 이런 신념을 다양한 상황으로 끌고 온다는 것을 인식하자. 심하게 화를 내고 자기 패배적 태도로 행동하는 대부분의 경우 의식적 또는 무의식적으로 하나 이상의 비합리적 신념을 슬그머니 끌어들이고 있다는 사실을 깨닫도록 하자. 따라서 한 영역에서 비합리적 신념을 줄였다고 해도 그 밖의 무언가에 감정적으로 불안정한 경우에는 이전과 같은 합리적 정서행동치료 원칙을 활용해 새로운 영역에서 비합리적 신념을 찾아내고 최소화할 수 있다.

방법 5

절대적인 '당위적 사고'를 버리고 유연하고 융통성 있는(여전히 강력하기는 하지만) 바람과 선호로 꾸준히 대체하면 평소에 스스로를 불안정하게 하지 않을 것이며 불안을 유지하지 않을 것이라고 스스로에게 거듭 보여주자.

방법 6

현실적이고 건전한 사고를 엄격하게(경직된 게 아니라!) 적용함으로써 나의 비합리적 신념을 바꿀 수 있다는 사실을 계속 인정하자. 비합리적 신념이 사실이 아니라 가정이나 가설일 뿐이라고 스스로를 납득시키자.

다음과 같은 여러 가지 방식으로 비합리적 신념에 논리적, 현실적, 실용적인 이의를 제기할 수 있다.

   a. 비합리적 신념이 자기 패배적이고, 목표와 행복을 이루는 데 방해가 된다고 스스로에게 입증할 수 있다. "나는 중요한 일을 꼭 성공해야 하고, 인생에서 중요한 모든 사람에게 인정받아야 해"라고 굳게 믿더라도 때때로 실패하고 인정받지 못할 것이다. 그로 인해 안타까움과 불만 대신 불안과 우울을 느낄 수밖에 없을 것이다.

   b. 비합리적 신념은 현실에 부합하지 않으며, 특히 인간의 불완전성에도 부합하지 않는다. 우리가 늘 성공해야 한다면, 우주가 그렇게 해야 한다고 명령했다면 우리는 늘 성공만 할 것이다. 하지만 그렇지 않은 경우가 많다. 늘 다른 사람에게 인정받아야 한다면 인정받지 못하는 경우는 절대 없어야 할 것이다. 하지만 분명 우리가 인정받지 못하는 경우도 많다. 우주는 우리가 요구하는 것을 항상 얻을 수 있도록 돌아가지 않는다. 따라서 우리의 소망은 대개 현실적이지만 절대적인 요구는 그렇지 않다.

   c. 비합리적 신념은 비논리적이거나 일관성이 없거나 모순적이다. 아무리 성공하고 인정받기를 원하더라도 반드시 모든 것을 잘해야 하는 것은 아니다. 정의나 예의가 아무리 바람직하더라도 꼭 존재해야 하는 것은 아니다.

합리적 정서행동치료의 반박하기가 절대적으로 옳거나 만능은 아니지만, 이를 통해 어떤 신념이 비합리적이고 자기 패배적인지 깨닫고, 이런 신념을 최소화하기 위해 현실적이고 실용적이며 논리적인 사고를 이용하는 방법을 알아갈 수 있다. 유연한 사고를 유지하면 독단을 피하고 자신과 타인, 세상의 환경에 대한 가설을 세워서 항상 변화에 열려 있는 상태를 유지할 수 있을 것이다.

방법 7

인생의 주된 목표를 세우려고 노력하자. 목표에 도달하기를 간절히 바라더라도 반드시 이뤄야 한다고 강요하지 않아야 한다. 목표를 향해 얼마나 잘 나아가고 있는지 계속 점검하고 때로는 수정해야 한다. 자신과 타인에게 해가 되지 않는, 자신이 선택한 목표에 계속 집중하자. 자신의 이익이나 사회적 이해관계에 지나치게 몰두하는 대신 이 두 가지에 균형 있게 몰입하는 것이 자신과 자신이 속한 공동체에 가장 좋은 결과를 불러올 것이다.

방법 8

수렁에 빠져 삶이 너무 불행하거나 암울해졌다면 이 책의 요점을 복습하고 활용하도록 노력하자. 앞으로 나아가다가 뒷걸음을 치거나 원하는 속도로 나아가지 못하는 경우에는 주저 말고 다시 연구소의 정기 집단치료에 참여하거나 부가 활동에 참여하자.

부록 3

비합리적 신념
반박하기(DIBS)

비합리적 신념을 줄이기 위한 질문들

————

합리성을 키우고 해로운 비합리적 신념을 줄이고 싶다면, 매일 10분 이상 자신에게 다음과 같은 질문을 던지고, (단순히 입으로만 떠들지 말고) 신중하게 생각하며 건전한 대답을 떠올려보자. 각 질문과 그에 대한 자신의 답변을 종이에 적거나 녹음하도록 한다.

1. 반박해서 없애고 싶은 해로운 비합리적 신념은 무엇인가?

예시 답변 "내가 진정으로 아끼는 사람에게 꼭 사랑받아야 해."

2. 이 신념을 합리적으로 뒷받침할 수 있는가?

예시 답변 "그럴 수 없다."

3. 이 신념이 잘못되었다는 근거는 무엇인가?

예시 답변 "진정 아끼는 사람에게 사랑받아야 한다는 신념이 잘못되었다는 근거는 많다(a~j)."

a. "진정 아끼는 사람에게 사랑받아야 한다는 우주의 법칙 따위는 존재하지 않는다(물론 그 사람이 나를 사랑하면 좋겠지만)."

b. "한 사람에게 사랑받지 못하더라도 여전히 다른 사람들에게 사랑받을 수 있고, 그렇게 해서 행복을 찾을 수 있다."

c. "내가 아끼는 사람이 나를 좋아하지 않는다 하더라도(그럴 리는 없겠지만) 나는 여전히 우정, 일, 책 등에서 즐거움을 찾을 수 있다."

d. "내가 진심으로 아끼는 사람이 나를 거절하면 무척 불행한 일이겠지만 그렇다고 해서 내가 죽지는 않을 것이다."

e. "과거에 대단한 사랑을 얻는 행운을 누리지 못했다고 해서 이제라도 반드시 그런 사랑을 얻어야 하는 것은 아니다."

f. "절대적인 당위적 사고를 뒷받침하는 근거는 존재하지 않는다. 따라서 사랑을 비롯해 내가 항상 무언가를 가져야 한다는 주장에 대한 근거는 없다."

g. "세상에는 자신이 열망하는 사랑을 얻지 못하고도 여전히 행복한 삶을 사는 사람들이 많다."

h. "살아오면서 사랑받지 않고도 행복한 적이 많았으므로 사랑받지 못하는 상황에서도 다시 행복을 느낄 수 있을 것이다."

i. "정말 아끼는 사람에게 거절당하면 내가 부족한 사람이고 호감을 주지 못한다는 뜻이다. 그렇다고 해서 내가 형편없고 쓸모없으며 전혀 사랑받을 수 없는 사람이라는 뜻은 아니다."

j. "아무도 나를 사랑할 수 없을 만큼 못난 사람일지라도 스스로를 하찮고 나쁜 사람으로 비하할 필요는 없다."

4. 이 신념이 참이라는 증거가 있는가?

예시 답변 "별로 없다. 진심으로 사랑하는 사람에게 사랑받지 못하면 외로움, 불편함, 불만, 박탈감을 느낄 것이라는 근거는 꽤 많다. 그러므로 나는 분명 거절당하지 않는 쪽을 선호할 것이다. 하지만 아무리 불편해도 최악은 아니다. 나는 불만과 외로움을 견딜 수 있다. 그것들 때문에 세상이 끔찍해지지는 않는다. 거절당한다고 해서 내가 하찮은 사람이 되지도 않는다. 따라서 내가 정말 아끼는 사람에게 꼭 사랑받아야 한다는 증거는 존재하지 않는다."

5. 반드시 얻어야 한다고 생각하는 것을 얻지 못할 때(또는 절대 일어나면 안 된다고 생각하는 일이 일어날 때) 나에게 실제로 벌어질 수 있는 최악의 상황은 무엇인가?

예시 답변　"꼭 받아야 한다고 생각하는 사랑을 받지 못하면, (a~g)."

a. 내가 누릴 수 있는 다양한 즐거움과 편익을 박탈당할 것이다.

b. 다른 곳에서 계속 사랑을 찾아야 하므로 삶이 편하지 않을 것이다.

c. 내가 원하는 사랑을 얻지 못해서 한없는 박탈감과 외로움을 느낄 것이다.

d. 거절당한 것 때문에 다른 사람들이 나를 업신여기고 쓸모없다고 생각할 수 있으므로 짜증스럽고 불쾌할 것이다.

e. 나는 좋은 연애 관계에서 얻을 수 있는 즐거움이 아니라 그보다 소소한 즐거움에 만족할 수도 있으며, 그것이 바람직하지 않다고 느낄 것이다.

f. 거의 항상 혼자 지낼 것이며 그 역시 불쾌할 것이다.

g. 인생에서 다양한 불행과 박탈감을 느낄 테지만 그중 어느 것도 끔찍하거나 최악이거나 견딜 수 없는 것으로 정의할 필요는 없다.

6. 반드시 얻어야 한다고 생각하는 것을 얻지 못할 때, 또는 절대 일어나지 말아야 한다고 생각하는 일이 일어날 때 어떤 이점을 찾을 수 있을까?

예시 답변

a. "내가 진정으로 좋아하는 사람이 나를 똑같이 좋아해주지 않는

다면 나는 다른 누군가의 사랑을 얻기 위해 더 많은 시간과 에너지를 쏟을 수 있으며, 어쩌면 더 나은 사람을 만날 수 있다."

b. "일, 예술 활동처럼 사랑이나 인간관계와 관련이 없는 다른 즐거움을 찾는 데 전념할 수 있다."

c. "사랑 없이 행복하게 사는 법을 스스로 알아가는 것이 도전적이고 즐거운 일이라는 사실을 알게 될 것이다."

d. "내가 갈망하는 사랑을 얻지 못하더라도 나를 온전히 받아들이려는 철학에 도달하고자 노력할 수 있다."

자신의 주요 비합리적 신념(당위적 사고) 가운데 하나를 골라 하루에 10분 이상(종종 몇 주에 걸쳐) 적극적으로 격렬하게 반박할 수 있다. 비합리적 신념 반박하기(DBIS)에 꾸준히 10분 이상 쏟아붓기 위해 '조작적 조건화'나 자기통제 기법(B. F. 스키너, 데이비드 프리맥, 마빈 골드프리드 등 심리학자들이 창안함-옮긴이)을 활용할 수 있다. 독서, 식사, 텔레비전 시청, 운동, 사교 활동 등 자신이 매우 즐겨하는 활동을 선택한다. 이런 활동을 강화나 보상 도구로 삼고, 하루에 10분 이상 비합리적 신념 반박하기를 실천한 뒤에만 실행할 수 있도록 허용하자. 실천하지 않으면 보상은 없다!

하루에 10분 이상 비합리적 신념 반박하기를 실천하지 않는 날에는 자신에게 벌을 줄 수도 있다. 역겨운 음식 먹기, 싫어하는 일 하기, 아침에 30분 일찍 일어나기, 지루한 사람과 1시간 동안 대화하기 등 자신이 명백히 싫어하는 활동을 억지로 하도록 하는 것이다.

또한 스스로 설정한 벌칙과 보상을 실제로 이행할 수 있도록 도와줄 사람이나 그룹을 정해 모니터하도록 할 수도 있다. 물론 시간이 지나면 저절로 강화되기 때문에 별도의 자기 강화 없이 비합리적 신념 반박하기를 꾸준히 활용할 수도 있다. 하지만 반박하기를 실천하거나 회피한 직후에 보상이나 벌칙과 함께 사용하면 때때로 훨씬 더 효과적일 수 있다.

맹렬하고 끈질긴 반박이 훨씬 효과적이다

비합리적 신념 반박하기에서 활용할 질문을 다시 정리해보자.

1. 반박해서 없애고 싶은 해로운 비합리적 신념은 무엇인가?
2. 이 신념을 합리적으로 뒷받침할 수 있는가?
3. 이 신념이 잘못되었다는 근거는 무엇인가?
4. 이 신념이 참이라는 근거가 있는가?
5. 반드시 얻어야 한다고 생각하는 것을 얻지 못할 때(또는 절대 일어나면 안 된다고 생각하는 일이 일어날 때) 나에게 실제로 벌어질 수 있는 최악의 상황은 무엇인가?
6. 반드시 얻어야 한다고 생각한 것을 얻지 못할 때(또는 절대 일어나서는 안 된다고 생각하는 일이 일어날 때) 어떤 이익을 취할 수 있는가?

문제가 있거나 비합리적인 신념 반박하기(D)는 합리적 정서행동 치료에서 매우 효과적인 방법이다. 하지만 "그 사람에게 꼭 사랑받아야 하는데 그 사람이 나를 사랑하지 않으면 끔찍하고, 나는 못난 사람이야" 같은 비합리적 신념에 쉽게 빠질 수도 있다. 이런 비합리적 신념에 이의를 제기하면 다음과 같이 정확하면서도 온건한 '효과적인 새로운 철학(E)'을 찾을 수 있다. "그 사람이 나를 사랑하지 않아도 나를 사랑해줄 사람은 또 있으니까, 그 사람이 나를 사랑해야 할 이유는 없는 것 같아. 그러므로 나는 그 사람의 사랑 없이도 꽤 행복하게 살 수 있어."

이런 '효과적인 새로운 철학'을 가볍게 믿으면서도, 여전히 "그 사람이 나를 사랑하지 않는 게 끔찍한 일은 아니라고 해도 실제로는 그렇게 느껴져! 어쨌든 나는 그 사람의 사랑이 필요해!"라고 비합리적으로 굳게 믿을 수 있다. 따라서 약하거나 적당히 강한 반박은 오래 지속된 강력한 비합리적 신념을 떨쳐내는 데 별로 도움이 되지 않을 것이다. 맹렬하고 끈질긴 반박이 훨씬 효과적일 것이다!

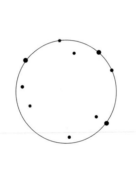

사는 게 불안하고 외롭다면 애착 때문이다

나는 내 안의 애착을 돌아보기로 했다

오카다 다카시 지음 | 이정은 옮김 | 값 17,000원

특별한 이유 없이도 삶이 고단한 현대인들을 괴롭히는 근본적인 요인은 무엇인가? 바로 '애착장애'다. 애착이 불안정하다는 것은 단순히 심리적으로 인생을 비관하는 것만을 의미하지 않는다. 스트레스나 불안에서 벗어나기 위한 체계가 제대로 기능하지 않는다는 뜻이다. 이 책을 통해 자신의 애착 상태를 점검해보고, 애착이 불안정하다면 주저하지 말고 대책을 세우고, 극복하기 위한 시도를 해보자.

우울과 불안을 끌어안는 심리학

우울과 불안을 이기는 작은 습관들

임아영 지음 | 값 18,000원

임상심리전문가로 활동해온 저자는 우울과 불안이 위험에 대비하고 삶에 대한 성찰을 돕는 '적응적 기능'을 지녔다고 주장한다. 그는 이 책에서 '우울'과 '불안'이 발생하는 메커니즘을 설명하면서 그것을 대하는 인식의 변화를 촉구한다. 살아가는 동안 다양한 실패의 경험을 받아들이면서 균형을 찾는 게 가장 중요하다. 이 책을 통해 현실에서의 긍정성을 찾고 긍정과 부정 사이에서 삶의 균형을 맞추는 법을 배워보자.

내 안의 나와 행복하게 사는 법

내면아이의 상처 치유하기

마거릿 폴 지음 | 값 19,800원

이 책은 자신을 사랑하고 치유하며 성장하고자 하는 이들을 위한 책으로, 주변 사람들과의 관계와 인생을 풍요롭게 해줄 수 있는 소중한 지혜와 전략이 가득하다. 이 책에서 제시하는 내면적인 유대감 형성 5단계 과정을 따라 해보는 것만으로도 곧 치유의 과정이 되어 상처받은 내면아이를 보듬고 사랑이 넘치는 삶을 살 수 있을 것이다. 이 책을 통해 더 이상 혼자가 아니라는 기쁨을 느껴보자!

사람을 움직이는 소통의 힘

관계의 99%는 소통이다

이현주 지음 | 값 14,000원

직장 생활에서 바람직한 인간관계를 맺기 위해 필요한 소통 방법을 다룬 지침서다. 많은 기업에서 직장 내 관계에 대한 교육과 상담을 활발히 해온 저자는 이 책을 통해 올바른 소통 방법을 알려준다. 저자는 인간관계를 기반으로 한 소통을 다루면서 우리가 알고 있었던, 혹은 눈치채지 못했던 대화법의 문제점을 정확히 짚어낸다. 회사 내에서의 소통 문제로 스트레스를 받고 있는 직장인들에게 이 책이 단비가 되어줄 것이다.

성숙한 어른으로 살기 위해 다져야 할 마음의 기본기

감정에 휘둘리는 당신을 위한 심리수업

김세정 지음 | 값 15,000원

이 책의 저자는 상담심리전문가로 평소 많은 내담자들로부터 '나는 왜 이러는 걸까요?'라는 질문을 받았다고 한다. 이 책은 그 질문에 대한 답을 담고 있으며, 여러 감정 중에서도 슬픔, 불안, 외로움, 무기력, 죄책감, 수치심, 분노라는 7가지의 부정적 감정을 주로 다룬다. 과거 자신이 부정적인 감정을 느꼈던 상황 속에서 어떤 반응을 했고, 그 안의 내면 메시지는 무엇이었는지를 따라가보자. 숨어 있는 진짜 나를 발견하고 어루만져줄 수 있을 것이다.

심리학을 처음 공부하는 사람이 꼭 알아야 하는 것

내 생애 첫 심리학

박준성 지음 | 값 18,000원

이 책은 심리학의 정의, 분야, 역사와 같은 기초 정보부터 뇌, 발달, 학습, 기억, 성격, 스트레스 등 다양한 주제의 심리학 지식을 한데 모아놓은 심리학 입문서다. 심리학을 통해 교훈을 전달하려는 자기계발서들과는 달리 이 책은 객관적인 정보전달이 목적이므로 심리학을 처음 공부하는 사람들도 쉽게 이해할 수 있도록 친절하게 설명했다. 이 책을 통해 그동안 어렵게만 느껴졌던 심리학의 방대한 지식을 차곡차곡 쌓아보자.

이유 없는 아픔은 없어

삶이 힘들고 지칠 때 심리학을 권합니다

박경은 지음 | 값 15,000원

질투, 서운함, 열등감, 분노 등 마음을 흐뜨리는 많은 부정적인 감정들로 스스로를 상처내고 있는 사람들이 꼭 읽어야 할 책이다. 오랜 기간 심리상담을 해온 저자는 은밀하면서도 치명적인 삶의 상처에 대한 다양한 사례들을 담고자 했다. 책 속 사례를 통해 내면을 성찰하고 자신의 문제를 객관화할 수 있어야 한다. 이 책을 통해 당신의 아픔을 있는 그대로 들여다볼 수 있을 것이다. 삶이 힘들고 지친 이들에게 이 책을 권한다.

예민하고 민감한 사람들이 행복하게 사는 법

예민해서 힘들다면 심리학을 권합니다

곽소현 지음 | 값 15,000원

이 책은 영화, 드라마, 그림책, 다양한 문학작품 속에 등장하는 인물들을 소개함으로써 우리의 모습을 보게 한다. 우리를 닮은 주인공들의 모습을 들여다보고, 음미하다 보면 우리 자신을 수용하고 이해하는 마음이 생길 것이다. 어쩌다 우중충한 모습도 나의 일부분임을 인정하자. 예민함이 싫어 가면을 쓰고 살았다면 이제는 당신을 제대로 만나볼 시간이다. 이 책은 당신이 가장 당신답게 잘 살 수 있는 방법을 알려준다.

코로나시대, 마음이 위험하다

6주 만에 끝내는 공황장애 치유법

김영화 지음 | 값 15,000원

불안을 느끼며 살아가는 현대인은 남녀노소 불문하고 공황장애에 노출되기 쉽다. 이 책에서는 지나친 스트레스 반응으로 생긴 불안을 호흡으로 스스로 조절하는 방법에 대해 자세히 다루고 있다. 특히 횡격막호흡 훈련은 스트레스에 반응하는 교감신경의 긴장을 억제해 불안 수준을 낮추고 마음의 평안을 찾는 데도 도움이 된다. 미래가 불안한 코로나시대, 공황과 불안증세가 증폭될 수 있는 이때에 이 책이 치유책이 될 수 있을 것이다.

위기의 시대, 건강한 나로 생존하는 법

힘들다면 기대를 내려놓길 권합니다

선안남 지음 | 값 15,000원

나에 대한 기대와 희망이 내 삶을 활기차고 긍정적으로 바꾼다는 세상의 오랜 상식에 반기를 드는 책이다. 다양한 사람들을 만나 그들의 마음을 받아쓰며 살아온 선안남 상담사는 엇갈리는 기대, 버거운 기대가 오히려 삶을 힘들게 한다고 말한다. 즉 기대하는 대로 이루어지리라 맹신하면 오히려 삶이 피폐해지고 힘들어진다는 것이다. 이 책을 통해 힘들고 지칠 때마다 기대를 잘 살펴본다면 해결의 실마리를 얻을 수 있을 것이다.

MMPI 초보자가 꼭 알아야 할 것들

처음 시작하는 MMPI

황선미 지음 | 값 16,000원

이 책은 가장 자주 사용되는 중요한 심리검사인 MMPI를 최대한 이해하기 쉽게 설명한 최고의 가이드북이다. 숫자와 그래프가 아직은 쉽지 않은 초보 상담자들, 검사는 자주 하지만 정작 해석에 고충을 느끼는 상담자들에게 MMPI를 쉽게 설명하고자 하는 목적으로 집필된 책이다. MMPI 검사의 개념, 타당도 척도와 임상척도, MMPI 프로파일 해석법, MMPI 검사로 본 임상 사례, MMPI 검사 보고서 작성법 등 MMPI의 모든 것을 최대한 이해하기 쉽게 풀어놓아 MMPI에 관심있는 분들이라면 많은 도움이 될 것이다.

핵심 개념어 160개로 살펴보는 심리학의 모든 것

한번 읽으면 절대로 잊지 않는 심리학 공부

강현식 지음 | 값 18,000원

'누다심(누구나 다가갈 수 있는 심리학)'이라는 필명으로 심리학 블로그를 운영하고 있는 저자는 사람들에게 제대로 된 심리학을 쉽고 재미있게 알리겠다는 의지를 이 책 한 권에 담았다. 160개의 심리학 핵심 개념어를 간결하면서도 통찰력 있게 풀이했기 때문에 이 책을 통해 심리학에 대한 객관적이고 다양한 정보를 얻을 수 있을 것이다. 심리학에 관심이 많은 일반인들이나, 심리학을 전공하고자 하는 이들에게 일독을 권한다.

도박중독은 결코 불치병이 아니다!

왜 우리는 도박에 빠지는 걸까

김한우 지음 | 값 16,000원

이 책은 도박중독이라는 늪에 빠져 헤어나지 못하는 도박중독자와 그의 가족들에게 소중한 지침서가 될 것이다. 저자는 도박중독에 대한 사람들의 오해와 편견을 깨뜨리고 도박중독자를 치유의 길로 이르도록 해결 방안을 제시한다. 도박중독에서 벗어나고 싶지만 마음먹은 대로 되지 않거나 혹은 가족 중 누군가가 도박중독으로 힘들어하고 있다면 이 책을 통해 많은 도움을 얻을 수 있다.

술로 고통받는 사람들과 가족들을 위한 70가지 이야기

왜 우리는 술에 빠지는 걸까

하종은 지음 | 값 16,000원

알코올중독에 대한 이해부터 치료 방법, 극복 방법, 극복 과정에 이르기까지 알코올중독에 관한 모든 것을 한눈에 볼 수 있도록 정리한 지침서다. 알코올중독이란 과연 무엇인지, 알코올중독에서 회복하려면 어떤 과정을 거쳐야 하는지, 알코올중독과 다른 정신과적 질병과의 관계는 어떠한지, 알코올중독도 유전이 되는지 등 전문가에게 의뢰하지 않고는 쉽사리 알기 어려웠던 알코올중독의 원인부터 대안까지 상세히 다룬다.

술꾼의 가족으로 산다는 것, 그 고통과 회복에 대해

우리 엄마 아빠가 알코올 중독자예요

제리 모 지음 | 김만희·정민철·구도연 옮김 | 값 15,000원

우리는 왜 중독 가정 아이들에게 관심을 기울여야 할까? 중독 가정에서 자란 아이는 유전적으로 미래에 숭녹자가 될 확률이 매우 높기 때문이다. 중독자의 부모나 배우자는 이미 자기 정체성이 확립된 성인이기 때문에 선택의 여지가 있지만, 아이들은 고통을 혼자 감내하면서 자라나는 경우가 많다. 이제는 중독 가정 아이들의 고통을 인식하고, 치유하는 것에 관심을 기울여야 할 때다.

심리학, 이보다 더 쉬울 수 없다!

처음 시작하는 심리학

조영은 지음 | 값 16,000원

80개의 심리학 개념어를 모아 체계적이면서도 쉽고 재미있게 풀어낸 심리학 입문서다. 가장 기본적이고 핵심적인 것들만 엄선해 심리학을 공부하기 시작한 독자들이 이 책을 통해 탄탄한 기초를 잡을 수 있도록 도와준다. 또 각 이론의 정의와 특징을 단순히 나열하는 것이 아니라 일상생활에서 한 번쯤 경험했을 만한 심리학적 현상, 각각의 이론과 관련된 흥미로운 실험까지 다루어 설명함으로써 누구나 한 번에 이해할 수 있도록 했다.

■ **독자 여러분의 소중한 원고를 기다립니다** ─────────────────────

초록북스는 독자 여러분의 소중한 원고를 기다리고 있습니다. 집필을 끝냈거나 집필중인 원고가 있으신
분은 khg0109@hanmail.net으로 원고의 간단한 기획의도와 개요, 연락처 등과 함께 보내주시면 최
대한 빨리 검토한 후에 연락드리겠습니다. 머뭇거리지 마시고 언제라도 초록북스의 문을 두드리시면 반
갑게 맞이하겠습니다.

■ **메이트북스 SNS는 보물창고입니다** ─────────────────────

메이트북스 홈페이지 www.matebooks.co.kr

책에 대한 칼럼 및 신간정보, 베스트셀러 및 스테디셀러 정보뿐
만 아니라 저자의 인터뷰 및 책 소개 동영상을 보실 수 있습니다.

메이트북스 유튜브 bit.ly/2qXrcUb

활발하게 업로드되는 저자의 인터뷰, 책 소개 동영상을 통해 책
에서는 접할 수 없었던 입체적인 정보들을 경험하실 수 있습니다.

초록북스 블로그 blog.naver.com/chorokbooks

화제의 책, 화제의 동영상 등 독자 여러분을 위해 다양한 콘텐츠
를 매일 올리고 있습니다.

메이트북스 네이버 포스트 post.naver.com/1n1media

도서 내용을 재구성해 만든 블로그형, 카드뉴스형 포스트를 통해
유익하고 통찰력 있는 정보들을 경험하실 수 있습니다.

STEP 1. 네이버 검색창 옆의 카메라 모양 아이콘을 누르세요. STEP 2. 스마트렌즈를 통해 각 QR코드를 스캔하시면 됩니다.
STEP 3. 팝업창을 누르시면 메이트북스의 SNS가 나옵니다.